ARKANA

Irene Dalichow

Krafttiere – Boten der Göttin

Mit Krafttieren zu Energie und Heilung

Arkana
Goldmann

Das Zitat auf Seite 65/66 aus dem Buch
Engelmächte von Hans-Dieter Leuenberger
wurde mit freundlicher Genehmigung des
Hermann-Bauer-Verlags, Freiburg, abgedruckt.
Das Zitat auf Seite 141/142 aus dem Buch
Wir sind ein Teil der Erde – Die Rede des Häuptlings Seattle an den Präsidenten der Vereinigten Staaten von Amerika im Jahre 1855
wurde mit freundlicher Genehmigung des Walter-Verlags,
Zürich und Düsseldorf, abgedruckt.

Umwelthinweis
Dieses Buch und der Schutzumschlag
wurden auf chlorfrei gebleichtem Papier gedruckt.
Die Einschrumpffolie (zum Schutz vor
Verschmutzung) ist aus umweltfreundlicher
und recyclingfähiger PE-Folie.

1. Auflage

Redaktion: Ralf Lay
Satz: Uhl + Massopust, Aalen
Druck: Presse-Druck, Augsburg
Printed in Germany
ISBN 3-442-33617-1

Inhalt

Einleitung 11

1. KAPITEL
Die Göttin und die Tiere 19
Diana, Königin der Wälder 24 • Die Göttin im Christentum 28 • Sophia, die weibliche Seite des Göttlichen 29
Übung: Das Tier im Spiegel 38

2. KAPITEL
Krafttiere – Boten der Anderswelt 45
Geistige Helfertiere und Engel 49 • Der schamanische Lebensbaum 52 • Ein persönlicher Weltenbaum 56 • Das Christentum und die Göttin Hel 58 • Die Sixtinische Kapelle der Eiszeit 62
Exkurs: Stellvertreter des Königs (von Hans-Dieter Leuenberger) 65
Übung: Das Tier in der Tiefe 67

3. KAPITEL
Die Schamanen der Apfelinsel 73
Von den »Geistern des Landes« geprägt 79 • Bewußtseinsverändernde Techniken 80 • Taliesin, der keltische Schamanendichter 83 • Die Suche nach dem Gral 86

Exkurs: Der Wal im Krankenzimmer
(von Doro Meincke) 87
Übung: In die Wälder der Vergangenheit 90

4. KAPITEL
Von Wappentieren, Berserkern und Wolfsfrauen 95
»Redende« Wappen 98 • Tiere in der Heraldik 101
Die Beseeltheit aller Dinge 105
Exkurs: Der Traum von der Bärin
(von Christine Ambros) 110
Übung: Das eigene »Stammessymbol« finden 118

5. KAPITEL
Die Indianer von San Francisco 123
Das Volk des Westens 126 • Kojote, Adler und Kolibri 130
Kinder des Maulesels 132 • Der Presidio 134
Exkurs: Aus der Rede des Chief Seattle 141
Übung: Die Begegnung mit dem »familiar« 142

6. KAPITEL
Der Rabe und die ersten Menschen 145
Reichtum 150 • Familie 151 • Zeremonien 151 • Mythen 152
Holzbildhauerei 155 • Totempfähle in aller Welt 158
Exkurs: Die Schöpfungsgeschichte der Haida:
Der Rabe und die ersten Menschen 162
Übung: Der dreigeteilte Totempfahl 163

7. KAPITEL
Schlüpfen Sie in eine andere Haut 169
Tarnung und Unsichtbarkeit 175 •
Die Methoden der Schamanen 177 • Auge in Auge 178
Übung: Gestaltveränderung (Shapeshifting) 180

8. KAPITEL
Der Dialog der Stimmen 187
Tiere als Seelenanteile 190 • Ein vieldimensionales Bild von sich selbst 192 • Schutz des Inneren Kindes 196
Übung: Der Brief 200

9. KAPITEL
Das Innere Kind und die Inneren Tiere 205
Das Kind umarmen 209 • Kontakt zu alten, gekappten Erinnerungen 212 • Welten von unendlicher Vielfalt 215
Exkurs: Seemöwe und Gorilla (von Udo Frank) 217
Übung: Treffen mit dem Inneren Kind 228

10. KAPITEL
Wenn Kinder ins innere Tierreich reisen 233
Eine Klasse voller Helfertiere 236 • »Mein Löwe hat mich abgeschleckt« 239 • Die Lehrerin mit den Traumhänden 241 Empfehlungen für die Arbeit mit Kindern 244
Übungsschema: Traumreisen zu Helfertieren 246

Von Adler bis Ziege –
Ein kleines Lexikon der Krafttiere 253

Epilog 335
Anmerkungen zu den Illustrationen aus *Brehms Tierleben* 341
Literatur 344
Adressen 348
Dank 351

Barbara Klopfenstein

Imagination ist wichtiger als alles Wissen.

Albert Einstein

Kaiseradler (Aquila melanaëtus)

Einleitung

Erinnern Sie sich an die altmodischen Bilderbücher, aus denen einem beim Aufschlagen buntgemalte Illustrationen dreidimensional entgegenwuchsen? Fesselballons, baumbestandene Hügellandschaften, farbenfrohe Häuserzeilen, phantastische Märchenfiguren... Ein magisches Erlebnis für ein Kind, wenn es das zum ersten Mal vorgeführt bekam.

Das Buch, das Sie gerade zu lesen beginnen, ist genau ein solches magisches Bilderbuch, obwohl, vordergründig betrachtet, die plattgefalteten Gemälde fehlen. Auf den zweiten Blick werden Sie nämlich entdecken, daß sich darin nicht nur drei-, sondern sogar vieldimensionale Bilder verbergen. Bewegte Bilder mit ganz besonderer Bedeutung, mit Bezügen zu Ihrem eigenen Leben, Ihrer persönlichen Geschichte und auch zu dem Kind, das Sie einmal waren.

Ein schönes Märchen-, Geschichten- oder Bilderbuch vermag einem Kind seinen ohnehin offenen Zugang zur Welt der Mythen, der Träume und Tagträume, der Kreativität und der Wunder noch weiter zu öffnen. Ihnen als Erwachsenem kann ein Buch wie das vorliegende helfen, sozusagen die Türangeln dieses Zugangs zu ölen, vielleicht sogar, ihn überhaupt erst wiederzuentdecken. Denn für viele von uns spielt er im stressigen, lauten, technisierten Alltag kaum noch eine Rolle.

Und dann? Was ist, wenn wir die vergessene oder wenig benutzte Tür wieder öffnen?

Der amerikanische Psychologe José L. Stevens zum Beispiel hat in seiner Doktorarbeit* festgestellt, daß die intensive Beschäftigung mit Krafttieren, die in Träumen, in der Meditation und Imagination auftauchen, wesentlich zur Selbsterkenntnis bzw. Selbsteinschätzung und zu einer verbesserten inneren Ausrichtung führt. Dies wiederum bedeutet, daß wir Menschen der heutigen Zeit, die wir uns ja kaum von der biologischen und seelischen Machart unserer Vorfahren unterscheiden, über die Krafttiere unserem Kern näherkommen können. Und daß wir genau wie die, die vor uns diesen Planeten bevölkerten, mit Hilfe dieser Tiere Antworten auf fundamentale Fragen erhalten können, Fragen wie: »Wer bin ich? Woher komme ich? Wohin gehe ich? Wozu bin ich hier? Worum geht es eigentlich im Leben?«

Krafttiere können uns auf unserem Weg zur Selbsterkenntnis begleiten. Und sie können uns, so paradox sich das lesen mag, dabei helfen, zu einem wirklichen Menschsein zu gelangen. Das schließt das Spirituelle ebenso ein wie alle Facetten des Menschlichen, allzu Menschlichen. Der Kontakt mit inneren Helfertieren führt nicht zu einer abgehobenen, sondern zu einer bodenständigen, realitätsbewußten Spiritualität. Und nicht zuletzt führt er zu einer echten Liebe zur Natur, zum Leben und zu Tieren.

Allerdings bringt die »Arbeit« mit Krafttieren auch sehr viel Freude. Sie wird häufig zum Spiel, zum Vergnügen, zum

* 1983 am California Institute of Integral Studies, San Francisco, bei Prof. Dr. Ralph Metzner und Prof. Dr. Angeles Arrien.

unendlich spannenden »inneren Kino«. Und beileibe nicht immer geht es um Tiefschürfendes.

All dies wird durch die praktischen Übungen angeregt, mit denen jedes einzelne Kapitel dieses Buches schließt. Die Übungen sind »Reiseführer« auf dem Weg zu Ihren ganz individuellen Helfertieren. Es verhält sich damit aber genau wie mit den »richtigen« Reiseführern: Losfahren und die Erlebnisse haben müssen Sie schon selbst. Sonst bleibt die ganze Sache graue Theorie …

Dieses Buch ist jedoch noch mehr als nur ein magisches Bilderbuch und ein Reiseführer. Denn in den einzelnen Kapiteln, die übrigens weitgehend für sich selbst stehen und voneinander unabhängig gelesen werden können, gebe ich vielfältige sachliche, historische, anthropologische, mythologische oder praktische Informationen zum Thema. Und ich zeige an Beispielen aus meinem eigenen Leben, von Freunden, Kollegen und Seminarteilnehmern, wie die Tiere uns helfen können, an Körper, Geist und Seele gesund zu werden. Besonders in jenen Zeiten, in denen man Schmerzen hat oder sich ernsthafte Sorgen um seine Gesundheit macht, kann man bei ihnen Unterstützung finden. Manchmal sind Schmerzen, Erschöpfung, Kummer und Sorgen oder das Gefühl, ganz allein auf sich gestellt zu sein, sogar ein wunderbarer Türöffner für die unsichtbaren Welten. Und wenn man dann die »dunkle Nacht der Seele« hinter sich lassen durfte, bleibt einem der Zugang zu diesen Welten, die übrigens oft mit der nährenden, mütterlichen, weiblichen Seite Gottes zu tun haben, erhalten. Die beiden ersten Kapitel beschäftigen sich denn auch ausführlich mit dieser Beziehung zwischen Krafttieren und Göttin.

Das Buch richtet sich also ganz ausdrücklich nicht nur an gesunde, sondern ebenso an kranke Menschen. Und auch an

Inhaftierte. Denn in der Arbeit mit Krafttieren liegt eine großartige Möglichkeit, Menschen, die einen falschen Weg gegangen sind, zu rehabilitieren. So setzte beispielsweise die amerikanische Psychologin und Psychotherapeutin Margaret C. Vasington die Arbeit mit Krafttieren viele Jahre lang erfolgreich bei Gefängnisinsassen ein. Bei Männern, die schwere Straftaten begangen hatten. Durch den intensiven Austausch mit ihren Tieren gelang es vielen von ihnen, sich nachträglich in die Lage ihrer Opfer zu versetzen und zu empfinden, was sie ihnen angetan hatten. Es gelang ihnen aber auch, sich selbst in aller Tiefe zu verstehen und die eigenen Motivationen zu begreifen, die hinter ihren Verbrechen standen. Und dann herauszufinden, wie sie künftig in konstruktiver Weise für sich sorgen können, auf eine Art, die weder sie selbst noch jemand anders, noch die Natur verletzt. Margaret berichtete, daß eine große Anzahl der von ihr betreuten Männer, die ihr bisheriges Leben eher in der Manier von Panzerknackern verbracht hatten, heute überzeugend für die Rechte von Frauen, Kindern und Tieren eintreten.

Was die sachlichen Informationen anbetrifft, hier einige kurze Vorbemerkungen. Der Begriff »Krafttier« ist aus den indianischen Kulturen bekannt. Doch auch die Ureinwohner des mittel- und nordeuropäischen Raums, die Kelten und Germanen*, haben sich genau wie die Ureinwohner aller anderen Kontinente für die Lektionen und Hilfsangebote der Tiere geöffnet. Hätten sie das nicht getan, gäbe es uns heute nicht. Denn nur durch die Tiere, unsere direkten Vorfahren und nächsten Verwandten, gibt es uns als Spezies, und nur

* Wenn ich mich mit den Kelten und Germanen auseinandersetze, so tue ich das in einem ideologisch neutralen, historischen Kontext. Ich möchte ausdrücklich betonen, daß meine persönliche politische Ausrichtung eine ökologische, soziale und friedensorientierte ist.

dank ihrer Hilfe haben wir überlebt. Durch die Überlebensstrategien, die wir uns von ihnen abgeschaut haben, ebenso wie ganz konkret durch ihre Milch, ihre Eier, ihr Fleisch, ihre Federn und Felle.

Es geht hier übrigens ausdrücklich um Krafttiere, nicht um Totems. Der Begriff »Totem« bezeichnet vor allem ein Tier, aber manchmal auch eine Pflanze oder Naturerscheinung sowie ihre bildliche oder symbolische Darstellung, mit der sich eine Gruppe oder ein einzelner Mensch verbunden fühlt. Totems haben grundsätzlich mit Tabus zu tun, zum Beispiel mit dem, daß die betreffende Person die Pflanze oder das Tier, der bzw. dem sie sich nahe fühlt, nicht verzehren darf. Wie gesagt: In diesem Buch geht es nicht um solche Totems, sondern um Krafttiere, und die sind nicht mit derartigen Tabus belegt.

Dabei kommen aber viele Menschen, die sich ernsthaft und über längere Zeit mit ihren Inneren Tieren beschäftigen, irgendwann an den Punkt, an dem sie sich fragen: »Möchte ich weiterhin Fleisch verzehren? Und wenn ja: von welchen Tieren? Von welchen nicht mehr?« Mit Unterstützung der persönlichen geistigen Helfertiere diese und andere Fragen für sich in allen Details und in aller Tiefe zu erforschen kann eine außerordentlich faszinierende und hilfreiche Erfahrung sein. Sie kann über einen langen Zeitraum ausgedehnt werden und wichtige Informationen über den eigenen Körper, die eigene Psyche, die eigene Gesundheit einschließen – über die Dinge, die uns wirklich guttun, bekommen und zu uns passen. Was ich Ihnen in diesem Buch anbiete, soll aber nicht den zu sehr erhobenen Zeigefinger enthalten. Darum spare ich das Thema Vegetarismus bewußt aus.

Die praktische Arbeit mit Krafttieren stammt aus dem Schamanismus. Das ist eine weltweit verbreitete Religionsform unter Naturvölkern, bei der innere »Reisen« zur Kontaktaufnahme mit anderen Dimensionen eine wesentliche Rolle spielen. Meistens unternimmt ein Schamane – der Begriff gilt für Männer wie für Frauen – eine solche Reise stellvertretend für eine Gruppe oder eine einzelne Person.*

Es gibt jedoch auch die Auffassung, daß jede(r) ein Schamane sein kann. Und so meine ich »Schamanismus« hier, nämlich daß Sie selbst Kontakt mit Ihrem Krafttier bzw. mit Ihren Krafttieren herstellen.

Wenn man den Schamanismus als einen großen, wohlsortierten Werkzeugkasten ansehen möchte, so stellt die Arbeit mit »Inneren Tieren«, also die geplante Begegnung und Kommunikation mit ihnen in verschiedenen Arten der Meditation bzw. Imagination, nur ein einzelnes Werkzeug aus diesem Kasten dar. Aber genau wie in einem Haushalt schon ein einziges Werkzeug, beispielsweise ein Hammer, hervorragende Dienste leistet, kann man auch durch die Beschäftigung mit Krafttieren und durch das Umsetzen der über sie gewonnenen Erkenntnisse im Alltag sehr gute Ergebnisse erzielen. Es ist gar nicht unbedingt notwendig, auch alle anderen Werkzeuge und Techniken des Schamanen zu beherrschen, um sich persönlich zu entwickeln.

Im letzten Kapitel berichte ich dann über eine Schulklasse, deren Lehrerin ganz speziell für dieses Buch eine Imagination mit Krafttieren in ihren Unterricht eingebracht hat. An diesem Beispiel zeige ich, daß die Methode oder die Kunst, die uns von den Schamanen der Naturvölker überliefert wurde, auch und gerade bei Kindern wunderbar funktioniert. Sie

* Wenn ich in meinem gesamten Text häufiger die Männlichkeitsform als die Weiblichkeitsform verwende, also beispielsweise von *dem* Betreffenden statt von *dem/der* Betreffenden schreibe, so tue ich das ausschließlich wegen der besseren Lesbarkeit. Leserinnen und Leser, die auf die Weiblichkeitsform Wert legen, mögen mir das bitte nachsehen.

bringt ihnen Freude und Wachstumsmöglichkeiten, und sie verleiht ihnen gleichzeitig Wurzeln und Flügel. Dieses Kapitel richtet sich also speziell an Eltern und Lehrer, die ihren Kindern oder Schülern die Tür zur Welt der Inneren Tiere aufhalten möchten. Mehr als die Tür aufzuhalten braucht man nämlich meistens nicht, denn diese Räume sind Kindern ohnehin bekannt.

Bei erwachsenen Menschen wird das Vertrautsein und das Wissen um die tiefe Verwandtschaft zwischen Mensch und Tier von der Fassade unserer sogenannten Zivilisation überdeckt. Kratzt man an dieser Fassade, so bricht aber das Wissen um die Verwandtschaft und Freundschaft häufig in dramatischer, beglückender Weise durch. Das habe ich bei vielen Menschen miterlebt. Und es ist mir selbst in einer Weise geschehen, die ich am Anfang dieser Einleitung mit dem Beispiel vom flachen Bilderbuch beschreiben wollte, das plötzlich eine Dreidimensionalität entwickelt. Ohne Zweifel hat meine Welt durch den regelmäßigen Kontakt und die tiefe Verbundenheit mit meinen Krafttieren eine Dimension dazugewonnen, die ich nie mehr missen möchte.

Ich wünsche Ihnen, liebe Leserinnen und Leser, daß für Sie ebenfalls etwas in dieser Richtung geschieht. Den herzlichen Wunsch habe ich zwischen die beiden Pappdeckel dieses Buches gepackt. Ich hoffe, daß er genauso wirksam sein wird wie alles Geschriebene und Gedruckte auf den Papierseiten dazwischen.

München, den 21. Dezember 1998,
Jahr des Tigers

Irene Dalichow

Tiger

1. KAPITEL

Die Göttin und die Tiere

Stellen Sie sich vor, Ihr Lieblingsregisseur hätte einen Film herausgebracht, der sich auf Sie, und nur auf Sie, bezöge. Das Drehbuch orientierte sich am roten Faden Ihrer Lebensgeschichte und Ihrer Interessen, doch es enthielte noch weitere spannende Informationen, Details und Zusammenhänge, die Ihnen bisher gänzlich unbekannt waren. In der Handlung steckten nicht nur wichtige Nachrichten über Sie und *für* Sie, sondern Sie könnten sogar während des Schauens Fragen eingeben, die auch beantwortet würden. Zwar überwiegend in verschlüsselter Form, so daß Sie hinterher ein wenig abwarten oder reflektieren müßten, aber so macht es ja erst richtig Spaß! Es wäre doch langweilig, alles schon mundgerecht auf dem Silbertablett serviert zu bekommen …

Drehorte wären, wie im Traum, Plätze und Landschaften, die Sie kennen, doch ebenso solche, die Sie noch nie gesehen haben. Auch was die Darsteller anbetrifft, gäbe es keine Grenzen. Alle Schauspieler, alle Freunde, Verwandten, Kollegen, alle lebenden oder bereits verstorbenen Gestalten könnten mitspielen. Einen wesentlichen Part aber übernähmen Tiere. Tiere, die Sie lieben, genauso wie solche, die Sie vielleicht gar nicht sonderlich gut kennen.

Sie könnten sich auf telepathische Weise mit ihnen verständigen. Und die Tiere ermöglichten Ihnen Erfahrungen, die Sie noch nie zuvor gemacht haben – Sie würden zum Beispiel mit ihnen fliegen oder in die Tiefen des Ozeans tauchen. So lernten Sie vieles, was Ihr Leben bereicherte und was Sie hervorragend in Ihren Alltag übertragen könnten. Nach dem Genuß dieses außergewöhnlichen Films wüßten Sie, daß die Tiere, die Ihnen begegnet sind, Ihre Lehrer, Freunde und Helfer sein und mit Ihnen in Verbindung bleiben möchten.

So oder ähnlich könnte sich der erste Kontakt mit einem bzw. mehreren Ihrer Krafttiere anfühlen. Manchmal hat die erste oder eine spätere Begegnung, sei es im Traum oder während einer Imaginations»reise«, eine ähnliche Qualität wie das Erleben eines meisterhaften Films im Kino mit Breitleinwand und Dolby-Surround-Ton.

Es kann allerdings auch sein, daß gerade die ersten Treffen vorsichtig, leise und unspektakulär verlaufen, so daß Sie vielleicht meinen, es sei »gar nichts gewesen«.

Hier ein Beispiel für ein solches erstes Rendezvous *ohne* Dolby-Surround, in dem für die betreffende Person aber am Ende doch sehr viel drinsteckte:*

Eine Frau hatte vor Jahren einen schweren Unfall gehabt. Die Verletzungen, die sie dabei erlitt, waren gut versorgt worden und verheilt. Aber es gab Spätfolgen, an denen die Frau noch immer litt. Es beschäftigte sie sehr, warum sie nach wie vor nicht wieder ganz bei Kräften war und unter chronischer

* Die Beispiele, die ich hier und in folgenden Kapiteln anführe, stammen von mir selbst, von Freunden, Kollegen und Teilnehmern von Seminaren. Zum Schutz der Privatsphäre der betreffenden Menschen wurden unwesentliche Details verändert. Alle Beispiele sind jedoch authentisch. Sie geben Inhalte von Träumen, Tagträumen, Imaginationen, Meditationen oder anderen Erfahrungen wieder, die tatsächlich erlebt wurden.

Erschöpfung litt. Während einer ihrer ersten Imaginationsreisen bekam sie dann mit einer Tigerin in ihrem Inneren Kontakt. Das Tier befand sich in einer Landschaft, die der Frau bekannt war und die sie sehr mochte. Allerdings handelte es sich nicht um eine Gegend, in der Tiger »normalerweise« leben.

Das Tier strahlte viel Kraft und Gesundheit aus. Es verhielt sich ganz natürlich – streifte durchs Gras, schnupperte, legte sich schwer und entspannt auf die Erde... Lange Zeit beobachtete die Frau dieses schöne, würdevolle Geschöpf in der vertrauten inneren Landschaft als etwas, das offenbar eng mit ihr selbst zu tun hatte.

Dann wechselte das Szenario. Die Tigerin war jetzt in einer Steppenlandschaft, in einer Umgebung, die der Frau eher wie die natürliche Heimat von Tigern erschien. Das Tier hatte Junge, und es sorgte gut für sie, indem es sie säugte und spielen ließ.

Schließlich sah sie die Jungen nicht mehr, und die Tigerin wurde zur Jägerin. Sie jagte und riß ein anderes Tier, das die Frau nicht identifizieren konnte. Mit der Jagdszene, die die Frau zu ihrer eigenen Überraschung überhaupt nicht erschreckend fand, war die Imaginationsreise zu Ende.

Zunächst wußte sie nicht recht, was sie mit diesen Bildern anfangen sollte. Doch nachdem sie ihren »Reisebericht« schriftlich fixiert hatte und daraufhin einige Tage verstrichen waren, kamen ihr mehrere Ideen dazu.

Daß die Tigerin sich in einer Landschaft aufhielt, die der Frau vertraut war und die sie liebte, deutete sie so, daß das Tier ihr nahestand, daß es zu ihr gehörte – daß es tatsächlich ein »Krafttier« war.

Die zweite symbolische Szene in der Steppenlandschaft bezog die Frau auf ihre Gesundheit: Die Tigerin sorgte für ihre

Jungen – den Körper, den Gesundheitszustand – in idealer Weise, so, wie die Natur es ursprünglich vorgesehen hat. Und das konnte sie nur deswegen tun, weil sie – siehe dritte Szene – auch die Zerstörerin in sich zum Zuge kommen lassen konnte.

Für die Frau steckten darin zwei wichtige Botschaften auf zwei ganz unterschiedlichen Ebenen, einer persönlichen und einer überpersönlichen.

Zum einen verstand sie nämlich, daß sie, um wieder wirklich zu Kräften zu kommen, bestimmte Dinge lernen oder mehr praktizieren mußte: deutliche Grenzen setzen; auch mal nein sagen können; anderen klarmachen, wenn sie zuviel von ihr verlangen; einmal etwas aufgeben oder verwerfen, was zuviel Energie kostet. Dies alles fiel ihr ein, als sie sich fragte: »Was bedeutet es für *mich,* ›Jägerin‹ und ›Zerstörerin‹ zu sein?«

Sie begriff die Botschaft ihres Krafttieres sehr genau, und sie verstand außerdem, daß es an ihr selbst lag, die Botschaft in ihrem Alltag in die Realität umzusetzen. Daß sie sich allerdings jederzeit an die Tigerin erinnern und sie sozusagen zur Unterstützung rufen konnte. Später lernte sie dann per Shapeshifting (siehe 7. Kapitel), zur Tigerin zu *werden,* und das sollte ihr in einigen brenzligen Situationen zusätzlich helfen.

Um sich aber zunächst einmal die Erinnerung an die Tigerin zu erleichtern, kaufte sie ein Foto von einer Tigermutter mit mehreren Jungen, und sie hängte es sich über den Schreibtisch. In der Imagination suchte sie ihre Tigerin immer wieder auf. Sie schöpfte aus den inneren Begegnungen eine Menge Energie, und sie erhielt gute Ideen, besonders im Hinblick auf Fragen der Gesundheit, des Haushaltens mit den eigenen Kräften, des Grenzensetzens usw.

Soweit die persönliche Verständnisebene. Die zweite, übergreifende Ebene berührte eine Frage, die sich die Frau schon lange gestellt hatte: Warum geht es in der Natur, in der Tierwelt, so grausam zu? Wieso geht es so sehr um Siegen und Unterliegen, Jagen und Gejagtwerden, um Fressen und Gefressenwerden?

Durch die Tigerin wurde ihr plötzlich tief im Inneren klar, daß die Rolle des Jägers und der Jägerin auch einen gnädigen Aspekt besitzt: Es sind überwiegend schwache, behinderte oder kranke Tiere, die von anderen gejagt und getötet werden. Langes Leiden bleibt ihnen erspart. Innerhalb der Traumräume, in denen sie die Tigerin antraf und beobachtete, erinnerte sich die Frau an ihr eigenes, langwieriges und noch nicht bewältigtes Leiden nach dem schweren Unfall. Und daß es sicher Zeiten der großen Schmerzen und der extremen Schwäche gegeben hatte, da sie es als Gnade empfunden hätte, wenn ein schnelles Schicksal diesem Leiden ein Ende bereitet hätte.

Später, nachdem sie ihre inneren Erlebnisse aufgeschrieben hatte und darüber reflektierte, wurde ihr klar, daß sich ihr die Tigerin so gezeigt hatte, wie in unzähligen alten Traditionen die sogenannte Dreifache Göttin gesehen wird: als Junge, Unabhängige, als Mutter und als weise Alte/Jägerin/Zerstörerin. Was der Frau also zunächst als eine relativ unbedeutende und wenig Sinn ergebende Folge von inneren Bildern erschienen war, stellte sich nach einiger Beschäftigung mit dem Inhalt als wertvolles Paket von Botschaften heraus. Und zwar einmal auf der praktischen, alltagsbezogenen Ebene, zum anderen im philosophisch-spirituellen Bereich: Zum ersten Mal hatte die Frau von innen heraus verstanden, was es mit der Dreifaltigkeit der Göttin auf sich hat. Und daß deren Aspekt der Jägerin und Zerstörerin, der gemeinhin Schrecken und

Ablehnung auslöst, als wichtiges Element dazugehört. Daß er differenziert betrachtet werden muß.*

Diana, Königin der Wälder

Diana lautete der Name der Großen Göttin im alten Rom. Sie wurde als Dreifache Göttin gesehen: Sie war Mondjungfrau, Mutter aller Geschöpfe und in dieser Rolle die Königin der Tiere, und sie war Jägerin und Zerstörerin. Bis heute gilt sie als Göttin der Wälder, der Tiere und der Jagd. In vorchristlicher Zeit gab es einen weitverbreiteten regelrechten Diana-Kult. Die ersten Christen sahen sie als hauptsächliche Rivalin ihres Gottes an. Die Kirche verlangte denn auch die Unterdrückung des Kults um Diana/Artemis, die Große Göttin, die »von der ganzen Provinz Asien und von der ganzen Welt verehrt wird« (Apostelgeschichte 19, 27). In Ephesus, in der heutigen Türkei, wurde die Göttin auch Mutter der Tiere, Gebieterin der wilden Geschöpfe und vielbrüstige Artemis genannt. Artemis stellte man mit einem von Brüsten bedeckten Körper dar, so symbolisierte sie die große Ernährerin.

* Der britische Biologe Rupert Sheldrake, der besonders durch seine Beschäftigung mit den sogenannten morphischen Feldern weltbekannt worden ist, macht in einem Interview (in *esotera* 12/98) zu diesem zerstörerischen Aspekt des Lebens ganz ähnliche Aussagen. Er sagt, er verstehe die Schöpfung nicht als etwas Abgeschlossenes. Sondern Schöpfung bedeute für ihn ewiges Werden, Verwandlung, Vielfalt, Kreativität. Wörtlich sagt er: »Wenn wir in einem gefrorenen, kristallinen Universum lebten, in dem sich nichts verändert, dann gäbe es keine Klauen [die töten] und kein Blut. Aber die Natur des Seins, wie wir es im Universum sehen, ist, daß alle Dinge enden und in einen neuen Kreislauf eingehen … Es gehört zur Natur des Lebens der Tiere, daß sie Pflanzen oder andere Tiere fressen … Zerfall, Krankheit, Tod und Leiden sind unvermeidliche Züge eines Universums, in dem ein ständiges Werden von Formen und Auflösen von Formen stattfindet.«

Im 4. Jahrhundert nach unserer Zeitrechnung übernahm die Kirche das Heiligtum in Ephesus und weihte es Maria. Sie soll hier die letzten Jahre ihres Lebens verbracht haben und an diesem Ort in den Himmel aufgestiegen sein.

Diana ist als Marias Mutter oder als Großmutter Christi mit Namen Anna oder Di-anna (Dinah) in den christlichen Mythos eingegangen. Anna wird als schwarze, Maria als weiße Madonna dargestellt.

Die gnostischen Christen* hielten *Sophia* für die Großmutter Gottes und setzten sie mit der Diana/Artemis von Ephesus gleich. Als der dortige Diana-Tempel abgerissen wurde, brachte man einige seiner Säulen nach Konstantinopel und stellte sie in der Hagia Sophia auf, der Sophienkirche.

Zur Zeit der Hexenverfolgung wurde Diana kurzerhand zur Teufelin erklärt. Und sogar Frauen, die Tiere hielten, mit ihnen sprachen und sie liebkosten, gerieten in den Verdacht, Hexen zu sein.

Trotzdem blieb Diana aber im Volksglauben das ganze Mittelalter hindurch die Gebieterin und Königin der großen Wälder Europas – der Wälder und all dessen, was darin lebte. Als Schutzpatronin der Ardennen hieß sie »Dea Arduenna«, als der des Schwarzwaldes war ihr Name »Dea Abnoba«. In Osteuropa kannte man sie als Wald- und Mondgöttin Diiwica, Devana und Dziewona.

Dianas Begleiter war Pan, der Gott der Wälder, der Weiden und der Hirten. Pan wurde manchmal mit dem ägyptischen Sonnengott Amun-Ra gleichgesetzt, auch mit Dionysos. Er

* Die Gnostiker der Spätantike versuchten die im Glauben verborgenen Geheimnisse durch philosophische Spekulation zu erkennen (gr. »gnosis« = »das Erkennen [höherer] Einsicht«). Sie erreichten im 2. Jahrhundert ihren Höhepunkt, brachten zahlreiche religiöse Führergestalten hervor und befaßten sich auch mit orientalischen Mysterienreligionen.

soll sich nicht nur mit Diana, sondern ebenso mit vielen anderen Aspekten der Großen Göttin vermählt haben, zum Beispiel Aphrodite, Athene und anderen.

Das Wort »pan« bedeutet im Griechischen »alles, ganz«, entsprechend wandelte sich das Bild Pans vom Hirtengott zum Synonym für die allumfassende Natur. Er wurde oft flötespielend und in Gestalt eines Ziegenbocks dargestellt. Das Drama um ihn, in dem es um Tod und Erlösung geht, nannte sich »Ziegenlied«, »Bocksgesang«, »tragoidia«. So hat das Wort »Tragödie« mit Pan zu tun.* Sein lateinischer Name lautet »Faun« und daher leitet sich unser Begriff für die Welt der Tiere ab: »Fauna«. »Fauna« war ebenfalls ein Beiname der Göttin Diana als Mutter der Tiere.** Genau wie Diana wurde auch Pan verteufelt: Seine Gestalt, gehörnt und bocksbeinig, mußte schließlich zur Personifikation des Antichristen herhalten.

Bei den Kelten hieß das Äquivalent zu Pan »Cernunnos«. Das bedeutet »der Gehörnte«. Er trug allerdings keine Bockshörner, sondern ein Hirschgeweih auf dem Kopf. Er war der Herr der Tiere und wurde sowohl mit der Unterwelt als auch mit irdischer Fruchtbarkeit assoziiert.

Menschen, die bisher ein sehr männlich orientiertes oder von Männern dominiertes Leben geführt haben, erschließt sich der Zugang zur Göttin häufig über Pan, Cernunnos oder den »Grünen Mann«. Zum Beispiel ging es der bekannten Schauspielerin Ruth Maria Kubitschek so.***

* Zu Pan beachten Sie bitte auch die Hinweise zum Krafttier Ziege im lexikalischen Teil dieses Buches.

** All diese Informationen stammen aus dem Buch *Das geheime Wissen der Frauen* von Barbara Walker (dtv, München 1995). Eine hervorragende, knappe Darstellung des Pan-Mythos finden Sie in Hans-Dieter Leuenbergers Werk *Das ist Esoterik,* Hermann Bauer, Freiburg 1987.

*** Sie schildert dies in ihrem Buch *Der Garten der Aphrodite* (Nymphenburger, München 1998).

Eine Version der Dreifachen Göttin aus dem nordisch-germanischen Kulturraum waren die Nornen. Sie sind auch als »Schicksalsschwestern« bekannt, auf englisch »Weird-Sisters«. Das germanische »wyrd« heißt »Schicksal«. Ein anderer Titel für sie lautete »Schreiberinnen«, denn sie schrieben das Buch des Schicksals. Sie lebten in der Höhle am Grund des Lebensquells, im Urdabrunnen unter der Wurzel des Weltenbaumes Yggdrasil. »Urd, Urth, Ertha, Herta« sind die Namen der Erde, und so hieß eine der Nornen. Die zweite hieß »Verdandi«, die dritte »Skuld«. Diese Namen wurden entsprechend der alten ägyptischen Göttin der Vergangenheit, Gegenwart und Zukunft mit »Schicksal, Wesen und Notwendigkeit« übersetzt oder als »Gewordene, Seiende und Werdende«.

Die drei Schicksalsgöttinnen gab es auch in vielen anderen Kulturen. Im alten Rom hießen sie »Fatae«, im alten Griechenland »Moiren«.

Das Tier, das häufig mit ihnen abgebildet wurde, ist die Spinne, die den Schicksalsfaden spinnt und ihn zu einem Netz verwebt. Die Muster, die ein Spinnennetz bildet, werden in verschiedenen Traditionen als erste Schriftzeichen angesehen. Man vergleicht das Spinnennetz gelegentlich auch mit dem Rad des Schicksals. Die Beobachtung, daß weibliche Spinnen manchmal ihre Männchen auffressen, führte dazu, daß die Spinne mit der Todesgöttin gleichgesetzt wurde. »Arachne« (Spinne oder Spinnerin) lautete der Titel der griechischen Göttin Athene, ebenfalls eine Dreifache Göttin, wenn sie ihre Rolle als Schicksalsgöttin ausfüllte. Das wichtigste Krafttier der Athene war allerdings die Eule.

Daß Tiere in ihrer materiellen Erscheinung nicht respektiert, sondern immer mehr gequält, mißbraucht und wahllos abgeschlachtet werden, hat wohl damit zu tun, daß die Göttin, die weibliche Seite des Göttlichen, in den letzten zwei Jahrtausenden mehr und mehr ins Abseits gedrängt wurde. Auch daß die Tiere in ihrer Heiligkeit, in ihrer Eigenschaft als weise Ratgeber, Helfer und Heiler in Vergessenheit gerieten, liegt wahrscheinlich darin begründet.

Seit kurzem erhalten Tierschutz, Tierrechte, die Diskussion um Fleischverzehr und ähnliche Themen viel Aufmerksamkeit. Und es melden sich bei vielen Menschen, Männern und Frauen, in Träumen und in der Meditation die Tiere in ihrer Eigenschaft als Krafttiere zu Wort. Das kann man auf ein »Wiedererwachen« der Göttin zurückführen, das sich noch in vielen anderen Bereichen zeigt. So hat zum Beispiel das Thema Gleichberechtigung der Frau heute einen wichtigen Stellenwert. Es gibt hier noch eine Menge zu tun, Frauen besitzen noch lange nicht die gleichen Rechte wie Männer. Trotzdem ist etwas in Gang gesetzt worden, das unaufhaltsam weiterläuft, und man kann es so sehen, daß im politisch-gesellschaftlichen Bereich »die Göttin erwacht« ist.

Auf einer ganz anderen Ebene zeugt das starke Interesse am Mond und den bestimmten Energien während der unterschiedlichen Mondphasen von einem solchen Wiedererwachen des Weiblichen.

Und die spirituelle Frauenbewegung mit Vertreterinnen wie Starhawk, Barbara Walker, Zsuzsanna Budapest, Luisa Francia und anderen zeigt, wie sich Frauen von heute an die alten Göttinnen, an die alte Göttin wieder annähern können. Auch Männer gehen mittlerweile diesen Weg. Denn genau wie Frauen mit weiblichen und männlichen Göttern oder göttlichen Energien zu tun haben, ist das bei Männern der Fall.

Wie sich die Kirche im Zusammenhang mit der Verdrängung und Verteufelung der weiblichen Seite verhielt, besonders während der Hexenverfolgung im Mittelalter, wird in diesem Zusammenhang zu Recht immer wieder angeprangert. Für Menschen, die sich einerseits zu einer weiblich geprägten Spiritualität hingezogen fühlen, die aber andererseits spüren, daß ihre Wurzeln *auch* im Christentum liegen, besteht hier ein Dilemma.

Daher möchte ich etwas detaillierter auf das Wiedererwachen der Göttin in einem *christlichen* Kontext eingehen, eine faszinierende Entwicklung, über die einer breiten Öffentlichkeit noch fast nichts bekannt ist. Denn die Entwicklung ist zwar zuverlässig belegt, den wesentlichen Schub hat sie aber erst seit der Perestroika und dem Fallen des Eisernen Vorhangs erhalten. Sie ist also neu.

Das Stichwort lautet »Sophia«. Es wurde im Zusammenhang mit Diana und Artemis schon genannt. Und es hat einerseits mit dem Christentum zu tun, andererseits genau mit der Göttin als Mutter Natur, als Mutter der Tiere.

Sophia – die weibliche Seite des Göttlichen

Unsere Welt ist polar aufgebaut. Das menschliche Leben sinnvoll und glücklich zu leben heißt, sich zwischen den Polen hin- und herzubewegen, sozusagen zwischen den Polen zu tanzen: männlich und weiblich, geistig und materiell, Sommer und Winter, Tag und Nacht. Uralte Symbole wie das Yin-Yang-Zeichen oder das Ankh-Kreuz (siehe die Abbildungen) stehen für diese Gegensätze und ihre Vereinigung. Und sie stehen auch dafür, daß die Menschen schon immer davon wußten, und zwar überall auf der Erde.

Daß die Polarität heute aus dem Gleichgewicht geraten ist und es mit unserem Planeten nicht zum Besten steht, daß die Minderzahl der Menschen ihr Leben sinnvoll und glücklich lebt und nur wenige »tanzen«, ist nichts Neues. In den letzten zweitausend Jahren hat sich der Westen nämlich auf einen ausschließlich männlichen Gott bezogen. Vater, Sohn und Heiliger Geist, eine männliche Dreifaltigkeit, stellt das höchste Übergeordnete, Anbetungswürdigste dar, die allerletzte Instanz. Das Christentum ist die größte der organisierten Religionen der Welt mit dieser männlichen Gottesvorstellung. Ihm hängen fast anderthalb Milliarden Menschen an, entweder als römisch-katholische, protestantische oder als östlich-orthodoxe Christen (Juden gibt es übrigens weltweit rund achtzehn Millionen; Mohammedaner etwa 600 Millionen).

Das Yin-Yang-Symbol

Dieses Symbol stammt aus China und ist auf der ganzen Welt bekannt. Es vereinigt die polaren Kräfte des Männlichen (Yang, Weiß) mit denen des Weiblichen (Yin, Schwarz). Der Punkt in der Farbe der jeweils entgegengesetzten Hälfte bedeutet, daß auch das Männliche ein wenig Weibliches enthält und umgekehrt. Die ausgewogene Kombination von Männlichem und Weiblichem ergibt diesen vollkommenen Kreis, der nach chinesischer Auffassung das Geschehen im gesamten Kosmos symbolisiert.

Das Ankh-Kreuz

In den ägyptischen Hieroglyphen bedeutete das Wort »Ankh« sowohl »Leben« als auch »Handspiegel«. Es war mit dem Spiegel der Göttin Hathor und der Göttin Venus/Aphrodite verwandt und stellte ursprünglich ein weibliches Symbol dar. In Ägypten wurde es zum Zeichen für sexuelle Vereinigung und die Vereinigung der Gegensätze männlich/weiblich. Der Henkel symbolisierte das weibliche Geschlecht, der untere Teil das männliche.

Ägyptische Gottheiten aller Art wurden mit dem Ankh-Zeichen (Henkelkreuz) dargestellt. Sie trugen es als Symbol für das Geschenk des ewigen Lebens.

Das Ankh-Kreuz hieß auch »Schlüssel des Nil«, weil es die mystische Vereinigung von Isis und Osiris darstellte: Die Unio mystica löste die alljährliche Überflutung des Nils aus, glaubte man. Diese Überschwemmung machte den Boden fruchtbar, und davon hing das Überleben der Menschen ab.

(Nach Barbara Walker: *Die geheimen Symbole der Frauen*, Hugendubel, München 1997.)

Dabei war in den Ursprüngen des Judentums, auf dem ja das Christentum beruht, und im anfänglichen Christentum Gott männlich *und* weiblich zugleich. Genau wie in vielen Eingeborenenreligionen von »Vater Himmel und Mutter Erde« oder von »Vater Kosmos und Mutter Erde« gesprochen wird, bestand auch hier das Göttliche aus den beiden sich ergänzenden Energien, der männlichen und der weiblichen. Gott war in seinem männlichen Aspekt der Schöpfer. Die Göttin war die Schöpfung, in der er sich spiegelte. Eins war ohne das andere nicht denkbar. »Schöpfung« sind wir Menschen, genau wie die gesamte Natur, die Elemente Feuer, Wasser, Luft und Erde, die Pflanzen und die Tiere, und zwar in materieller ebenso wie in ihrer geistigen Form.

Die Vorstellung vom Sonnengott, dessen Licht von der Mondgöttin widergespiegelt wird bzw. vom Sonnengott, der mit seinem Licht und seiner Wärme die Erdgöttin befruchtet, ist uralt und in vielen Kulturen verbreitet. Elemente davon sind bis heute im Christentum wiederzufinden. Beispielsweise wird Christus als das »Licht der Welt« und als »Sonne« bezeichnet. Seine Geburt feiern die Christen praktisch zeitgleich mit der Wintersonnenwende, dem Zeitpunkt, an dem das »Licht zurückkehrt«.

Drei Bücher der hebräischen Bibel bezeichnet man als »Bücher der Weisheit«. Bei ihrer Übersetzung wurde das hebräische Wort »chokmah« im Griechischen zur »sophía« (= »Weisheit«); »philosophía« heißt »Liebe zur [göttlichen] Weisheit«. Und diese göttliche Weisheit stellte für die Griechen der Antike kein Abstraktum dar, sondern sie war personifiziert als ein wirkliches spirituelles Wesen namens Sophia.

Bei den Gnostikern (siehe Seite 25) spielte Sophia als die Braut und die Mutter Gottes eine genauso wichtige Rolle wie der männliche Gott selbst.

Einige Gnostiker übernahmen die Vorstellung von der Weltseele, die sie mit Sophia gleichsetzten und die mit Gott vereinigt war. Der griechische Kirchenschriftsteller Origenes, der von rund 185 bis 253 n. Chr. lebte und der einen starken Einfluß auf die frühe griechische Kirche ausübte, schrieb: »So wie unser Körper aus vielen menschlichen Gliedern besteht, doch von einer Seele zusammengehalten wird, so muß das Universum als ein riesengroßes Lebewesen gedacht werden, das eine Seele zusammenhält.«

Origenes wurde zunächst als Heiliger gesehen, später jedoch wegen seiner den Herren der Kirche nicht genehmen Ansichten exkommuniziert.

Vom 4. bis zum 8. Jahrhundert wurden gnostische Minderheiten, bei denen im übrigen Frauen geistliche Ämter ausüben durften, hartnäckig verfolgt. Dennoch wurden in esoterischen, das heißt »nach innen gerichteten«, geheimen, nur für Eingeweihte verständlichen Kreisen die Lehren der Gnosis weitergegeben. Im frühen Mittelalter fanden die gnostischen Lehren Eingang in den Minnesang der Troubadoure und in Mysterienspiele. Elemente aus der Gnostik durchzogen auch die Astrologie, die Alchemie und die Hermetik.

Die heute von vielen verehrte mittelalterliche Mystikerin Hildegard von Bingen, eine der wenigen starken Frauen innerhalb des Christentums, fühlte sich von Sophia inspiriert. Mehrere ihrer Gemälde haben Sophia zum Motiv.

Johann Wolfgang von Goethe hatte ebenso wie der deutsche Dichter Novalis, der Mystiker Jakob Böhme oder Rudolf Steiner mit seiner Anthropo*sophie* (= eigentlich »Mensch-Weisheit«) eine tiefe Beziehung zu Sophia.

Während sie bei den Protestanten völlig verlorenging, hat Sophia in der katholischen Kirche überlebt – wenn auch in einer dem männlichen Gott untergeordneten Rolle: Aus den drei biblischen »Büchern der Weisheit«, die sich auf die Figur und Lehre Sophias beziehen, sind die Lesungen für die Feste entnommen, an denen die katholische Kirche die heilige Maria feiert. Bis heute hat ja bei den Katholiken die Marienverehrung einen hohen Stellenwert. Sophia jedoch als die Große Göttin, die ebenbürtige Partnerin des männlichen Gottes, blieb bei uns im Westen auf der Strecke. Innerhalb des östlichen Christentums aber wurde und wird Sophia bis heute hingebungsvoll verehrt.

Wie bereits erwähnt wurde, erweist die Hagia Sophia in Istanbul ihr als Gottheit der Tiere Achtung, da sie aus Teilen des Diana- bzw. Artemistempels von Ephesus besteht, der zu den Sieben Weltwundern der Antike zählt.

Es gibt eine Fülle von russischen und ukrainischen Ikonen, die Sophia als majestätisches Engelwesen mit Krone und Zepter darstellen, auf einem Thron sitzend und göttliche Weisheit ausstrahlend. Die große Hingabe an Sophia drückt sich auch in der russischen Schule der »Sophiologie« (»Lehre von Sophia«) aus. Sie stammt aus dem späten 19. Jahrhundert und existiert nach wie vor. Unter anderem ist sie eng mit dem Leben des großen russischen Philosophen Wladimir Solowjew (1853–1900) verbunden, der drei mystische Erfahrungen mit Sophia hatte. Diese tiefen Erlebnisse stellten die Motivation für seine Arbeit dar. Solowjew sah bereits zu seiner Zeit ein wachsendes weltweites Interesse an Sophia voraus.

Eine weitere bedeutsame Persönlichkeit im Zusammenhang mit diesem Thema ist der Russe Valentin Tomberg (1900–1973). In französischer Sprache verfaßte er ein umfangreiches und faszinierendes Werk über die 22 sogenannten großen Arkana, die ersten 22 Karten des Tarot. Außerdem stellt dieses Buch ein Grundlagenwerk »christlicher Hermetik« dar; es geht darin immer wieder um Sophia, und es geht darin auch immer wieder um Tiere in ihrer Weisheit und in ihrer Heiligkeit.

Tomberg bietet eine Lehre von der Dreifaltigkeit der weiblichen Seite Gottes an. Wie in der christlichen Theologie die Dreifaltigkeit des männlichen Gottes – Vater, Sohn und Heiliger Geist – sozusagen den Gipfel darstellt, ist innerhalb der Sophiologie die Dreifaltigkeit von Mutter, Tochter und Heiliger Seele, auch »heilige Trinosophia« genannt, die höchste Instanz.

Die Erklärung lautet: Mit der Schöpfung polarisierte sich die androgyne, jenseits von männlich und weiblich befindliche Gottheit in den ewigen Vater und die ewige Mutter. Der Vater hat mit dem übersinnlichen Aspekt der Schöpfung zu tun, er ist »im Himmel«. Die Mutter umfaßt den inneren Teil der Schöpfung, dessen Mittelpunkt die Erde ist. Das Wort »Mutter« stammt übrigens vom lateinischen »mater«, wovon unter anderem auch der Begriff »Materie« abgeleitet wird. Die göttliche Mutter ist die Mutter Erde, die heilige Erde, der spirituelle Ursprung der Materie und alles, was auf ihr lebt.

Der Tochteraspekt der weiblichen göttlichen Dreifaltigkeit ist Sophia, also Weisheit. Sie inkarnierte in der heiligen Maria. Der Sohnaspekt der männlichen göttlichen Dreifaltigkeit ist Christus, der Logos, das heißt »das Wort«. Er inkarnierte in Jesus. Christus ist das schöpferische Wort und Sophia die Weisheit hinter dem Wort. Sie gehören eng zusammen, sind aber nicht dasselbe. Frühe christliche Theologen machten den Fehler, Sophia mit dem Logos gleichzusetzen. Hier liegt ein Grund dafür, daß Sophia praktisch aus dem Bewußtsein des westlichen Christentums verschwand.

Der dritte Aspekt der heiligen Trinosophia ist die heilige Seele. Sie kommt in der Spiritualität der Schöpfung zum Ausdruck.

Das bekannte Symbol des Davidsterns kann auch als Verbindung der männlichen mit der weiblichen Dreifaltigkeit gesehen werden (siehe Abbildung).

Dank der russisch-orthodoxen Kirche, in der Sophia immer eine wesentliche Rolle spielte, wurde das Wissen um sie für die Menschheit bewahrt. Durch die politische Öffnung zum Osten hin wird nun das Wiedererwachen von Sophia möglich, das Wladimir Solowjew, Valentin Tomberg und andere vorausgesehen haben. Die bekannte britische Autorin Caitlin

Der Davidstern, das Hexagramm

Der sogenannte Davidstern ist erst seit dem 19. Jahrhundert das offizielle Symbol der Juden. Ursprünglich stammt es nicht aus dem jüdischen Kulturraum, sondern aus Indien. Dort war es ein Sinnbild für die unablässige sexuelle Vereinigung zwischen Kali (nach unten weisendes Dreieck) und Shiva (nach oben weisendes Dreieck). Man glaubte, daß diese Vereinigung das Leben im Universum aufrechterhalte. Durch tantrische Einflüsse gelangte das Symbol des sechszackigen Sterns zu mittelalterlichen Kabbalisten. Für sie bedeutete er die Vereinigung zwischen Gott und seiner weiblichen Seite, der Schekina. (Dies ist die jüdische Version von Kali/Shakti und Sophia.)

Bei den Sophiologen, die sich mit Sophia als der weiblichen Seite des Göttlichen auseinandersetzen, bedeutet der sechszackige Stern die ausgewogene Verbindung der männlichen und weiblichen Seite Gottes.

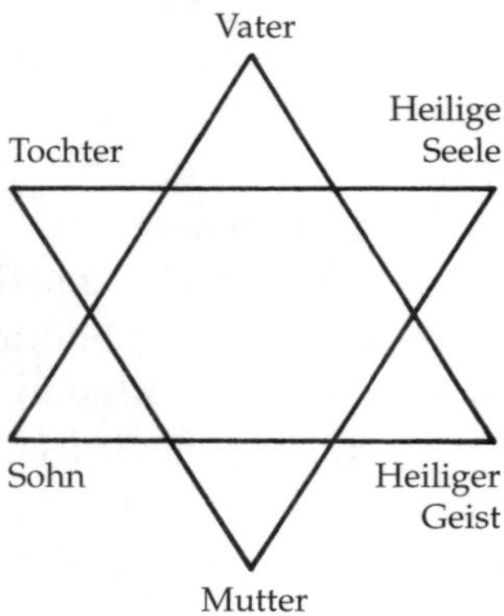

In der Alchemie dient das Hexagramm als Symbol für Alkohol. Man sieht dort Alkohol als Wasser (weiblich), das von Feuer (männlich) durchflossen wird. Auch die Indianer nennen Alkohol »Feuerwasser«.

Matthews, die ein sehr empfehlenswertes Buch über Sophia geschrieben hat*, sagt, das nächste Jahrtausend werde das Jahrtausend der Sophia sein.

Der in Deutschland lebende englische Wissenschaftshistoriker, Mathematiker, Astronom und Astrologe Robert Powell, der Valentin Tombergs Buch ins Englische übersetzt hat**, ist einer der bedeutendsten Sophia-Spezialisten der Welt. Er sagt, Sophia solle in das Christentum eingehen und es transformieren. Sie solle Brücken bauen in Richtung Ökumene, zwischen Ost und West, zwischen männlich und weiblich. Dabei sei aber ihr Wesen universal. Jeder, gleich, welcher spirituellen Tradition er angehöre, könne mit Sophia in Kontakt treten. Er sagt: »Sogar in verschiedenen Zweigen der Wissenschaft, wo Wissenschaftler echt inspiriert sind, können Aspekte von Sophia gegenwärtig sein.«

Für Powell sind auch die spirituelle Frauenbewegung mit ihrer Verehrung der Göttin und die unter dem Stichwort Gaia-Hypothese bekanntgewordene Sichtweise der Erde als lebendiges Wesen Anzeichen für die Wiederbelebung von Sophia.

Ob als Dreifaltigkeit im Sinne der Sophien-Lehre oder als Dreifache Göttin im Sinne von Diana, Athene, den Nornen und so fort – bei Menschen, die sich mit ihren Krafttieren beschäftigen, tritt immer wieder die Göttin, die Dreifache Göttin, in Erscheinung. Sie ist, auch wenn das den Betreffenden zunächst gar nicht bewußt wird, eng mit den geistigen Helfertieren verbunden. Und über diese taucht sie aus der Tiefe hervor.

* Caitlin Matthews: *Sophia– Göttin der Weisheit,* Walter, Solothurn/Düsseldorf 1993.

** Valentin Tomberg: *Meditations on the Tarot,* Element Books, Rockport 1985.

ÜBUNG:
Das Tier im Spiegel

Bei dieser ersten Übung oder »Reise« werden Sie Gelegenheit haben, eins Ihrer »Krafttiere« kennenzulernen. Denken Sie daran, daß jedes Tier diese Funktion übernehmen kann, auch ein sehr kleines, zum Beispiel ein Insekt. Sie können es in Ihren inneren Welten wachsen lassen, wenn Sie möchten.

Nehmen Sie sich nicht vor, ein bestimmtes Tier zu treffen, sondern lassen Sie das Wesen kommen, das wirklich aus den Tiefen Ihrer Seele aufsteigen möchte. Vielleicht wird es sich erst einmal gar nicht um ein Tier handeln, sondern um einen Baum oder eine kleinere Pflanze, einen Menschen, ein geistiges Wesen, ein Symbol, eine Farbe, ein Licht. Heißen Sie willkommen, was immer Sie sehen, spüren, hören oder »wissen«. Auch wenn zunächst nichts erscheint, heißen Sie das Nichts willkommen. Es ist möglich, daß dieses Nichts Sie zu einer bedeutsamen inneren Erfahrung führt.

Selbst wenn gar nichts geschieht, machen Sie sich keine Sorgen. Vielleicht erhalten Sie etwas später durch einen Traum, eine Intuition, eine Begegnung im realen Leben oder durch eine noch andere Erfahrung genau, wonach Sie gesucht haben oder was Sie momentan brauchen.

Die Fähigkeit zum Imaginieren ist bei vielen Menschen verkümmert. Ebenso wie ein Muskel, der lange Zeit nicht benutzt wurde, erst wieder trainiert werden muß, um zu funktionieren, braucht mancher etwas Zeit, um in die Welt der inneren Bilder einzusteigen.

Und auch der Begriff »Welt der inneren Bilder« mag die Erwartungen in eine nicht ganz korrekte Richtung lenken. Keineswegs bei allen Menschen entwickelt sich ein inneres Kino. Bei manch einem bleiben die Bilder schattenhaft. Und bei wieder anderen kommen überhaupt keine, sondern andere Eindrücke, vielleicht »nur« das innere Wissen, das oben schon erwähnt wurde. All dies ist in Ordnung, in all dies betten sich wertvolle Informationen ein.

Sie können diese und alle weiteren Reisen an einem Platz in freier Natur unternehmen oder drinnen, ganz wie Sie wollen. Wichtig ist nur, daß Sie dabei nicht gestört werden. Meistens ist es hilfreich, die Augen mit einer Binde oder einem Tuch zuzudecken. Vielleicht finden Sie auch, daß Musik oder Trommelrhythmen, die Sie über Kopfhörer vernehmen, Ihren Prozeß unterstützen. Wenn Sie möchten, legen Sie sich also einen Walkman mit entsprechender Musik bereit. Sie müssen das aber nicht tun, denn für diese Imaginationsreisen sind keine Hilfsmittel notwendig.

Falls Sie allein reisen, lesen Sie sich die beschriebene Übung genau durch, und merken Sie sich ihren Inhalt. Wenn Sie einen Begleiter haben, so kann dieser den Text langsam vorlesen. Wo »Pause« steht, soll er Ihnen Zeit geben. Eine leise Frage wie »Brauchst du noch mehr Zeit?« oder von Ihrer Seite ein »Ich möchte bitte noch einen Moment haben« stören Ihre inneren Abläufe keinesfalls.

Hier nun die genaue Anleitung: Nehmen Sie eine bequeme Haltung ein, und schließen Sie die Augen. Entspannen Sie sich, und atmen Sie ganz bewußt tief und ruhig. Gehen Sie in Ihrer Imagination in eine nächtliche Landschaft. Der Mond scheint, es ist Vollmond, und der Himmel ist sternenübersät. So können Sie den Weg, den Sie gehen, sehr genau wahrnehmen, und ebenso alles, was Sie umgibt: Bäume, Wiesen, Hügel, Berge… Schauen Sie sich genau an, wo Sie sich befinden, und machen Sie sich mit Ihrer Umgebung vertraut.

– Pause –

Gehen Sie den Weg oder die Straße in Ihrer Vorstellung immer weiter in die Richtung, wo der Mond am Himmel steht. Genießen Sie die Ruhe oder vielleicht auch die Laute von Tieren: Fröschen, Zikaden…

– Pause –

Gehen Sie nun durch ein Waldstück.

– Pause –

Die Straße oder der Weg macht eine Windung, und plötzlich stehen Sie an einem ruhigen Gewässer, einem Teich oder einem See. Die Wasserfläche bildet einen glatten Spiegel.

Finden Sie eine Stelle, an der Sie sich hinknien und in diesen Spiegel hineinsehen können. Vielleicht gibt es ja einen Platz, wo die Böschung steil abfällt, oder es gibt einen niedrigen Bootssteg. Bereiten Sie sich aber nur vor, knien Sie sich hin, schauen Sie noch nicht in das Wasser hinunter.

– Pause –

Nun blicken Sie in den natürlichen, mondbeschienenen Spiegel hinein. Sie sehen dort nicht Ihr eigenes Gesicht, sondern das Gesicht eines Tieres.

– Pause –

Öffnen Sie sich ganz und gar für die Erfahrung. Wenn Sie sich mit dem Tiergesicht vertraut gemacht haben, begrüßen Sie es. Wenn Sie möchten, fragen Sie es nach seinem Namen.

– Pause –

Und fragen Sie es, welche Botschaft es jetzt in diesem Moment für Sie hat.

– Pause –

Verabschieden Sie sich von dem Tier, und versprechen Sie ihm, daß Sie es wieder aufsuchen werden.

– Pause –

Gehen Sie nun den Weg durch die nächtliche Landschaft zurück, kommen Sie im Hier und Jetzt an, und spüren Sie bewußt wieder Ihren Körper und den Boden unter sich.

Berichten Sie Ihrem Begleiter Ihre Erfahrung, oder schreiben Sie sie auf. Alle Details sind wichtig.

Sie können diese Reise immer wieder unternehmen und Ihr Krafttier bei den nächsten Begegnungen aus dem Wasser heraussteigen lassen. Finden Sie dann heraus, ob es gesund ist und sich wohl fühlt. Fragen Sie es, ob es etwas von Ihnen braucht, und geben Sie es ihm auf der Ebene der Imagination. Vielleicht möchte es, daß Sie es in den Arm nehmen oder streicheln…

Wenn es sich wünscht, daß Sie in Ihrem realen Leben etwas für dieses Tier tun sollen, sagen Sie ihm, Sie würden prüfen, ob sich das machen lasse. Und daß Sie, wenn es sich machen lasse, seinen Wunsch realisieren würden. Halten Sie sich dann auch daran.

Sie können Ihr Helfertier um Rat fragen, falls Sie im Moment ein Problem quält. Sie können es bitten, Ihnen Kraft zu vermitteln, wenn Sie sich schwach fühlen oder eine Aufgabe all Ihre Energie verlangt.

Ihr Krafttier sollte aber nie das Gefühl bekommen, daß Sie es ausnutzen oder daß Sie es zu etwas zwingen. Behandeln Sie es höflich und respektvoll, überlassen Sie ihm die Entscheidung, was es zu geben bereit ist, und bieten Sie von sich aus einen Ausgleich an.

Verhalten Sie sich Ihrem Krafttier gegenüber wie einem

Freund. Bedanken Sie sich. Verabschieden Sie sich. Sagen Sie, daß Sie es gern wiedertreffen möchten.

Wie auch immer Sie eine Reise ausbauen und variieren: Schließen Sie sie völlig ab. Gehen Sie jedesmal den Weg zurück, den Sie gekommen sind, und geben Sie sich die notwendige Zeit, um wieder in Ihrem Alltag zu landen.

(Im Anschluß an das letzte Kapitel finden Sie ab Seite 246 ein Schema, an dem Sie sich für selbstgestaltete Reisen orientieren können. Dieses Schema stellt eine Art universelles Gerüst für Krafttier-Reisen dar. Sie können dort jederzeit nachschlagen.)

In einigen Traditionen wird dazu angehalten, über das eigene, persönliche Krafttier Stillschweigen zu wahren. Doch wenn in der Wohnung Bilder von diesem Tier hängen, wenn die betreffende Person ein Schmuckamulett davon trägt oder ähnliches, können interessierte Außenstehende doch die entsprechenden Rückschlüsse ziehen. Eine völlige Geheimhaltung ist also meist nicht möglich.

In anderen Traditionen wird ganz offen über die persönlichen Helfertiere gesprochen. Sogar der Name, den man von der Gruppe erhält, hat damit zu tun. Wir kennen Namen wie Sun Bear (Sonnenbär, ein bekannter Autor mit indianischen und weißen Vorfahren) oder »Der mit dem Wolf tanzt«. Der heilige Columba, einer der wichtigsten Vertreter des keltischen Christentums, ließ sich nach seinem Krafttier benennen. (Columba ist das lateinische Wort für Taube, wie im Deutschen ein Femininum.)

Hier besteht also das andere Extrem: Jeder darf und soll wissen, welches Tier dem anderen so nahesteht.

Mein Vorschlag für Sie, liebe Leserinnen und Leser, lautet

folgendermaßen: Denken Sie darüber nach oder meditieren Sie darüber, was zu Ihnen paßt: Ob Sie Ihr Krafttier lieber als ein Geheimnis für sich behalten wollen, ob Sie vielleicht nur mit ein, zwei Personen Ihres Vertrauens darüber sprechen oder ob Sie damit relativ offen umgehen möchten. Wobei Sie aber auf keinen Fall Menschen davon berichten sollten, die mit solchen Themen Schwierigkeiten haben.

Seien Sie außerdem vorsichtig mit Informationen, die Sie möglicherweise einmal von Ihrem Krafttier erhalten und die sich auf intime Dinge beziehen. Beispielsweise könnte es sein, daß es Ihnen aus irgendwelchen Gründen ein Familiengeheimnis anvertraut, von dem außer Ihnen auch noch andere Personen betroffen sind. Vielleicht ist es angebracht, diese Sachverhalte völlig für sich zu behalten. Wenn es aber notwendig sein sollte, darüber mit einem der anderen Betroffenen zu reden: Gehen Sie unbedingt vorsichtig und verantwortungsbewußt vor. Vermeiden Sie es, einen anderen Menschen zu schockieren, zu verletzen oder zu überrumpeln.

Schließlich gibt es auch Fälle, wo Sie unbedingtes Stillschweigen wahren sollten. So könnte es sein, daß Sie von Ihrem Tier ein Paßwort oder ein Schlüssel-Symbol mitgeteilt bekommen. Dies wäre wirklich etwas, das nur mit Ihnen und Ihrem geistigen Helfer zu tun hat und das niemanden etwas angeht.

Und noch etwas, das Sie für sich behalten sollten: Was andere Ihnen von ihren inneren Reisen berichten, sei es unter vier Augen, sei es in der Gruppe oder was Sie indirekt von solchen Reisen mitbekommen, ist nicht für die Ohren Dritter bestimmt.

Edelhirsch (Cervus elaphus)

2. KAPITEL

Krafttiere – Boten der Anderswelt

»Besuch so schnell wie möglich Kalifornien!« So lautete die Botschaft eines Adlerpaares, dem ich bei einer Krafttierreise begegnete. In meinen inneren Räumen kreisten diese Vögel in majestätischem, ruhigem Flug um einen Berg an der Pazifikküste nahe dem Presidio und dem Golden Gate, dem goldenen Tor von San Francisco (siehe dazu auch das 5. Kapitel). Diese berückend schöne Gegend kannte ich von vierzehn Aufenthalten in Kalifornien, wohin ich in den Jahren zuvor aus beruflichen Gründen gereist war.

In diesem Moment stand eigentlich kein Besuch in San Francisco an. Das nahm ich als eine Art Beweis dafür, daß ich mir diese Nachricht nicht zurechtgelegt hatte, sondern daß sie tatsächlich von den Adlern stammte.

So überprüfte ich sie mehrere Tage lang mit meinem Alltagsbewußtsein, indem ich über die Kosten, den möglichen zeitlichen Rahmen und ähnliche praktische Gesichtspunkte nachdachte. Schließlich ging ich ins Reisebüro, machte meine Buchung, und wenige Wochen später war ich in Kalifornien.

In der Tat hatte ich dann dort Gelegenheit zu einigen wichtigen und möglicherweise unwiederbringlichen Recherchen und Kontakten, die jetzt zum Teil sogar in dieses Buch eingehen – in ein Buch über Krafttiere, von dem damals noch längst nicht die Rede war! Zum Beispiel hatte ich die Möglichkeit, den weltbekannten Anthropologen und Schamanismus-Experten Michael Harner zu interviewen, der, wie er mir sagte, normalerweise überhaupt keine Interviews mehr gibt …*

Auch im persönlichen Bereich geschahen während der USA-Reise sehr wichtige Dinge für mich, die mein ganzes Leben in positiver Weise veränderten. Ich werde meinen Krafttieren ewig dafür dankbar sein, daß sie sich in für mich so eindeutiger Weise äußerten. Und daß ich dann, ausgelöst durch ihren Hinweis, soviel Neues lernen und erleben durfte.

Seit jener Begegnung mit den Adlern hat mich nun eine Frage nicht mehr losgelassen – eine Frage, die sich auf den wesentlichen Unterschied zwischen Krafttieren und Tieren aus Fleisch und Blut bezieht: Ein Tier, das ich irgendwo sehe, ein Frosch vielleicht, ein Adler, eine Taube oder ein Haustier wie eine Katze oder ein Hund, ist auf seine Art sehr geschickt, schlau, schnell, instinktsicher und so fort. Doch hat es auch eindeutig seine Grenzen. Beispielsweise fehlt ihm bekanntermaßen der Überblick, den wir als Menschen besitzen. Ein Krafttier jedoch, also ein Helfertier, ein Helfergeist in tierischer Gestalt, der aus dem Inneren, aus einem Traum, einer Imagination oder einem anderen veränderten Bewußtseinszustand auftaucht, trägt alle nur erdenkliche Weisheit, allen nur erdenklichen Überblick in sich. So haben meine Adler lange vor mir gewußt, wie wesentlich es für mich sein würde, mich genau zum damaligen Zeitpunkt nach San Francisco aufzumachen.

Wieso?

Wieso verfügen Krafttiere im Gegensatz zur Begrenztheit

* Erschienen in *esotera* 5/97: »Schamanen und die Geister sind Alliierte.«

realer, lebendiger Tiere über Weisheit, Weitblick, Zugang zu allen Informationen, die man sich nur wünschen kann? Wieso haben sie Zutritt zum kollektiven Unbewußten, zur Weisheit der Erde, zur Weisheit anderer Dimensionen?

Die Antwort darauf hat zwei miteinander verbundene Teile. Den einen Teil fand ich im Buch *The Unfolding Self** (»Wie sich das Selbst entfaltet«) von dem deutschstämmigen, in Kalifornien lebenden Psychologieprofessor Ralph Metzner. Er schreibt folgendes:

> »Es ist wichtig zu erkennen, daß, wenn die Heiler-Schamanen zu einem Tier beten oder wenn Jäger um Erlaubnis und Verzeihen bitten, bevor sie ein Tier jagen, sie den Geist der gesamten Spezies anrufen. Sie wenden sich nicht an Individuen, zum Beispiel an einen speziellen Bären oder einen speziellen Adler. Die Tiere, die in den Visionen auftauchen, sind spirituelle Wesen aus der Anderswelt, wie Götter. Weil sie die göttlichen Wesen der gesamten Spezies sind, überrascht es nicht, daß sie über eine in gewaltigem Maße übermenschliche Intelligenz, über ein weit übermenschliches Wissen verfügen.
>
> Hier laufen die schamanischen Traditionen mit den Lehren jener esoterischen Philosophen zusammen, die sagen, Tiere hätten eine ›Gruppen-Seele‹, welche das Verhalten und das Schicksal einer gesamten Spezies leiten, und zwar durch das, was wir die ererbten Instinkte nennen. Menschen scheinen vergleichsweise weniger an instinktive Verhaltensmuster angeschlossen zu sein. Esoterische Traditionen sagen, dies sei deswegen, weil wir zusätzlich noch eine individualisierte Seele haben.«

* Ralph Metzner: *The Unfolding Self*, Origin Press, Novato 1998.

Bevor ich nun zum zweiten Teil der Antwort auf meine brennende Frage komme, möchte ich noch kurz umreißen, warum es Ralph Metzner als Psychologe für so wichtig hält, daß wir Menschen uns zu unserem eigenen Wohl und zum Wohl des großen Ganzen wieder mit den Tieren beschäftigen. Und zwar mit realen ebenso wie mit geistigen Tieren. Metzner schreibt:

> »Die Weisheitslehren alter Zeiten, die in die Gleichnisse und Symbole von Ritualen und Mythen verschlüsselt eingegeben sind, betonen einheitlich die Notwendigkeit, daß menschliche Wesen mit ihrem kreatürlichen Erbe zurechtkommen. Nach diesen Lehren haben wir sowohl eine menschliche als auch eine tierische, ›animalische‹ Ebene in unserer Psyche. Tatsächlich stammt das englische Wort für Tier, *animal,* vom lateinischen Wort für Seele, *anima.* Die menschliche und die ›animalische‹ Psyche sind [heute bei uns] oftmals entweder voneinander getrennt, oder sie stehen miteinander in Konflikt.
> Und dies spiegelt sich im Mißbrauch und in der Ausbeutung der Tierwelt durch die sogenannte zivilisierte Menschheit wider.«

Weise Seher der Eingeborenenkulturen auf der ganzen Welt hätten uns immer wieder gesagt, daß unsere Vernachlässigung des Tier- und Pflanzenreiches und unser Abgetrenntsein davon uns in eine gefährliche und zerstörerische Unausgewogenheit in der gesamten Biosphäre geführt hat.

Der Respekt, den Naturvölker durchweg den Tieren zollen, ergebe sehr viel Sinn. Denn ihnen sei immer bewußt gewesen, was heute die modernen Naturwissenschaften beweisen, daß nämlich das Bewußtsein der Tiere nach wie vor in uns lebt und daß sie engstens mit uns verwandt sind.

Die philosophischen Traditionen der Transformation, also beispielsweise die Transpersonale Psychologie*, lehren, daß die Zweiteilung der Seele in menschlich und tierisch miteinander versöhnt und in eine harmonische Balance gebracht werden muß, damit wir Menschen körperlich und spirituell gesund werden und damit die Natur wieder ins Gleichgewicht kommt.

Geistige Helfertiere und Engel

Der zweite Teil der Antwort auf meine Frage, wieso Krafttiere über soviel Wissen und Weisheit verfügen, beantwortete sich durch Gespräche, die ich mit Menschen führte, welche schon längere Zeit in Kontakt mit ihren persönlichen tierischen Hilfsgeistern stehen. Sie hatten die Tiere im einen oder anderen Zusammenhang gefragt: »Wer seid ihr eigentlich?« Und die Antworten darauf lauteten: »Wir sind Boten.« Einmal hieß es sogar: »Wir sind Boten Gottes.«

Heute verstehen wir unter einem Boten üblicherweise jemanden, der mit dem Auto oder dem Fahrrad Unterlagen und dergleichen von einem Ort zum anderen fährt. Dabei handelt es sich ganz bestimmt um eine redliche Tätigkeit. Dieser Job läßt sich jedoch nur kaum mit dem vergleichen, was Boten in früheren oder in ganz frühen Zeiten taten und was dann auch als die Funktion der Engel als Boten Gottes angesehen wurde. Der Schweizer Theologe und Autor Hans-Dieter Leuenberger erklärt in seinem Buch *Engelmächte*, was Boten den Menschen früherer Kulturen bedeuteten, welchen

* In meinem Buch *Naturgeister – Mittler zwischen Erde und Mensch* (Knaur, München 1997) gehe ich detailliert auf das Thema Transpersonale Psychologie ein.

Stellenwert für sie als Folge davon dann Engel hatten – und daß all dies bis heute über das kollektive Unbewußte in unserem individuellen Unbewußten wirkt. (Näheres hierzu finden Sie im Exkurs auf Seite 65 f.)

Im ersten Kapitel ging es darum, daß sich nach einer langen Zeit der Verehrung eines männlichen Gottes »im Himmel« nun wieder die weibliche Seite des Göttlichen auf der Erde meldet. Den Engeln als Boten zwischen dem Himmel, dem himmlischen Vater und den Menschen wurde in den letzten Jahren viel Aufmerksamkeit geschenkt. Dutzende von Artikeln, Büchern, Filmen kamen zu diesem Thema heraus.

Jetzt ist offenbar die Zeit angebrochen, in der auch die Boten zwischen der Erde, der Mutter in der Erde oder »Mutter Erde« und den Menschen sich wieder melden. Diese Boten sind die Feen, die Natur- und Pflanzengeister, und es sind die Tiergeister, die geistigen Tiere, die Krafttiere.

Man kann sie absolut mit den Engeln vergleichen. Michael Harner, von dem am Anfang des Kapitels bereits die Rede war, erzählte mir beispielsweise während unseres Interviews, er habe in Südamerika eine Heilerin getroffen, die vom »Hai-Engel« spräche. Damit meine sie den Hai als Krafttier. Eben als Tier, das in seiner Botenfunktion Zugang zu tiefem Wissen habe. Der Hai vermittele zwischen der Erde oder der Erdgöttin und ihr, der Schamanin.

Harner lachte über den Ausdruck »Hai-Engel« und bemerkte, die Frau habe zwei Systeme vermischt. Doch gerade dadurch paßt dieses Beispiel sehr schön.

Harner hat sich in seiner Arbeit intensiv mit Krafttieren beschäftigt. Er wurde selbst von den Conibo- und Jivaro-Indianern in Südamerika ausgebildet, und er hat Gruppen von Menschen aus dem westlichen Kulturkreis darin unterrichtet, mittels schamanischer Techniken ihren Krafttieren zu begegnen und mit ihnen zu kommunizieren – besonders in von Trommelrhythmen eingeleiteten und begleiteten Trance- oder Imaginationsreisen. Er sagte, ihre Erfahrungen seien mit denen von Eingeborenen-Schamanen absolut vergleichbar.

Für viele Schamanen sei es offensichtlich, daß »Westler« geistige Helfertiere haben und sie das an deren hohem Energieniveau, gutem Gesundheitszustand und anderen äußeren Anzeichen ihrer Kraft und Ausstrahlung ablesen könnten. Diese Schamanen fänden es bedauerlich, daß die westlichen Menschen sich häufig ihrer wahren Kraftquelle nicht bewußt seien und sie deswegen gar nicht wüßten, woher die Kraft komme, die durch sie fließe und die sie erfolgreich sein lasse.

Die Schamanen sagten auch, Weiße, die krank seien, wüßten nicht, daß ihre gesundheitlichen Probleme vom Verlust ihrer tierischen Schutzgeister stammten.

Weiterhin bemerkte Harner, Krafttiere hätten für die Schamanen eine unabhängige Existenz. Für sie lebten sie in einer geistigen Welt, die mit unserem materiellen Universum zusammen existiere, die aber für den Durchschnittsmenschen nicht wahrnehmbar sei. Diese geistige Welt könne man durch Träume, Trancen und andere veränderte Bewußtseinszustände aufsuchen.

Der amerikanische Psychologe José L. Stevens schreibt in seiner bereits in der Einleitung dieses Buches erwähnten Doktorarbeit über Krafttiere:

> »Mythen und Legenden überall auf der Welt beschreiben Tiere als Vermittler, die den Helden in der geistigen Welt führen und leiten … Das Krafttier wird dort als Repräsentant der großen Mächte des unsichtbaren Universums gesehen, und es verbindet den Menschen mit der inneren Welt …

Die Fähigkeit, die Sprache eines wilden Tieres zu sprechen, ist verwandt mit der Fähigkeit, mit den Verstorbenen zu kommunizieren. Denn Tiere wurden durch die Geschichte hindurch als die Seelenführer angesehen, die den Menschen nach seinem Tod in die geistige Welt hineingeleiten.«

Diese Aussagen unterstreichen noch einmal, wieso Krafttiere und ihre Funktion mit Engeln und deren Funktion durchaus vergleichbar sind.

Der schamanische Lebensbaum

Seit Urzeiten ist der Baum das beliebteste Symbol für die Verbindung zwischen Himmel und Erde: So wie er hoch in den Himmel ragt, so tief verwurzelt ist er auch im Boden. Er holt sich seine Nahrung sowohl aus dem, was der Himmel ihm bietet – Sonne und Regen –, wie aus dem, was ihm das Erdreich schenkt. Nur die Kombination von beidem, nicht das eine *oder* das andere, läßt ihn wachsen, blühen, Früchte tragen und gedeihen.

In den meisten Kulturen ist der »Baum des Lebens« zu finden. Er hat viel mit den Krafttieren zu tun, und er wird auch »schamanischer Lebensbaum« genannt; in seiner Grundstruktur ist er überall auf der Welt gleich.*

Auch unsere Vorfahren, die Germanen, kannten ihn. Bei ihnen hieß er Yggdrasil, die Weltenesche. In Asgard, der Baumkrone, lebten die Götter. Asgard war durch die aus

* Der Lebensbaum aus der Kabbala, der jüdischen Geheimlehre, stellt eine abstrakte Glyphe dar. Er ist hier nicht gemeint.

Feuer, Wasser und Luft bestehende Regenbogenbrücke Bifröst mit Midgard verbunden. Midgard stand für unsere materielle Welt, die durch den Stamm und die Zweige repräsentiert wurde. In den Zweigen lebten Tiere: ein Adler, ein Falke, eine Ziege, ein Eichhörnchen, vier Hirsche für die Himmelsrichtungen und zwei Schwäne als Boten des Reiches der Verstorbenen. Das war die untere Welt oder die Anderswelt, die durch die Göttin Hel/Hulda/Holle regiert wurde. Der Name der unteren Welt lautete ebenfalls Hel.

Um sie zu betreten und ihre weiblichen Geheimnisse zu erlernen, hängte sich der germanische Göttervater Odin/Wodan neun Nächte lang kopfunter an die Esche. Dabei entdeckte er die Runen, die *Buchenstäbe* mit den unterschiedlichen Verzweigungen, die zunächst zum Orakeln verwendet wurden, aus denen dann aber die *Buchstaben* entstanden.

Die zweite Wurzel der Weltenesche führte zur Quelle des Mimir im Land der Eisriesen. Diese Quelle war der Ursprung aller Weisheit. Wodan opferte ein Auge, um aus den Wassern der Erleuchtung zu trinken.

Am dritten Brunnen, an der dritten Wurzel, wohnten die drei Schicksalsgöttinnen, die Nornen. Die Wurzel, die zu diesem Brunnen führte, reichte paradoxerweise in den Himmel.

Das Bild von der Weltenesche enthält aus unserer heutigen Sicht ohnehin viele Widersprüche. Es handelt sich dabei eben um ein Bild aus der Welt der Mythen und Träume, in welcher das Oben und Unten, das Innen und Außen überlappen und sich in einem Kreislauf befinden.

Wodan jedenfalls erlangte dem Mythos zufolge erst seine volle und wahre Göttlichkeit, nachdem er das Martyrium durchlebt hatte, an der Weltenesche Yggdrasil Tod und Auferstehung zu erleben. Ähnliches ist dem ägyptischen Gott Osiris geschehen. Und wir alle kennen das Thema aus dem

Neuen Testament. Dort wird übrigens an einigen Stellen gesagt, daß Jesus nicht an einem Kreuz, sondern »am Holz« oder an einem Baum hing.

In ihrem bereits erwähnten Buch *Die geheimen Symbole der Frauen* schreibt die Amerikanerin Barbara Walker:

> »Was bei diesem Weltenbaum oder Lebensbaum oftmals nicht auffällt, ist die Tatsache, daß man ihm weibliches Geschlecht zuordnete und ihn als allnährende und allgewährende Mutter betrachtete. [Im Deutschen sind die meisten Bäume, einschließlich der Esche, feminin.] Offensichtlich sollte das Blut, das an ihm in feierlichem Opfer vergossen wurde, die Lebenskraft des Baumes aufrechterhalten, von der alles andere Leben abhing. So besaß zum Beispiel der Baum, auf dem Wodan sich opferte, verschiedene Namen wie Mjotvidr oder Mjodvidr. Dies bedeutet entweder ›Mutterbaum‹ oder ›Honigbaum‹. Wie der milchspendende Mutterbaum der Finnen brachte er Leben hervor, und zwar den ersten Mann und die erste Frau des neuen Universums. Außerdem erleichterte seine Frucht auf magische Weise die Geburt, und die Dreifache Göttin wohnte in Form der drei Nornen in seinen Wurzeln. Dieser Baum war die ›Quelle ungeborener Seelen‹...«

Ganz allgemein, so schreibt Barbara Walker weiter, beinhalte die Vorstellung des Paradieses bei den Indoeuropäern, also der Gruppe von Menschen, die das Land von Indien bis einschließlich Europa bevölkerten, einen heiligen Baum mit einer Quelle an seiner Wurzel. Neben Yggdrasil nennt sie den Feenbaum der keltischen Tradition als Beispiel, die lebenspendenden Apfelbäume von Avalon und den Baum der Erkenntnis im Garten Eden:

»Es ist möglich, daß der gesamte Paradiesmythos von Eden von einem Bild falsch abgeleitet wurde, auf dem die Göttin als Personifikation des Lebensbaums abgebildet ist, wie sie ihren Apfel dem ersten Menschen überreicht, während die Schlange der Weisheit sich um die Äste schlingt.«

In ihrem Buch *Die Bärin im 11. Haus** betrachtet die feministische Autorin Luisa Francia das Horoskop als schamanischen Lebensbaum. Sie schreibt, daß Schamaninnen und Schamanen jeweils auch zu einem ganz konkreten Baum eine enge Beziehung haben:

»Die schamanische Trommel, die ›Mutterseele‹ der Schamanin, wird aus dem Lebensbaum der Schamanin gefertigt. Ein Stück Holz wird aus dem Baum geschnitten, der Baum bleibt stehen. Ein Leben lang ist die Schamanin mit ihrem Lebensbaum verbunden. Immer wenn sie die Trommel schlägt, weckt sie ihre Mutterseele und damit ihre Schamaninnenmutter. Die Trommel wird zum Sprachrohr zwischen Menschen und Geistwesen. Und die Reise zu den unteren Geistern… braucht genau wie die Reise in die oberen Himmel den Lebensbaum, den Schamaninnenbaum als Weg.«

Jeder Baum, jeder Stab, insbesondere jeder Zauberstab sei Symbol für den magischen Kosmos des schamanischen Weltenbaums, dieser Achse zwischen Unterwelt und Himmel.

»Bei den Hunza im Himalaya ist die Tradition des schamanischen Lebensbaums noch erhalten. Eine angehende Schamanin muß auf die kleine Plattform des kahlgeschlagenen

* Luisa Francia: *Die Bärin im 11. Haus,* Frauenoffensive, München 1997.

Schamaninnenbaumes steigen und dort als Schamanin neu geboren werden. Die bereits initiierten Schamanen und Schamaninnen der Region drehen neun Tanzrunden mit ihren Trommeln und lassen die angehende Schamanin dann allein auf dem Baum zurück. Während das Dorf feiert und ißt, muß sich die Initiandin den Geistern stellen … Im Sinn des Lebensbaums mit all seinen Wesen, mit dem Thema der Unterwelt, der materiellen Welt und der erhabenen, göttlichen Welt, besteht die Kunst des Lebens darin, alle Kräfte wahrzunehmen, zu verstehen, mit ihnen umzugehen und sie miteinander auszusöhnen. Die hohe Kunst der Schamanin besteht darin, daß sie auch das Schreckliche anschauen kann und erträgt, daß sie ihre Mittel und Verbündeten kennenlernt und eine Virtuosität im Umgang mit allen Wesen, allen Dingen des Lebens erlangt.«

Ein persönlicher Weltenbaum

Psychologen lassen ihre Klienten, ob Kinder oder Erwachsene, gern einen Baum malen oder zeichnen, um dann am fertigen Bild zu untersuchen, wie es mit der Psyche und dem gesamten Leben der Betreffenden aussieht. Diese Idee können Sie in eine praktische Übung umsetzen, die Sie mit Ihrem ganz persönlichen Weltenbaum in Verbindung bringt: Malen oder zeichnen Sie einen Baum. Bemühen Sie sich *nicht* darum, unbedingt etwas ästhetisch Schönes zu schaffen, sondern geben Sie Ihre Energie in die Darstellung aller Details und auch in die des Parts, der normalerweise von der Erde verdeckt ist: der Wurzeln. Malen oder zeichnen Sie die Wurzeln ganz genau.

Natürlich können Sie auch Ihre persönliche Weltenesche,

Ihren Paradies- oder Feenbaum in Ihren inneren Räumen, in Ihrer Imagination aufsuchen. Hier kommt es ebenfalls nicht darauf an, ihn sich »schön zu machen«, sondern der wesentliche Punkt ist die Wahrhaftigkeit.

Nehmen Sie alle Einzelheiten genau auf, und wenn Sie aus Ihrer Imagination zurückkommen, reden Sie mit jemandem darüber, sprechen Sie auf Band, schreiben oder malen Sie auf, was Sie gesehen und gespürt haben:

Wie groß sind die Krone (die »obere Welt«, die für den »Vater im Himmel« steht), der Stamm (die »mittlere«, also die materielle Welt) und das Wurzelwerk (die »untere Welt«, welche den Bereich der Göttin symbolisiert)?

Ist das Verhältnis ausgewogen?

Trägt Ihr Baum Blätter, Nadeln, Blüten, Früchte, oder ist er kahl? (Falls er tatsächlich kahl ist: Spüren Sie beim nächsten Mal hin oder bitten Sie um einen Traum oder eine anders durchgegebene Information, was er braucht, um wieder grün zu werden.)

Ist er gesund?

Bietet er Schutz?

Ist er Ihnen freundlich gesinnt?

Gefällt er Ihnen?

Ist er Ihnen vertraut?

Gibt es einen realen Baum, der ihm ähnelt?

Wenn Sie Ihren persönlichen Lebensbaum immer wieder aufsuchen, wenn Sie dort Kraft tanken und ihm zurückgeben, was er braucht, wird er sich mit der Zeit verändern. Und auch Sie selbst werden sich verändern.

Er stellt ein wesentliches Element in Ihrer inneren Welt dar. Er kann Ihnen als Eingangspforte in die Erde, in die Welt der Göttin, dienen. (In einigen der Übungen dieses Buches wird das vorgeschlagen.) Gleichzeitig vermag er Sie aber auch in die Regionen des Himmels zu führen. Und auch die können mit den Krafttieren zu tun haben. Weiter oben ging es ja darum, daß im Bild vom Lebensbaum das Oben und Unten, Innen und Außen überlappen und sich im Kreislauf befinden. So gibt es auch Tiere, die als Boten zur »oberen Welt« fungieren. Das sind besonders häufig Vögel, beispielsweise Adler oder Raben, die in vielen Traditionen als Gesandte des männlichen Großen Geistes gelten, der seinen Wohnort in den luftigen Höhen hat.

Das Christentum und die Göttin Hel

Heiden sind im Grunde nichts anderes als die »Bewohner der Heide«. Deren naturverbundene Vorstellungen haben Christen über fast zwanzig Jahrhunderte hinweg abgewertet, überlagert, verändert, und das »notfalls« mit Brachialgewalt. Die Krone vom Baum des Lebens, die obere Welt, erhielt eine immer stärkere Betonung und Wertschätzung. War es doch das Ziel der Kirche, ihre Schäfchen schön brav beieinanderzuhalten, und zwar, bitte schön, als Herde. Die Belohnung für kritikloses Wohlverhalten, so wurde versprochen, war die ewige Seligkeit in himmlischen Regionen. Die Engel als Boten zu diesen himmlischen Sphären waren Christen ebenfalls genehm.

Anders sah es hingegen mit der unteren Welt aus, der Welt der Göttin Hel. Sie wurde mehr und mehr verteufelt. Aus »Hel« entstand im Englischen das Wort »Hell«, im Deutschen »Hölle«. Die untere Welt erfuhr eine Verwandlung zur grauenvollen Unterwelt. Auch die Boten, die der Göttin zugeordnet sind – nämlich die Feen, die Naturgeister, die Pflanzen- und Tiergeister, also die Krafttiere –, wurden dämonisiert. Wer sich mit diesen Wesen beschäftigte, sogar wer sich ausgiebig und gefühlsbetont mit konkreten Pflanzen und Tieren abgab, geriet zur Zeit der Hexenverfolgungen in Lebensgefahr.

Bis heute ist bei vielen Männern und Frauen, besonders bei solchen, die christlich erzogen wurden, eine starke Angst gegenüber der unteren Welt und ihren Wesen vorhanden. Es scheint, als säße uns die Furcht vor dem Scheiterhaufen noch in den Knochen – als seien wir durch das kollektive Unbewußte nach wie vor mit der Erinnerung daran verbunden. Um solche angstbesetzten Assoziationen möglichst zu vermeiden, folge ich dem Vorschlag verschiedener Autoren, nicht mehr »untere Welt« oder »Unterwelt«, sondern »Anderswelt« zu sagen. Dieser Begriff bezeichnet dasselbe, er ist aber neutral. Deswegen hilft er dabei, in diesem Zusammenhang die Fallen der eigenen Vorurteile zu umgehen.

Auch innerhalb des Christentums hat es allerdings immer wieder Strömungen und Persönlichkeiten gegeben, bei denen das weibliche Prinzip, die Natur, die Tiere eine wichtige Rolle spielten oder spielen. Hildegard von Bingen fühlte sich Sophia nahe, der weiblichen Seite des Göttlichen. Franz von Assisi predigte den Tieren. Ein weiterer, nicht ganz so bekannter Tier- und Naturfreund war der heilige Columba, einer der wichtigsten Vertreter des sogenannten keltischen Christentums (»Columba« heißt »Taube«). *Das* Christentum schlechthin existiert eigentlich gar nicht. Es gibt darin unendlich viele Facetten und Richtungen.

In unserer Zeit setzt sich der nichtinkarnierte christlich-mystische Lehrer White Eagle für die Natur und die Tiere ein; seine Bücher sind Bestseller.* White Eagle ist mit Columba und Franz von Assisi engstens verbunden. In seiner Lehre

* Siehe auch Irene Dalichow: *Naturgeister – Mittler zwischen Erde und Mensch,* Knaur, München 1997, Seite 73ff.

spielen, gemeinsam mit den Engeln, die Naturgeister eine wichtige Rolle. Aber auch reale Tiere bzw. die gesamte Schöpfung, einschließlich uns Menschen, werden als geliebter weiblicher Gegenpart eines (männlichen) Schöpfergottes gefeiert. Die White Eagle Lodge, die Loge des weißen Adlers, spricht Gott als Vater und Mutter an. Der Name »White Eagle« hat zwar mit dem Indianischen und mit Naturverehrung zu tun, vor allen Dingen aber ist er das Symbol für den mystischen Aspekt des Christentums, wie es im Evangelium des Johannes enthalten ist: Der weiße Adler gilt als sein Symbol. Er ist von allen Evangelisten am meisten in einem undogmatischen spirituellen Bereich angesiedelt.

Für manchen mag es seltsam erscheinen, daß von »Loge« gesprochen wird und daß die White-Eagle-Bewegung, die um die ganze Erde verbreitet ist, Tempel hat und keine Kirchen. Von diesen möglicherweise etwas merkwürdig erscheinenden Äußerlichkeiten sollte man sich aber nicht irritieren lassen: Die White Eagle Lodge ist eine außerordentlich seriöse und engagierte Gemeinschaft und *keine* Sekte. Sie wirkt im Hintergrund, ohne Medienrummel.

Sie ist meines Wissens die einzige gegenwärtig wirkende christliche Gruppierung, die Christentum und Naturverehrung in dieser Form miteinander in Einklang bringt.

Die White Eagle Lodge leistet wirkungsvolle Heilungsarbeit für kranke Menschen und Tiere (siehe auch den Adressenteil am Ende dieses Buches). Die Leiterin der amerikanischen Loge, Jean LeFevre, ist eine Spezialistin sowohl für Fern- als auch für direkte Heilung von verletzten oder kranken Tieren. Aus der gesamten Gegend um Montgomery, Texas, dem Standort der amerikanischen White Eagle Lodge, bringen die Menschen kranke Tiere zu Jean, besonders wilde Vögel. Sogar ganz scheue Raubvögel wie Adler oder Falken lassen sich von ihr und ihren ebenfalls speziell ausgebildeten Mitarbeitern behandeln. Als ich sie im Februar 1998 besuchte, berichtete sie mir, wie diese Tiere absichtlich ihre scharfen Krallen einziehen, um sie nicht zu verletzen: Sie spüren genau, daß sie hier nicht in Gefahr sind, sondern daß ihnen von diesen Menschen geholfen wird.

Jean LeFevre und ihre Mitarbeiter müssen über jedes Tier, das sie behandeln und beherbergen, genau Buch führen. Die amerikanischen Tierschutzbehörden sind sehr streng und wollen um jeden Preis vermeiden, daß in diesem Bereich heimlich Geschäfte gemacht, zum Beispiel kostbare Wildvögel verkauft werden.

In Jeans privatem Garten und Haus leben viele Tiere, vor allem Hunde. Sie erzählt gern eine Legende, in der es darum geht, daß Gott mit den Menschen Mitleid hatte und ihnen ein ganz besonderes Geschenk machen wollte – ein Geschenk, das seine Liebe für sie widerspiegeln würde. So gab er ihnen den Hund, auf englisch »dog«. Das Wort ist, wenn man es im Spiegel sieht und umgekehrt liest, das englische Wort für »Gott« – »god«…

Eine Frau, die für die amerikanische White Eagle Lodge regelmäßige Tierfernheilungen macht, schreibt:

> »Ich bin schon seit Jahren Mitglied einer Heilungsgruppe für Tiere. Das Gefühl, das entsteht, wenn ich ihnen Fernheilungen gebe, ist ein anderes, als wenn ich für menschliche Patienten arbeite. Es besteht ein offenerer Zugang zwischen dem Heiler und dem, der Heilung empfängt. Man kann gar nicht anders, als sein Herz zu öffnen.«

In einem Buch übers Heilen steht:

»In White Eagles Lehre ist der Respekt für das Reich der Tiere immer ein wichtiges Thema gewesen. In verschiedenen Zusammenhängen hat er über das Bewußtsein von Tieren gesprochen. Er hat gesagt, daß sie die Trennung zwischen den ätherischen und materiellen Ebenen des Lebens viel weniger spüren als wir. Es sind unsere menschlichen Gehirne, die diesen Schleier schaffen. Obwohl Tiere auf tiefe, intuitive Weise verstehen können, gibt es ohne die rationale, logische Fähigkeit, die die Menschheit so sehr entwickelt hat, keine Trennung des individuellen Bewußtseins vom großen Ganzen. Vielleicht liegt hier der Grund dafür, warum wir immer gefunden haben, daß sich Tiere so leicht für Heilung öffnen: Es bestehen bei ihnen keinerlei Schichten des Widerstandes und des Zweifels.«*

Die Sixtinische Kapelle der Eiszeit

Erst während der Arbeit an diesem Buch wurde mir klar, daß die ältesten Dokumente unserer europäischen Kultur Malereien an den Wänden von Höhlen sind: Darstellungen von Tieren wie Hirschen, Bisons, Pferden, aber auch von ausgestorbenen Arten wie Auerochsen, Mammuts oder Höhlenlöwen. Es traf mich wie ein Schlag, als ich erkannte, daß nicht etwa Stonehenge, Carnac oder andere »Hinkelsteine« die ältesten Zeugnisse unserer Vorfahren repräsentieren – das hatte ich nämlich bis zu jenem Zeitpunkt angenommen –, sondern bunte Gemälde von Tieren, den Geschöpfen der Göttin, und nicht etwa an irgendwelchen äußeren Felswänden, sondern

* Die beiden letzten Zitate stammen aus internen Schriften der White Eagle Lodge.

in Höhlen ohne jeden Einfall von Tageslicht, also drinnen im Körper von Mutter Erde sozusagen. Im Schoß der Erdgöttin.

Europaweit wurden bisher über 300 Höhlen mit solchen Darstellungen gefunden, die meisten in Spanien und Frankreich, einige wenige auch in unserem Sprachraum. Sie stammen alle aus der Zeit zwischen 13 000 und 30 000 Jahren vor Christi Geburt und sind damit für unsere Begriffe wirklich uralt.

Am meisten gehört hat man über die besonders schönen Höhlen von Lascaux in Frankreich und Altamira nahe der nordspanischen Küste in der Provinz Santander. »Altamira« heißt »hoher Blick« oder »weite Aussicht«, und dieses Wort ist der Name eines nahegelegenen Berges. Wenn man »weite Aussicht« nicht auf räumliche, sondern auf zeitliche Gegebenheiten bezieht, trifft diese Bezeichnung für die Höhlenmalereien hervorragend zu. Sie wurden 1868 per Zufall entdeckt, und heute haben die spanischen Höhlen den Beinamen »Sixtinische Kapelle der Eiszeit«. Für das Deutsche Museum in München wurde in sehr aufwendiger Arbeit die Nachbildung eines Teils der Gemälde hergestellt, die sich an das natürliche Relief des Gesteins anpassen.* Heute bewundern täglich Hunderte von Besuchern des Deutschen Museums das einmalige Exponat. Die Höhlen in Spanien wurden zu ihrem eigenen Schutz schon vor langer Zeit für die Öffentlichkeit geschlossen.

Als wichtigste Deutungen für diese Kunst der Steinzeit werden im Katalog des Deutschen Museums zu den Alta-

* Fachleute vermuten, daß die Menschen damals, vor vielen Tausenden von Jahren, in diesen Höhlen saßen und daß ihnen im lebendigen Licht des Feuers die Buckel und Täler im Fels als Tiere erschienen. Mit ihren aus Ocker, Muschelkalk, Fett und anderen Ingredienzen hergestellten Farben malten sie diese Erscheinungen aus.

mira-Höhlenmalereien Kunst als Selbstzweck, Mondkult, Fruchtbarkeitsmagie, Bildmagie sowie Schamanen und Totems genannt. Zu diesem letzten Punkt wird gesagt:

> »Berichte der Völkerkunde erzählen von Schamanen, die in besonderer Beziehung zu bestimmten Tieren stehen und mit ihrer Hilfe übermenschliche Zauberkraft besitzen. Die Schamanen und ihre hilfreichen Tiere genießen in solchen Gesellschaften besondere Verehrung. Als Totems werden die Tiere zu Symbolfiguren für die Zugehörigkeit zum entsprechenden Stamm.«

Der Begriff »Bildmagie« wird so erklärt, daß Forscher annehmen, die Menschen der Steinzeit hätten Tiere gemalt, um sie leichter zu erlegen. Eine weitere Form der Bildmagie verfolge das Ziel, die Tiere durch die Malerei zu verewigen und auf diese Art ihr Weiterleben zu garantieren.

Es kann einen leicht erschauern lassen, wenn man sich klarmacht, daß ja tatsächlich die Bisons, Pferde und Hirschkühe der Altamira-Höhle bis heute existieren; daß der beabsichtigte Zauber also tatsächlich wirkt.

Der Vergleich der Höhlenmalereien von Altamira mit der Sixtinischen Kapelle trifft für mich haargenau zu. Denn beide sind von genialen Künstlern gestaltete heilige Räume. Und in beiden spielen Boten eine wesentliche Rolle. Engel als Boten der »oberen Welt« und Krafttiere als Boten der Anderswelt.

EXKURS:
Stellvertreter des Königs

(Auszug aus dem Buch *Engelmächte* von Hans-Dieter Leuenberger, Hermann Bauer, Freiburg 1991.)

Das Wort Engel stammt vom griechischen »angelos« und bedeutet Bote oder Gesandter. In der antiken Welt, aus der dieses Wort stammt, hatten Boten eine ganz andere Bedeutung als heutzutage. Im Gegensatz zur heutigen Zeit mit ihrem vielfältigen Angebot an technischen Medien waren in der alten Zeit menschliche Boten die einzige Möglichkeit, Informationen über eine größere Distanz zu übermitteln. Wenn wir in historischen Atlanten die Landkarten der antiken Großreiche betrachten und wenn wir dabei überlegen, unter welchen Voraussetzungen solche Großreiche, wie es sie in der heutigen Zeit praktisch nicht mehr gibt oder bald nicht mehr geben wird, meist von *einem* Zentrum aus regiert und verwaltet wurden, so kann man sich der Bewunderung und Hochachtung vor solcher Leistung nicht verschließen. In diesen praktisch immer monarchisch geprägten Gesellschaftsstrukturen der alten Zeit mußten »angeloi«, eben Boten, Gesandte, eine wichtige Rolle und Funktion wahrnehmen, weil sie die einzige Möglichkeit waren, den zentralen Willen des Monarchen oder Herrschers bis in die entferntesten Gebiete seines Reiches zu tragen. Sie mußten also auf recht beschwerliche Art und Weise das gleiche tun, was heute ein Telefonanruf oder ein Fax in Sekundenschnelle erledigt. Es ist anzunehmen, daß diese weltlichen politischen »angeloi« bei den Untertanen eines Reiches im höchsten Ansehen standen, ja stehen mußten, denn sie repräsentierten in ihrer Person ja die zentrale Regierungsgewalt, den König, die Autorität schlechthin. Ja, es kann davon ausgegangen werden, daß sie der Bevölkerung den Willen des Königs nicht nur kundtaten, sondern daß sie in gewissen Fällen diesen Willen auch eigenhändig und in Stellvertretung des Königs durchsetzten, der nicht körperlich präsent war. Es darf angenommen werden, daß sich dadurch in den antiken Menschen eine hierarchische Struktur der politischen Ordnung und Gewalt herausbildete, die sich im Unbewußten der damaligen Menschen archetypisch manifestierte. Wenn man sich damals von der göttlichen Welt eine Vorstellung machen wollte, lag es nahe, sich dieser archetypischen politischen Struktur als Modell zu bedienen; gemäß dem Gesetz, daß der Mensch mit der göttlichen Energie nur umgehen kann, wenn er sie in Bilder kleidet.

So betrachtet ist es leicht zu verstehen, daß in den monotheistischen Religionen, dem Judentum, dem Christentum und dem Islam, Engel eine besonders herausragende Rolle spielen… [Gott ist] für den Menschen in der Transzendenz unerreichbar, genauso unerreichbar, wie der Kaiser von Rom für einen Bewohner der Südostküste des Schwarzen Meeres unerreichbar gewesen sein muß, so daß sich der einzige mögliche Kontakt eben auf den »angelos«, den vom Kaiser gesandten Boten, beschränkte.

ÜBUNG:
Das Tier in der Tiefe

Genau wie die erste Übung, bei der Sie eins Ihrer wichtigsten Krafttiere im Spiegelbild eines Gewässers erkannten, wird Sie diese Übung mit einem Ihrer wichtigsten Helfertiere bekannt machen. Es kann sich um das gleiche Tier handeln wie beim ersten Mal, vielleicht ist es aber auch ein anderes. In diesem Fall können Sie es in einer späteren Imagination mit dem ersten Krafttier bekannt machen und dann beobachten, wie gut sich die beiden miteinander verstehen.

Diesmal geht es in die Tiefe der Erde. Sie werden sehen, daß das, was Sie dort sehen und erleben, alles andere als erschrekkend sein wird. Machen Sie sich von Vorurteilen frei, die Sie möglicherweise der »unteren Welt« gegenüber hegen. Gewöhnen Sie sich an den Begriff »Anderswelt«.

Lesen Sie zum Einstieg noch einmal den Anfang der Beschreibung der ersten Übung (siehe Seite 38) bis zu dem Satz »Hier nun die genaue Anleitung«. Folgen Sie den dort gegebenen Empfehlungen.

Und nun kommt die Beschreibung der Reise zum Tier in der Tiefe:

Denken Sie an eine Öffnung, die in die Erde hineinführt. Diese Öffnung liegt in einer Landschaft, die Ihnen entspricht – sie ist Ihnen vertraut oder sie gefällt Ihnen besonders gut. Es kann sich um eine Höhle handeln, um eine Quelle, um ein Loch, das von einem Tier gegraben wurde, oder um ein Loch in einem Baum, in »Ihrem« Baum. Seien Sie sich dessen bewußt, daß dieses Loch eine Schnittstelle zwischen zwei Welten darstellt. Sobald Sie hindurchgeschlüpft sind, schauen Sie sich um, wie es von der anderen Seite her aussieht. Es ist für den Rückweg wichtig, daß Sie sich das Aussehen dieses Durchgangs auch von der hinteren Seite einprägen.

Steigen Sie also ein, und gehen Sie tiefer, immer tiefer.

– Pause –

Öffnen Sie Ihre Sinne, und schauen Sie sich um. Hören Sie, was es zu hören gibt. Riechen Sie, was es zu riechen gibt. Versuchen Sie, die Erde und das Gestein zu fühlen.

– Pause –

Gehen Sie so lange weiter, bis das Loch sich öffnet. Jetzt sind Sie in der Anderswelt angelangt. Es ist eine ganz eigene Landschaft. Schauen Sie sich um. Nehmen Sie alle Details wahr, und merken Sie sich möglichst jede Einzelheit. Es kann gut sein, daß Sie in späteren Imaginationen wieder genau hier landen werden.

– Pause –

Hier wartet Ihr Krafttier auf Sie. Stellen Sie sich vor, und begrüßen Sie es.

– Pause –

Lassen Sie sich Zeit, sich gegenseitig anzuschauen oder auf andere Weise miteinander vertraut zu machen. Schauen Sie genau hin, wie dieses Wesen aussieht, was es tut, wie es sich verhält.

– Pause –

Fragen Sie es, auf welche Weise es Ihnen bei Ihrer Weiterentwicklung helfen möchte.

– Pause –

Wenn Sie das Gefühl haben, Ihre Reise neigt sich dem Ende zu, danken Sie dem Tier, daß es gekommen ist, und sagen

Sie ihm, daß Sie es wieder aufsuchen. Reisen Sie den Weg zurück, den Sie gekommen sind, und schenken Sie dem Durchgang Ihre besondere Aufmerksamkeit. Geben Sie sich Zeit, wieder im Hier und Jetzt zu landen.

Schreiben Sie sofort auf, was Sie erlebt haben, oder berichten Sie Ihrem Begleiter davon. Sie können es auch auf Band sprechen oder aufmalen. Wichtig ist nur, daß die Eindrücke aus Ihren inneren Welten auf irgendeine Art und Weise in die äußere Welt herübergebracht werden. Denn diese Eindrücke verflüchtigen sich erfahrungsgemäß sehr schnell und geraten in Vergessenheit.

Es geht bei solchen Reisen auch darum, im ganz banalen Alltag davon zu profitieren und daran zu wachsen. Das ist nur dann möglich, wenn die Inhalte ins Bewußtsein eingehen.

Die Indianer haben dafür das zauberhafte Bild der Regenbogenbrücke geschaffen. Über diese Brücke werden diesseitige und jenseitige Welt miteinander verbunden. Falls Sie also die Dokumentation Ihrer Reise eine gewisse Überwindung kosten sollte, stellen Sie sich einfach vor, Sie bauen gerade eine Regenbogenbrücke. Und wählen Sie möglichst die Art der Dokumentation, die Ihnen am leichtesten fällt: Wenn Sie gern schreiben, schreiben Sie. Wenn Sie gern sprechen, erzählen Sie ...

Machen Sie sich keine Gedanken, wenn Sie auf bestimmte Fragen keine Antwort erhalten haben. Sie können und sollten diese Übung mehrfach durchführen und Ihre Fragen immer wieder stellen.

Möglich ist auch, daß Sie Erfahrungen machen, mit denen Sie erst einmal überhaupt nichts anzufangen wissen. In diesem Fall geben Sie sich einfach ein wenig Zeit. Manchmal erhalten Sie die Lösung durch einen Traum oder durch eine Information aus einer ganz anderen, vielleicht völlig unvermuteten Quelle.

Es kann aber auch sein, daß Sie sehr konkrete Antworten und Entscheidungshilfen bekommen. Bevor Sie die Tips, die Sie von Ihrem Helfertier erhalten haben, konkretisieren, wägen Sie ab, ob jetzt wirklich der richtige Zeitpunkt dafür ist. Denken Sie an die Regenbogenbrücke. »Drüben« spielen Zeit und Materie keine Rolle, hier jedoch tun sie es, und wie! Was drüben leicht und selbstverständlich erscheint, mag hier erst nach einiger Vorarbeit zu verwirklichen sein.

Mit der Brücke hat übrigens auch der lateinische Begriff »Pontifex maximus« zu tun, der für einen Hohenpriester verwendet wurde. »Pontifex maximus« heißt »größter Brückenbauer«.

Um dasselbe in Grün handelt es sich beim Begriff »hagazussa«, woraus unser Wort »Hexe« geworden ist. Ursprünglich galten Hexen als weise Frauen (in diesem Sinne verwende ich das Wort). Sie nannten verschiedene Welten ihr Zuhause und konnten sich jederzeit auf der einen oder anderen Seite des »Grenzzauns« zwischen diesen Welten bewegen (»hagazussa« bedeutet »Zaunreiterin«).

Hexen wurden auf ihren Grenzritten häufig von Krafttieren begleitet. Ein Symbol dafür ist das Steckenpferd.

Viel Spaß dabei, wenn künftig Krafttier-Reisen zu Ihrem liebsten Steckenpferd werden!

Bernhardiner

3. KAPITEL

Die Schamanen der Apfelinsel

Das Interesse am Schamanismus, der Ur-Religion der Menschen, ist heute groß. Es gibt verschiedenste Auffassungen davon, was Schamanismus, was ein Schamane – männlich oder weiblich – ist. Doch gilt folgendes allgemein:

Ein Schamane ist ein Heiler und Visionär mit einer besonderen Kraft. Er kann absichtlich einen veränderten Bewußtseinszustand erreichen. Innerhalb dieses Zustandes reist er in nichtalltägliche Welten, um dort für sich oder die Mitglieder seiner Gruppe Wissen und Kraft zu erlangen.

Diese drei Punkte machen den sogenannten Core-Shamanism, den Kernschamanismus, aus. Der Begriff stammt von dem amerikanischen Anthropologen und Schamanismus-Experten Michael Harner (siehe Anfang 2. Kapitel), und er bezeichnet die Grundzüge und -methoden des Schamanismus, die weltweit Geltung haben. In Harners Stiftung für schamanische Studien, die auch im deutschsprachigen Raum Ableger hat, wird dieser Kernschamanismus gelehrt.*

* Um den Kernschamanismus geht es in dem Buch *Der Weg des Schamanen* von Michael Harner (Rowohlt, Reinbek 1986). Kontaktadressen finden Sie am Ende dieses Buches.

Daß sich Schamanen überall auf der Welt und zu allen Zeiten auf ihren Reisen von Krafttieren schützen, begleiten, helfen und unterweisen ließen, gehört ebenfalls zu den Voraussetzungen, von denen man im Kernschamanismus ausgeht. Wie schon in der Einleitung auf Seite 11 gesagt wurde, kann der Bereich Krafttiere also, wenn man den Schamanismus als einen großen Werkzeugkasten ansieht, als ein einzelnes Werkzeug innerhalb dieser Sammlung angesehen werden. Aber genau wie zum Beispiel ein Hammer hervorragende Dienste leisten kann, vermag ein Laie bereits allein durch die Beschäftigung mit Krafttieren und die dabei erworbenen Erkenntnisse und Erfahrungen im Alltag sehr gute Ergebnisse zu erzielen.

Der Schamanismus hat in Westeuropa eine Tradition von bis zu 30 000 Jahren!

700 bis 600 Jahre vor unserer Zeitrechnung breiteten sich keltische Stämme von Mitteleuropa nach Westen, Süden und Osten aus. Die Stämme hatten unterschiedliche Sprachen und Lebensformen. Ihre Situation war mit denen der Indianer vergleichbar, und genau wie diese lebten sie in vielfältigen Siedlungen. Einige zogen zwischen Sommer- und Winterquartieren hin und her, andere wiederum waren seßhaft. Manchmal verbanden sie sich zu bestimmten Zwecken mit anderen Stämmen. Sie waren sehr naturverbunden, glaubten an eine wahrnehmbare Geisterwelt und an die Unsterblichkeit der Seele. Die respektvolle Einstellung gegenüber dem Land und seinen Geistern war genauso ausgeprägt wie bei den Indianern.

Heute kämpfen viele moderne Kelten, ebenso wie die amerikanischen Ureinwohner, um den Erhalt ihrer Kultur und Spiritualität, besonders in Gegenden, in denen das Keltentum noch lebt. Das ist vor allem in Cornwall, der Bretagne, auf der

Insel Man, in Wales, Schottland und Irland der Fall. In seinem Buch *Die Schamanen von Avalon** hat der amerikanische Historiker und Schamanismuslehrer Tom Cowan in einem faszinierenden Puzzle zusammengefügt, was keltische Spiritualität und keltischen Schamanismus ausmacht. (»Avalon« heißt »Apfelinsel«. Das ist der keltische Name und das keltische Bild für »Paradies«. Wobei bekanntlich auch im biblischen Paradies der Apfel eine tragende Rolle spielt.)

Weil es über den Schamanismus allgemein sehr viel hervorragende Literatur gibt, über den keltischen Schamanismus, der uns Europäer ja direkt angeht, jedoch noch nicht sehr viel bekannt ist, beschäftigen wir uns in diesem Kapitel etwas ausführlicher damit.

Tom Cowan ist ein Schüler Michael Harners und ein Mitglied seiner Stiftung. Toms Vorfahren stammen aus dem deutschsprachigen Raum und von den Britischen Inseln. Während seine Eltern sich bemühten, gute Amerikaner zu werden oder zu sein, wie er amüsiert berichtet, war sich Tom, seit er denken kann, seiner keltischen Wurzeln bewußt. Als Kind und Jugendlicher beschäftigte er sich in St. Louis, Missouri, mitten auf dem nordamerikanischen Kontinent, ausgiebig mit der Kultur seiner Ahnen. Nach dem Abitur studierte er Geschichte, machte seinen Doktor und unterrichtete an einem College.

1983 begann er, bei Michael Harner Kernschamanismus zu lernen. Wie die meisten Amerikaner, die sich mit diesem Bereich beschäftigen, fühlte auch Tom sich in die Welt der Indianer ein. Doch je tiefer er einstieg, um so klarer wurde ihm, daß er in dieser Welt nicht zu Hause war. »Andere gingen so sehr darin auf, daß sie begannen, ganz konkret mit Indianern

* Tom Cowan: *Die Schamanen von Avalon,* Ariston, Kreuzlingen 1998.

zu leben, ihre Sprache zu lernen und so weiter. Ich spürte, daß dies nicht mein Weg sein würde«, erinnert er sich.

Irgendwann gab Tom den Unterricht am College auf und machte sich als Autor selbständig. Er veröffentlichte nicht nur eigene Bücher, sondern half auch anderen beim Schreiben. Zwei, drei Jahre lang lieh er seine schriftstellerischen Fähigkeiten einer Frau, die sich als keltische Hexe bezeichnete. Das war um 1990. Im Laufe dieser Zusammenarbeit wurde ihm klar, daß der keltische Schamanismus das Zuhause war, nach dem er gesucht hatte. Mittlerweile ist er einer der wenigen Spezialisten für diese Richtung weltweit, und er lehrt sie an Michael Harners »Internationaler Fakultät«, auch bei uns im deutschsprachigen Raum.

Was unterscheidet nun eine »keltische Hexe« von einem »keltischen Schamanen«? Wenn man unter einer Hexe eine Frau verstehe, die Satanismus praktiziere, gebe es eine Menge Unterschiede, erläutert Tom Cowan. Denke man dabei jedoch an eine Frau, die sich in der Tradition der Heilerinnen, Hebammen, kräuterkundigen, sensitiv begabten weisen Frauen sieht, die im Mittelalter als »Hexen« bezeichnet, verfolgt, gefoltert und umgebracht wurden, so gebe es kaum Unterschiede, sagt er: »Sicher waren viele von denen, die in Europa als Hexen verfolgt wurden, keltische Schamanen.« Die Frau, mit der er zusammengearbeitet habe, sei übrigens eine solche weise Frau. Durch ihr Beispiel sei ihm viel klargeworden.

Was speziell ist nun »keltischer Schamanismus«? »Es ist ein Schamanismus«, antwortet er, »der sich an keltischen spirituellen Werten orientiert und sich ihnen verpflichtet fühlt. Ich selbst lege dabei vor allen Dingen auf folgende drei Punkte Wert: die Natur der Seele, die Kraft des Wortes und die Natur der geistigen Welt.«

Da die Kelten keine Schrift hatten, wurde ihre Tradition erst in der Zeit nach Christus von keltisch-christlichen Druidenmönchen schriftlich niedergelegt. Tom hat seine Informationen aus Sekundärliteratur zu diesen Quellen, zum Beispiel diese: Die Kelten riefen, wenn sie während eines Heilungsprozesses eine Krankheit oder eine Besetzung aus einem Menschen »herausziehen« wollten, die Kräfte der Natur an, den Wald, den Wind, die Sonne... Dort verschwanden dann nach ihrer Sichtweise die Teile so endgültig, daß sie sich nicht mehr zusammenfügen konnten, um dem Betreffenden zu schaden.

Auch bei Segnungsritualen beschworen die Kelten die Elemente, Bäume und andere Gewächse, Natur-, Pflanzen- und Tiergeister bzw. Krafttiere, Göttinnen und Götter. In all diesem zeige sich, so Tom Cowan, was er als die »Kraft des Wortes« bezeichnet. Faßte man also etwas in Worte und »schickte« es mit einer starken Absicht »hinaus«, hatte es auch gute Chancen, sich zu realisieren.

Die Anderswelt, die sich unserer heutigen Ansicht nach nur im Traum und in ähnlichen veränderten Bewußtseinszuständen eröffnet, war für die Kelten durchaus ebenso innerhalb der Alltagsrealität zugänglich. Doch hatten sie laut Tom Cowan auch Methoden zur Veränderung des Bewußtseins. Zum Beispiel kannten sie, wie viele andere in gemäßigten oder kalten Regionen lebende Naturvölker, Schwitzhütten. Bei Schwitzhütten-Zeremonien traten sie in veränderte Zustände ein. Sie verwendeten auch Trommeln, Rasseln, Singen und Tanzen zu rituellen Zwecken.

Eine aus der keltischen Kultur stammende typische Methode zur Bewußtseinsveränderung ist die, beide Hände mit nach oben gerichteten Fingern an die untere Hälfte des eigenen Gesichts zu führen und auf diese Art einen Hohlraum zu schaffen, in den man hineintönt. Dann aus jeder Hand einen einzelnen Hohlraum zu formen und damit die Augen zu bedecken: mit der rechten gewölbten Hand das rechte Auge, mit der linken gewölbten Hand das linke. So werden die Aktivitäten im Kopf stimuliert. »Die Kelten glaubten, die Seele des Menschen lebe im Kopf«, erklärt Tom Cowan. Deswegen trägt auch die englische Originalausgabe seines Buches *Die Schamanen von Avalon* den Titel *Fire in the Head* (»Feuer im Kopf«).

In keltischen Mythen, berichtet Tom, werde häufig von abgeschnittenen Köpfen – in Schalen liegend oder aufgespießt mit Speeren – erzählt. Anders als die Körper der Menschen, denen diese Köpfe gehörten, waren die Köpfe als Sitz der Seele nach damaliger Auffassung jedoch weiterhin lebendig. Sie sprachen, erteilten Ratschläge und so weiter. »Solche Erzählungen finden die Menschen heute schrecklich«, bemerkt Tom. »Das Haupt eines Geköpften, irgendwelche Botschaften vermittelnd... Wer allerdings mit dem Schamanismus vertraut ist, sieht so etwas locker. Die meisten dieser Menschen haben bereits innere Reisen unternommen, bei denen sie erlebten, wie ihr Körper in der Vorstellung zerstückelt und dann als besserer, kraftvollerer neu zusammengesetzt wurde. Bei meinen Seminaren mache ich manchmal die Vorgabe, sich während einer inneren Reise vorzustellen, daß man sich selbst den Kopf abschneidet und ihn durch einen anderen ersetzt. Das kann sehr positive Auswirkungen haben, besonders wenn jemand vielleicht einen Berufswechsel, eine Heirat oder einen ähnlich wichtigen neuen Lebensabschnitt vor sich hat.«

Der »neue Kopf« könne mit neuen Erfahrungen besser umgehen als der »alte« und bei der Bewältigung bisher unbekannter Probleme auf unbefangene, originelle und kreative Weise reagieren.

Zimperlichkeit ist also bei den Schamanen wenig gefragt. Wobei sich Tom Cowan allerdings nicht als Schamane, sondern als »shamanic practitioner« bezeichnet, was soviel bedeutet wie »einer, der Schamanismus praktiziert«. Ein Schamane ist jemand, der in einer naturverbunden lebenden Gruppe ganz bestimmte Aufgaben erfüllt. Für Menschen unserer Zeit und in unserer Zivilisation kann das, wenn überhaupt, nur in seltenen Ausnahmefällen zutreffen.

Doch wie paßt es nun zusammen, daß Michael Harner und seine Stiftung »Kernschamanismus«, also einen kulturübergreifenden Schamanismus, lehren, Cowan aber in diesem Rahmen keltischen Schamanismus unterrichtet? Seine Antwort: Ähnlich wie früher er selbst seien am Schamanismus Interessierte auf der Suche nach ihren spirituellen und kulturellen Wurzeln. Mit den kernschamanistischen Methoden hätten sie Erlebnisse, Erkenntnisse und innere Bilder, die zum Teil von den »Geistern des Landes« geprägt würden – des Landes, auf dem sie sich gerade befinden. So kämen beispielsweise in Amerika häufig Inhalte vor, die mit Indianern zu tun haben. Doch gebe es auch andere Geister, die bei schamanischen Reisen einwirkten, zum Beispiel die persönlichen Ahnengeister der Reisenden. Und das seien bei vielen weißen Amerikanern, deren Vorfahren ja meist von den Britischen Inseln, aus Skandinavien, Deutschland und anderen nord- und mitteleuropäischen Ländern stammten, die Kelten.

Diesen Zeitgenossen, die regelrecht ausgehungert danach seien, mehr über ihre Ahnen, deren Kultur und Spiritualität zu erfahren, wolle er gezielt etwas anbieten. Zusätzlich zu den Methoden des Kernschamanismus zeige er daher auch typisch »keltische« Methoden, um speziell »keltische« Erfahrungen zu ermöglichen. Er gebe allerdings keine Bilder vor oder lenke die Aufmerksamkeit nicht auf ganz bestimmte Figuren aus der keltischen Mythologie: Was jeder bei seinen inneren Reisen erlebe, solle seine ganz persönliche Sache sein.

Bevor er begann, bei uns in Europa zu unterrichten, hatte er gedacht, daß die keltische und germanische Tradition hier noch lebendig seien. Doch wurde er eines Besseren belehrt. Er sah und spürte, wie sehr politisch Rechte diese Tradition mißbraucht haben und wie sehr dieser Mißbrauch noch wirkt. Er spürte auch, daß es für viele Europäer eine Erleichterung darstellt, keltischen Schamanismus von ihm zu lernen, der von jenseits des Atlantiks kommt. Genau wie wir uns gern einem unanfechtbaren Spezialisten wie Ralph Metzner im Hinblick auf die germanische Tradition anvertrauen.

Die Erfahrungen, die Toms Seminarteilnehmer in Europa mit den »Geistern des Landes« und mit ihren persönlichen Ahnengeistern machen, sind zum Teil sehr kraftvoll und beeindruckend. Die Sehnsucht, die eigenen uralten Wurzeln kennenzulernen, ist auch bei uns groß.

Bewußtseinsverändernde Techniken

Genau wie fast jeder Mensch träumt und auch lernen kann, sich an seine Träume zu erinnern, sind wir im Grunde genommen alle dazu in der Lage, in Tagträumen innere Reisen zu unternehmen. Schamanen (oder heute: schamanische Berater) zeigen darin eine besondere Begabung, und sie sind darin speziell ausgebildet. Doch kann, wie gesagt, im Prinzip jeder in seinem eigenen Rahmen »reisen«.

Tom Cowan schreibt, bei den altsteinzeitlichen Jagdvölkern sei eine »mystische Solidarität« zwischen Mensch und

Tier üblich gewesen, und zwar bei Schamanen und Nichtschamanen gleichermaßen. In den Indianerkulturen unserer Zeit gehe man davon aus, daß die meisten Männer und Frauen fähig sind, »nach einer Vision zu rufen« und dadurch ihre eigene persönliche Beziehung zu bestimmten Tiermächten und Hilfsgeistern herzustellen.

Methoden, die einen Eintritt in einen veränderten Bewußtseinszustand erleichtern und die in vielen Stammeskulturen, auch in den keltischen, verwendet wurden, sind vor allem der rituelle Gebrauch von psychedelischen Pflanzen, das Verräuchern von Kräutern, bestimmte Atemtechniken, Trommeln, Rasseln, Singen, rhythmisches Tanzen, Glockentöne und die Ausbildung spezieller Formen der Aufmerksamkeit. Es kann auch längere soziale und sinnliche Isolation sein, beispielsweise ein tage- oder wochenlanger Aufenthalt in der Dunkelheit. Oder Fasten, Schlafentzug, Wasserentzug, Schwitzen, sogar Aderlaß, starke Abführmittel, das Zufügen starker Schmerzen.

In seinem Buch *Kosmos und Psyche** schreibt der tschechisch-amerikanische Psychiater und Begründer der Transpersonalen Psychologie, Stanislav Grof:

> »Diese bewußtseinsverändernden Techniken haben in der rituellen und spirituellen Menschheitsgeschichte eine zentrale Rolle gespielt. Die Herbeiführung holotroper [das heißt auf Ganzheit ausgerichteter] Zustände war und ist eine Grundvoraussetzung für den Schamanismus, für Übergangsriten und andere Zeremonien von Stammeskulturen.«

* Stanislav Grof: *Kosmos und Psyche*, Krüger, Frankfurt 1997.

In neuerer Zeit, so Grof, habe das Spektrum bewußtseinsverändernder Techniken merklich zugenommen. Zum Beispiel gebe es heute wirkungsvolle Formen der Erfahrungspsychotherapie wie Hypnose, Urschrei-Therapie, Rebirthing und die von ihm entwickelte holotrope Atemarbeit. Eine weitere bekannte Methode sei das Biofeedback, bei dem man die Information über die Veränderung der eigenen Hirnwellen zur Erreichung bestimmter Bewußtseinszustände verwenden kann.

Allerdings ist es auch möglich, lediglich durch das Schließen der Augen und das bewußte Entspannen des eigenen Körpers in einen veränderten Bewußtseinszustand einzutreten und auf innere Reisen zu gehen. Die in diesem Buch angebotenen Übungen haben alle diese einfache Basis. Es kann nicht schaden, wenn man den Prozeß durch tiefes Atmen und die Konzentration auf den Atem verstärkt oder sich von Trommelrhythmen oder passender Musik begleiten läßt und dergleichen. Aber notwendig ist es nicht.

Der aus Frankreich stammende und jetzt in Australien lebende spirituelle Lehrer, Autor und Arzt Dr. Samuel Sagan beobachtete in seiner langjährigen Praxis, daß der willentliche Eintritt in solche Zustände den Menschen immer leichter fällt. In einem Gespräch, das ich Anfang 1994 mit ihm in Sydney führte, sagte er, er bemerke in den letzten Jahren eine Art »ätherisches Erwachen«: »Als ich Anfang der achtziger Jahre mit Reinkarnationsarbeit begann«, so erinnert er sich, »hat es viel Mühe und Aufwand bedeutet, die Klienten und Patienten in einen Zustand gelangen zu lassen, in dem sie sich an ihre Vorleben erinnern konnten. Heute geht das ruck, zuck, sogar bei Menschen, die kaum Erfahrungen mitbringen.« Diese Beobachtung wird von vielen spirituellen Lehrern geteilt.

Taliesin, der keltische Schamanendichter

Die britischen Autoren Caitlin und John Matthews haben in ihrem Werk *The Arthurian Tarot** (frei übersetzt: »Tarot des König Artus«) auf der fünften Karte den keltischen Schamanendichter Taliesin dargestellt. In anderen Tarotdecks heißt diese Karte »Der Hierophant«. Ein Hierophant war im antiken Griechenland Oberpriester und Lehrer der heiligen Bräuche. Das Bild hat also einen ganz besonders starken Bezug zum Spirituellen.

In diesem Tarot jedoch wird ein dunkler, bärtiger Mann in den mittleren Jahren dargestellt, der nicht die Kleidung eines Priesters, sondern die eines Schamanen trägt: ein Cape aus bunten Federn. Vor dem Thron, auf dem er sitzt, knien zwei Kinder. Ein Seil läuft durch die Hände des kleinen Jungen, durch Taliesins rechte Hand, hinter seinem Thron entlang, durch seine linke Hand, durch die Hände des Mädchens – und es verliert sich im Vordergrund. In der schriftlichen Interpretation der Karte im Begleitbuch heißt es dazu: »Das goldene Band der Tradition geht von seinen Händen in ihre über.«

Taliesin ist der Hüter der Überlieferung. Durch Lieder und Geschichten, Vorhersage und Erinnerung, die lange zurückreicht, kann er Suchenden Hilfe und Führung geben: »Er ist sowohl Interpret/Übersetzer/Dolmetscher als auch Lehrer. Er besitzt die Fähigkeit, dem aufgeschlossenen Geist Bilder zu zeigen und im abwartenden Herzen Verbindungen zu schmieden.«

Der gesamte Hintergrund des Bildes ist mit graublauen

* Caitlin und John Matthews: *The Arthurian Tarot*, Thorsons, London und San Francisco, 1990.

Schwaden ausgefüllt, in denen Tiere erkennbar sind: ein Hase, ein Hund, ein Fisch, ein Otter, zwei Vögel.

Was das zu bedeuten hat, geht aus der Legende von Taliesin hervor. Sie lautet folgendermaßen: Ein junger Mann namens Gwion Bach hatte den Auftrag erhalten, den magischen Kessel der Göttin Ceridwen zu hüten, in dem sie alle Weisheit und Inspiration der Welt zusammengemixt und zusammendestilliert hatte. Der Inhalt war für ihren außerordentlich häßlichen Sohn Afagddu bestimmt. Wenn er schon nicht schön sein konnte, so sollte er doch zumindest Weisheit erlangen.

Während also Gwion Bach die köchelnde Flüssigkeit im Auge hatte, spritzte etwas davon auf seine Finger. Um sie abzukühlen, steckte er sie in den Mund und erlangte so ganz unabsichtlich alle Weisheit. Im Zuge dessen erkannte er sofort, daß er sich in größter Gefahr befand – Ceridwen würde ihn nämlich nicht ungestraft davonkommen lassen.

So verwandelte sich Gwion Bach in einen Hasen. Doch Ceridwen jagte ihn in Gestalt eines Hundes. Er verwandelte sich in einen Fisch, doch Ceridwen jagte ihn als Otter. Er verwandelte sich in einen Vogel, sie wurde zu einem Falken. Endlich veränderte er seine Gestalt in die eines Weizenkorns, und sie pickte ihn als Henne auf. Neun Monate später gebar sie das Kind Taliesin.

Caitlin und John Matthews (siehe oben) schreiben:

»Diese Geschichte ist eine Parabel der Einweihung des Barden, in der der junge Dichter seine wesentlichen Verbindungen mit der Anderswelt herstellt, in welcher alle Ebenen der Wirklichkeit und Weisheit zur Verfügung stehen. Dadurch, daß er … mit den verschiedenen Vögeln, Tieren und dem Fisch verbunden ist – alle von ihnen repräsentieren ein bestimmtes Wissensniveau –, kann der Dichter gleichzeitig an jedem Teil der Schöpfung auf allwissende Weise teilhaben. Er weiß, was in der fernen Vergangenheit geschehen ist, ebenso, wie er weiß, was in der Zukunft passieren wird.«

In den verschiedenen Versionen der Sage um König Artus und die Suche nach dem Gral hat Taliesin unterschiedliche Rollen. Zum Beispiel begleitet er Artus in die Anderswelt, oder er hilft dem Zauberer Merlin, Artus nach Avalon zu tragen, wo er von der Göttin Morgaine geheilt wird.

Möglicherweise hat es im 6. Jahrhundert nach Christus auch einen wirklichen Schamanendichter namens Taliesin gegeben. Ihm schreibt man folgende Verse zu, welche die schamanische und bardische Einweihung beschreiben, die er erfuhr:

»Ich war ein blauer Lachs,
Ich war ein Hund, ich war ein Hirsch,
Ich war eine Ziege auf dem Berg,
Ich war der Stamm einer Buche,
Ich war die Axt in der Hand,
Ich war ein Nagel in einer Zange …«

John Matthews, zusammen mit Tom Cowan einer der wenigen Fachleute des keltischen Schamanismus, schreibt, er fühle sich von Taliesin geführt und beschützt. Offenbar ist Taliesin sein persönlicher nichtinkarnierter spiritueller Lehrer.

Andere Figuren, die im keltischen Schamanismus eine wichtige Rolle spielen, sind zum Beispiel Cernunnos, der gehörnte Gott der Tiere, und sein Sohn Robin Hood. Beide sind eng mit dem »Grünen Mann«, dem Herrn der Wälder, verwandt.

Die Pferdegöttin Epona und Rhiannon, die von Vögeln begleitete, auf einem Schimmel zwischen den Welten hin und her reitende Tochter des Herrn der Anderswelt, sind weitere mythologische Gestalten. Sie tauchen manchmal überraschend im Traum oder in anderen veränderten Bewußtseinszuständen auf, auch heute bei uns, selbst wenn wir glauben, noch nie etwas von ihnen gehört zu haben. Sie sind Teil unseres archetypischen Erbes.

Zu diesem Erbe gehört auch der Mythos vom Gral, dessen Symbolik aus uralter Zeit stammt und der später als christliches Symbol gesehen wurde. Neben vielem anderen sah man ganz früher im Gral ein blutgefülltes Gefäß, das den weiblichen Schoß darstellte und auf Geburt sowie Wiedergeburt hindeutete. Auch Ceridwens Kessel, der alle Weisheit und Inspiration der Welt enthielt, kann als »der Gral« angesehen werden. Sein Inhalt ermöglichte Gwion Bach seine schamanische Initiation.

Für Tom Cowan hat der Gralsmythos direkt und eindeutig mit dem Schamanismus zu tun. Für ihn wird die Wüste wieder zu blühen beginnen, also die schwer beschädigte innere und äußere Welt unserer sogenannten Zivilisation wieder gesund werden, wenn die Menschen sich auf den Schamanismus rückbesinnen. Und wenn sie Elemente daraus, die sich im heutigen Alltag anwenden lassen, tatsächlich praktisch anwenden.

EXKURS:
Der Wal im Krankenzimmer

(Der folgende Text stammt von der in der Bucht von San Francisco lebenden deutschen Journalistin Doro Meincke, die als Folge der Erfahrung, die sie schildert, eine Ausbildung bei der Foundation for Shamanic Studies absolvierte [Stiftung für schamanische Studien, die von Michael Harner gegründet wurde]. Zusätzlich machte sie noch einen Abschluß im »Persönlichen Totempfahl-Prozeß« bei Steve Gallegos, von dem im 6. Kapitel die Rede sein wird. Doro Meincke leitet heute Seminare zu diesen Themen, sie begleitet Klienten in Einzelarbeit auf inneren Reisen, und sie unternimmt selbst schamanische Reisen für ihre Klienten. Hier schildert sie ihre erste Begegnung mit einem Krafttier.)

1990 wurde ich auf meinem Motorrad von einem Auto angefahren: offener Unterschenkelbruch rechts. Das Schienbein drang vorne durchs Gewebe, das Wadenbein hinten. Die Therapie nannte sich »externe Fixation«. Das bedeutete: vier Schrauben von außen in die Bruchstücke, Fixierung der Bruchstücke mit einer Querschiene und zum guten Schluß ein weiterer Nagel durch den Knochen und durchs Knochenmark.

Von einer Sekunde auf die andere hatte es in meinem Leben eine krasse Zäsur gegeben. Ganz bewußt gab ich nun all meine Widerstände dagegen auf, verwandelte jedes »Nein« in ein »Ja« und in ein Annehmen. Ich nutzte die Zeit im Krankenhaus zur Innenschau.

Schon nach wenigen Tagen war meine Seele im Fluß. Die Dinge fügten sich so, wie sie, aus der Rückschau betrachtet, zu meinem Besten sein würden.

Täglich meditierte ich, und ich konzentrierte mich dabei auf die sieben Haupt-Chakren*. Nachdem ich das etwa zehn Tage lang getan hatte, nahm ich zu meiner eigenen großen Überraschung in meinem Krankenzimmer einen Wal wahr. Ich konnte ihn sehen. Er war angsterregend groß und real. Ich fürchtete mich vor dieser Präsenz. Ich machte mir aber auch um mich selbst Sorgen, denn ich dachte, ich sei im Begriff, geisteskrank zu werden.

Zu diesem Zeitpunkt hatte ich weder jemals etwas über Krafttiere oder Schamanismus gehört noch gelesen.

Einer engen Freundin vertraute ich mich an. Sie begleitet Menschen beim Sterben und kennt sich in den Dimensionen gut aus, die mir 1990 noch ein Rätsel waren. Sie riet mir, den Wal als gegeben zu akzeptieren und mit ihm zu kommunizieren. Trotz meiner Ängste öffnete ich mich dafür, was mir dieses Tier möglicherweise zu sagen hätte. – Es war so riesig, daß es weit über das Zimmer hinausreichte. Sein Schädel paßte gerade mal so in den Raum. – Und tatsächlich: Unmißverständlich teilte der Wal mir mit, er freue sich, daß ich ihn endlich wahrnehme. Schon seit meiner Geburt befinde er sich an meiner Seite, um mich zu beraten und zu schützen.

Ganz die kritische, verstandesbetonte Journalistin, dachte ich: »Na ja, lassen wir das einfach mal so stehen.«

Nach dem ersten Kontakt konnte ich die Anwesenheit dieses Tieres akzeptieren, dessen große Augen mich mal liebevoll, mal belustigt, aber auch eindringlich anblickten.

* Das sind feinstofflich-energetische Zentren, die, vereinfacht ausgedrückt, entlang der Wirbelsäule liegen.

Nach einem ungewöhnlich schnellen Heilungsverlauf sollte vier Tage später die Fixation entfernt und der endgültige »Marknagel« eingesetzt werden. Es wurde eine sehr, sehr schmerzhafte Operation. Und nicht nur das. Aus einem der Löcher, die die Schrauben hinterlassen hatten, floß unablässig Blut.

Nachdem einige Zeit verstrichen war und mehrere Verbände gewechselt worden waren, sprach mich die verantwortliche Ärztin an, sie müsse eine Bluttransfusion bei mir vornehmen, falls die Blutung nicht schleunigst zum Stillstand käme.

Das wollte ich um keinen Preis. Ich bekam Angst. Gleichzeitig wurde mir bewußt, daß ich nichts zu verlieren hatte und ich jetzt herausfinden könnte, wie ernst es mein Wal mit mir meinte. Ich rief ihn also um Hilfe. Und prompt erhielt ich klare Anweisungen von ihm, was ich tun sollte, um meine Blutung zum Stillstand zu bringen.

Ich liebe Kristalle und habe immer einen bei mir. Sogar im Krankenhaus und auf dem Operationstisch hatte ich einen dabei, ein Rutilquarz. Der Wal wies mich an, ihn in die linke Hand zu nehmen. Dann solle ich mich zurücklegen und mit meiner Aufmerksamkeit ins oberste Chakra gehen, ins Scheitel-Chakra, und mir dort eine Farbe »einfallen« lassen. Ich folgte den Instruktionen, und spontan zeigte sich ein intensives Blaugrün. Diese Farbe, so gab er mir zu verstehen, solle ich mit einem tiefen Atemzug über das oberste Chakra in den Herzbereich, ins Herz-Chakra, einatmen und mit einem Ausatmen in die linke Hand, in den Kristall, schicken.

Der Stein prickelte und piekste in meiner Handfläche. Heute weiß ich nicht mehr, wie viele Atemzüge lang ich den Kristall auf diese Weise mit der blaugrünen Farbe auflud. Schließlich teilte mir der Wal mit, ich solle die Farbe aus dem Kristall heraus- und ins Herz-Chakra einatmen, die rechte

Hand über die blutende Wunde halten und dann die Farbe vom Herz-Chakra durch die rechte Hand ausatmen.

Ich führte alles so aus, wie es mir aufgetragen worden war. In der Wunde wurde es punktuell heiß. Augenblicklich kam die Blutung zum Stillstand. Ich erstarrte vor Schreck, Erstaunen und Angst. Mir war bewußt, daß eine einzige falsche Bewegung die Blutung erneut würde auslösen können.

Die Ärztin meinte nur: »Glück gehabt! Jetzt können wir von einer Transfusion noch einmal absehen.«

Als ich nach nur drei Wochen aus dem Krankenhaus entlassen wurde und meine Arbeit wiederaufnahm, entfernte ich mich innerlich von meinem Wal. Aber er tauchte einige Male in intensiven Träumen auf. In einem dieser Träume verwandelte ich mich in ihn.

Als ich dann meine schamanische Ausbildung begann, begegnete er mir auf meinen Reisen in der unteren Welt. Und heute unterstützt er mich, wenn ich Seminare gebe oder für Klienten Heilungen und Beratungen durchführe.

ÜBUNG:

In die Wälder der Vergangenheit

Früher waren weite Teile unserer mitteleuropäischen Heimat mit Wäldern bedeckt, in denen wilde Tiere lebten. Es gab nicht nur Hasen, Rehe, Hirsche, Wildschweine und alle möglichen Arten von Vögeln, sondern auch heute seltene oder bei

uns ganz ausgestorbene Tiere wie Luchse, Bären und Wölfe. Diese wilden Tiere unserer Heimat leben noch heute bei vielen Menschen in der Tiefe ihrer Seele, und sie tauchen in Träumen und Tagträumen auf. Aber gerade im Moment geschieht auch viel mit ihnen auf einer ganz realen Ebene. So werden sie in Naturschutzgebieten wieder angesiedelt, und zwar mit Abkömmlingen von Tieren, die in zoologischen Gärten überlebt haben.*

Vielleicht haben Sie ja schon Ihr wichtigstes Krafttier getroffen, und es ist *keins* aus dem europäischen Raum. Dann können Sie die nun folgende Übung aber trotzdem durchführen. Denn erstens tauchen bei Reisen dieser Art auch immer wieder »Boten der Göttin« mit aktuellen Mitteilungen auf, die *nicht* Ihre *ständigen* Krafttiere sind, sondern nur eine zeitlich begrenzte Funktion haben. Es kann sein, daß sich ein Tier nur ein einziges Mal mit einer einzigen Botschaft zeigt.

Zweitens geht es darum, eine Beziehung zu dem Fleckchen Erde aufzubauen, auf dem Sie heute leben und zu Hause sind, und einen Bogen zu seiner Geschichte oder zu seiner prähistorischen Geschichte zu schlagen.

Im Anschluß an das 10. Kapitel dieses Buches finden Sie eine allgemein gehaltene Struktur zur Durchführung von inneren Reisen. Lesen Sie den Text auf Seite 246 ff., versuchen Sie, ihn sich zu merken. Nehmen Sie sich dann als Reiseziel vor, in die »Wälder der Vergangenheit« entweder Europas, Mitteleuropas oder einer noch klarer begrenzten Landschaft

* Damit beschäftigt sich in gut verständlicher Weise das wunderschön bebilderte Buch *Im Garten der Tiere* von Henning Wiesner und Günter Mattei (Heyne, München 1998). Und Autoren wie Clarissa Pinkola Estés oder Twyman L. Towery bauen das zerstörte Image der wilden Lebewesen, in ihrem Fall der Wölfe, wieder auf (Siehe Literaturliste Seite 344).

zu gehen. Vielleicht des Landstrichs, in dem Sie geboren wurden oder in dem Sie jetzt leben. Nehmen Sie sich vor, mit einem oder mehreren der dort lebenden Tiere Kontakt herzustellen, und warten Sie ab, was während der Reise von sich aus geschieht. Halten Sie sich bis zum Schluß an die empfohlene Struktur.

Wenn Sie sich die geforderte Disziplin nicht oder *noch* nicht zutrauen, bitten Sie jemanden, Sie zu begleiten und die erforderlichen Vorkehrungen für Sie zu treffen.

Wolf (Canis lupus)

4. KAPITEL

Von Wappentieren, Berserkern und Wolfsfrauen

Wo sind unsere Krafttiere geblieben? In irgendeiner Nische müssen sie doch überlebt haben! Unsere Vorfahren waren – wie die Bewohner aller anderen Länder und Kontinente auch – Naturvölker, die gezwungenermaßen mit den Jahreszeiten, dem Wetter, den Pflanzen und Tieren in Harmonie leben mußten, um zu *über*leben, die von allen Naturphänomenen und besonders von ihren engsten Verwandten, den Tieren, in vielfältigster Art zu lernen bereit waren. Diese Frage habe ich mir immer wieder gestellt: Wo, verflixt noch mal, sind unsere Krafttiere geblieben? Sie können doch nicht vollkommen in der Versenkung verschwunden sein!

Und dann, eines Tages, habe ich die Lösung gefunden: Wenn sie sich noch irgendwo in aller Deutlichkeit zeigen, dann in den Wappen! In diesen bunten, variationsreichen Zeichen, die sich an Häusern, auf Fahnen, Gemeindeschildern, Dokumenten finden und die von den meisten von uns als reine Gebrauchskunst angesehen werden. Und auf denen neben anderen Symbolen immer wieder Tiere dargestellt werden – mehr oder minder naturgetreu.

Tatsächlich gibt es an der Universität Wien einen Experten genau für diesen Bereich, Professor Dr. Georg Scheibelreiter.

Er ist Historiker, Forschungsschwerpunkt mittelalterliche Geschichte, Spezialist für Heraldik, also Wappenkunst und Wappenkunde, sowie Experte für Tiersymbolik.

Mit diesem Mann möchte ich sprechen! So reise ich nach Wien und besuche ihn in seinem Büro, das im beeindruckenden Hauptgebäude der Universität untergebracht ist, schräg gegenüber dem berühmten Burgtheater. Meine wichtigsten Fragen an ihn lauten: Gehen die Symbole der Wappen auf uralte Stammessymbole zurück? Und: Könnte man Wappen als die Totempfähle unserer Kultur bezeichnen?

Um diese Fragen differenziert zu klären, brauchen wir ein Gespräch von mehreren Stunden. Denn – schön wär's gewesen! – sie sind nicht einfach mit Ja oder Nein zu beantworten. Doch eins steht fest: Der Experte kann bestätigen, daß in den Wappen tatsächlich ein Überbleibsel der Krafttiere unserer Kultur zu finden ist.

Totempfähle allerdings – nein. Hier im europäischen Raum, so führt Professor Scheibelreiter aus, habe es Totems und die damit verbundenen Tabus nicht gegeben. Also daß man die Pflanze oder das Tier, die man als Stammestotem führte, nicht pflücken, fällen, töten, verzehren, daß man innerhalb der durch das Totem verbundenen Gruppe nicht heiraten durfte und so weiter. Solche Tabuvorstellungen hätten sich bei anderen Naturvölkern entwickelt, hier bei uns ganz definitiv nicht. Er kenne allerdings keinen genauen Grund dafür.

Was die Frage anbelangt, ob Wappen auf Stammessymbole unserer Vorfahren zurückgehen, so lasse sich das in Einzelfällen, wenn die Recherche besonders glücklich verläuft, durchaus behaupten und nachvollziehen. Aber eben nur in solchen Fällen. Denn es habe beispielsweise in der Heraldik über die Jahrhunderte hinweg jede Menge modischer Strömungen gegeben, etwa einen ausgeprägten »Löwentrend«, der sich bis heute auswirkt. Eigentlich sei in unserem Kulturkreis der hier heimische Bär »König der Tiere« gewesen, irgendwann aber habe man den exotischen Löwen zum beliebtesten Wappentier erkoren und ihn mehr oder minder motiviert immer wieder abgebildet. Von »Stammessymbol« könne in diesem Zusammenhang also keine Rede sein. – Auf dem Gebiet gibt es noch viele weitere, ähnlich gelagerte Ungereimtheiten.

Vielleicht hätte ein Psychologe oder ein Anthropologe, der sich mit Wappensymbolik beschäftigt, anders geantwortet und die innere Verbindung zwischen Wappen und Krafttieren noch mehr betont als er. Doch ist Georg Scheibelreiter vor allem Geschichtswissenschaftler. Das heißt, er hat bei seiner Erforschung der Bedeutung von Wappensymbolen vor allem die historischen Umstände im Auge. Ein Hobbyheraldiker sähe die Dinge vielleicht wieder anders. Eine weitere Möglichkeit finden Sie im Übungstext, der an dieses Kapitel anschließt, nämlich die, für das Thema Ihren ganz persönlichen Zugang zum kollektiven Unbewußten anzuzapfen. Doch ist mir das Gespräch mit Professor Scheibelreiter wichtig und wertvoll, weil ich einerseits gesicherte, andererseits außerordentlich faszinierende Informationen erhalte.

Wer hat sich zum Beispiel jemals darüber Gedanken gemacht, daß die Menschen auch bei uns bis vor rund tausend Jahren überhaupt keine Nachnamen trugen? In den begrenzten Verhältnissen, in denen sie lebten und wirkten, reichte der Vorname aus. Der nächste Schritt für sie war, etwa zu sagen: »Ich bin Wolfram, und ich stamme daher, wo der Eschenbach fließt. So nenne ich mich Wolfram von Eschenbach.« Diese Tradition haben Künstler und Schriftsteller bis heute beibehalten: Die ungarisch-kalifornische Autorin Zsuzsanna Budapest, die weltbekannte amerikanische Künstlerin Judy Chicago, der österreichische Musiker Hubert von Goisern.

Der darauffolgende Schritt war dann, ein Zeichen zu finden, das die »von Eschenbachs« im wahrsten Sinne des Wortes aus*zeichnete* und das sie beispielsweise an ihrem Besitz und auf Dokumenten anbringen konnten, um sich kenntlich zu machen und von anderen abzuheben. Nahegelegen hätte da möglicherweise ein stilisierter Bach und eine stilisierte Esche, graphisch ansprechend kombiniert.

Dies ist ein Exempel für ein sogenanntes redendes Wappen, ein solches, das überhaupt keine verschlüsselte Symbolik trägt, sondern sehr direkt interpretiert werden kann. Weitere Beispiele für solche redenden Wappen sind laut Professor Scheibelreiter der Bär für die Städte Bern und Berlin, wobei die beiden Städtenamen aber eigentlich überhaupt nichts mit Bären zu tun haben.

Scheibelreiter hat als Wissenschaftler eine äußerst differenzierte Sichtweise. In den auf ein Laienpublikum zugeschnittenen Büchern über Heraldik aber findet sich eine vereinfachte Geschichte der Wappenkunst und -kunde, die sich etwa wie im folgenden dargestellt liest.

Wappen waren ursprünglich Kampfschilde, deren individuelle Bemalung zur Erkennung ihres Trägers diente. Die ältesten Schilde dieser Art sind bereits in der griechischen Antike nachweisbar.

Von den germanischen Stämmen berichtet der römische Geschichtsschreiber Tacitus, daß sie ihre Schilde mit leuchtenden Farben bemalten, und zwar unter anderem mit Stammesabzeichen. Das waren militärische, rechtliche und spirituell-religiöse Gemeinschaftssymbole. Sie bemalten sie auch mit an Runen und Zauberbilder erinnernden Zeichen, die ihre Träger schützen und ihre Gegner erschrecken sollten.

Den gleichen Zweck verfolgten sie mit den Hörnern oder metallenen Tierplastiken auf ihren Helmen.

Die eigentlichen Wappen entstanden Ende des 11., Anfang des 12. Jahrhunderts innerhalb des christlich-abendländischen Rittertums und speziell für die Ritter der Kreuzzüge. Helme schlossen nun den Kopf der Männer vollkommen ein. So konnte man sie nicht mehr erkennen. Die Helme behinderten auch Zurufe während der Schlacht oder des Turnierkampfes. Daher brauchte man neben Fahnen und Bannern noch weitere optische Erkennungszeichen. Dazu wurde der Kampfschild, später noch der Helm selbst. Der Schild wurde nicht nur bemalt, sondern auch mit Metall beschlagen und manchmal sogar mit Fell besetzt. Schnell bildeten sich Regeln heraus, zum Beispiel, daß nur Farbe auf Metall und Metall auf Farbe aufgetragen werden darf. Farbe auf Farbe oder Metall auf Metall ist »unheraldisch«, das heißt, es richtet sich nicht nach den Vorschriften und zeugt von Dilettantismus. Die Metalle symbolisieren die Planeten: Gold steht für die Sonne, Silber für den Mond, Kupfer für die Venus … Diese Regeln gelten bis heute.

Aus der Schildfigur des Ritters wurde sein Wappen. Schild und Wappen galten erst als Sinnbild für die einzelne Person und Persönlichkeit, sie waren eng mit dem Namen verbunden. Dann, nachdem sie erblich geworden waren, standen sie für ganze Familien und Geschlechter.

Der Begriff »Heraldik« korrespondiert auch mit dem Wort »Herold«. Herolde waren Männer, die bei Ritterturnieren Botendienste verrichteten, die Sieger und ihre Wappen in Liedern priesen, sich hervorragend in den Vorschriften und Gesetzen der Wappenherstellung auskannten und so weiter. Seit dem späten 14. Jahrhundert hatten sie vor allem im Krieg – vor, während und nach der Schlacht – wichtige Funktionen als Immunitätspersonen. Sie durchliefen eine Hierarchie, an deren Spitze der Wappenkönig oder der Reichsherold stand.

Die Herolde legten Turnierbücher an, in denen sie Wappen, Schild, Helm und Helmzier der beteiligten Ritter registrierten. Dies sind die Vorläufer der Wappenbücher. Die Herolde von damals können mit den Heraldikern von heute verglichen werden.

Die sogenannte Heraldik des Schildes wurde Ende des 13. Jahrhunderts von der »lebenden Heraldik« abgelöst, die sich über das gesamte Mittelalter bis zum Beginn des 16. Jahrhunderts erstreckte. In dieser Zeit erlangten Wappen auch rechtliche Bedeutung.

Mit der Erfindung der Feuerwaffen begann die Zeit der »toten Heraldik«, die bis heute andauert. Schilde hatten ihren Sinn nun verloren. Ab jetzt existierten Wappen nur noch im Siegel und als dekoratives Schmuckelement.

Durch Auswanderer gelangten Wappenkunst und Wappenkunde im Sinne unserer Tradition nach Nord- und Südamerika, Afrika und Australien, wo allerdings die strengen Regeln nicht immer beachtet werden. Professor Scheibelreiter berichtet von einem wahren Wappenboom, der zur Zeit in Brasilien und Kanada zu verzeichnen sei. Möglicherweise drückt sich hier eine Sehnsucht bei Nachfahren europäischer Einwanderer nach ihren Wurzeln in Europa aus. Wobei laut Scheibelreiter die eigentlichen Ursprünge für die Wappen im keltisch-germanischen Raum Europas liegen. Die romanischen Völker übernahmen die Anregungen erst später.

Vergleichbare Traditionen gibt es überall auf der Welt. So sind bemalte Schilde ja auch von den Indianern bekannt. Oder in Japan hat man die »mon«, vielseitig verwendete, wunderschöne Familienzeichen. Wappen im strengen Sinne jedoch bestehen nur im Bereich der christlich-abendländischen Kultur.

Heute sind Wappen vor allem als Staatssymbole der Länder oder als Stadtsymbole der Gemeinden bedeutsam, auch in Familiendokumenten wie Stammbäumen, Ahnentafeln und Familienchroniken.

Es gibt, so sagt Professor Scheibelreiter, auch Menschen, die damit Geschäfte machen wollen und gegen teures Geld anbieten, Wappen zu entwerfen. Wer sich seriös beraten lassen möchte, solle sich an die Fachleute in den Staatsarchiven wenden oder an die heraldischen Gesellschaften, die an größeren Orten in den »Gelben Seiten« der Telefonbücher zu finden sind.

Tiere in der Heraldik

Die Vielfalt der Sinnbilder auf Wappen ist schier unerschöpflich. Bis heute tauchen häufig Pflanzen- und Tiersymbole auf, auch spirituelle Zeichen wie Variationen der Himmelskörper, der Rose, des Herzens und des Kreuzes, das bekanntlich viel älter ist als das Christentum. Unter anderem stand und steht das Kreuz für die vier Himmelsrichtungen, die vier Jahreszeiten, die vier Elemente Feuer, Wasser, Luft und Erde, die der Mensch in sich vereinigt. Das Kreuz versinnbildlicht auch die Durchdringung von Vertikalem (Männlichem) und Horizontalem (Weiblichem) und verdeutlicht das hermetische Gesetz »Wie oben, so unten«.

Georg Scheibelreiter hat sich, wie gesagt, besonders mit den Tiersymbolen in der Heraldik beschäftigt und unter anderem das Buch *Tiernamen und Wappenwesen** veröffentlicht, das in Fachkreisen mittlerweile als Klassiker gilt.

* Georg Scheibelreiter: *Tiernamen und Wappenwesen*, Böhlau/Wien/Köln/Weimar, 2. Aufl. 1992.

Er sagt, daß die Menschen tatsächlich auch bei uns in früheren Zeiten Tiere verehrt und »Krafttiere« gehabt hätten. Die Fähigkeiten vieler Tiere gehen ja, besonders was ihre Stärke, Schnelligkeit und dergleichen betrifft, ganz offensichtlich weit über die Möglichkeiten hinaus, die Menschen zur Verfügung stehen. Mit Hilfe von magischen Praktiken identifizierten unsere Vorfahren sich mit diesen Tieren, besonders im Kampf. Einige Stämme sahen auch in einem ganz bestimmten, von ihnen erwählten Tier ihren Ahnen. Ob ähnlich wie bei den Indianern meditative innere Reisen unternommen wurden, bei denen Krafttiere eine Rolle spielten, ist nicht belegt.

Die Tierverehrung geht in eine sehr alte, vorgeschichtliche Zeit zurück, in eine Periode, die weit vor der Ausbildung eines germanischen und keltischen Götterhimmels liegt. Später wurden dann beispielsweise Rabe, Pferd und Wolf als Begleiter dem germanischen Göttervater Wodan zugesprochen. Auch der keltische Gott Lug stand mit dem Raben in enger Beziehung. Die Langobarden waren derjenige germanische Stamm, der am meisten mit heiligen Tieren am Hut hatte. Na ja, Hüte trugen sie nun nicht gerade, aber Maskenhelme. Sie ließen ihre Krieger wie Hunde erscheinen. Offenbar strebten die Langobarden während des Kampfes eine religiös-magische Ekstase an und versuchten, mit ihrem Symboltier Hund völlig eins zu werden.

Auf Feldzeichen waren häufig Schlangen dargestellt. Die Sachsen verehrten ganz besonders Hengist und Horsa, die in den Begriffen »Hengst« und *horse*, dem englischen Wort für »Pferd«, noch heute präsent sind. In Norddeutschland, Dänemark und an anderen Orten findet man an den Giebeln alter Häuser zwei hölzerne Pferdeköpfe: Einer schaut nach rechts, einer nach links. Der Brauch, einen solchen Schmuck anzubringen und das Wohl der Bewohner des Hauses auf diese Art Hengist und Horsa anzuvertrauen, geht also auf eine alte Tradition zurück. Und das niedersächsische Wappen zeugt bis zur Gegenwart von der Verehrung der Pferde seitens der Sachsen: Es ist ein Schimmel. Neben Pferd, Rabe, Wolf, Schlange, Hund waren Adler, Bär, Eber und Hirsch beliebte Krafttiere unseres mitteleuropäischen Raumes.

Scheibelreiter berichtet, daß die Menschen ihre Kinder nach Tieren nannten. Es lasse sich nicht eindeutig feststellen, ob sie das nur taten, weil es in ihrer Familie Tradition hatte oder weil sie sahen, daß dem entsprechenden Kind einzelne Wesenszüge eines bestimmten Tieres zu eigen waren. Vielleicht schätzten sie aber auch beispielsweise die Stärke des Bären und gaben ihrem Sohn den Namen dieses Tieres.

Dennoch wurden die Namen, besonders diejenigen von Tieren, überall als Heilsträger und als wesenhafte Kraft angesehen. Die Germanen erhielten bald nach der Geburt, wahrscheinlich nach neun Tagen, ihren Namen. Bei vielen Stämmen gab es taufähnliche Riten: Das Neugeborene wurde mit Wasser begossen und beschenkt. Erst mit dem Namen hatte das Kind eine eigene »Amtspersönlichkeit« erworben. Kinder ohne Namen standen Ungeborenen gleich.

Bei den Germanen spielte die Sippe eine noch größere Rolle als die Familie. Über den Namen konnte man in vielen Fällen die Zugehörigkeit zu einer bestimmten Sippe erkennen. Sogar einige germanische Völker benannten sich nach Tieren, zum Beispiel die Cherusker. Das bedeutet soviel wie »junge Hirsche«.

Übriggeblieben sind von den persönlichen Tiernamen bis heute nur wenige, etwa Wolfgang, Bernhard oder Eberhard. Doch es gab noch eine Fülle mehr. »Wolfsnamen waren da wie Sand am Meer«, sagt Scheibelreiter. In seinem Buch erwähnt er allein 37 verschiedene Variationen von Wolfsnamen, darunter Wolfgrim, Thorolf, Vulfman und Kveldulf. Ebernamen nennt er zehn. Sven ist ein solcher. Edward ist ein Schlangenname. Oscar ein Hirschname, wobei Hirschnamen im Keltischen und hier vor allem im Irischen wesentlich häufiger waren als im Germanischen. Björn ist ein Bärenname. »Ram« heißt Rabe, bis heute in Guntram oder Bertram zu finden. Daß sich diese Namen hervorragend symbolisch, also als Wappensymbole, darstellen lassen, liegt auf der Hand.

»Leo« übrigens, das so deutlich für »Löwe« stehen müßte, ist eine moderne Anpassung. Es kommt von *liut*, und das heißt »Leute«, »Volk«. Mit der Zeit hat man, so Georg Scheibelreiter, den Löwen da mehr und mehr »reingelassen«. Etwas Ähnliches geschah mit »Ursula«, was im Lateinischen »kleine Bärin« bedeutet. Dabei stammt der Name eigentlich vom althochdeutschen *hros* (Horsa, Pferd), das mit dem lateinischen Bären vermischt wurde.

Frauennamen, die Tierbezeichnungen enthalten, kamen selten vor. Scheibelreiter meint: »Das hängt wohl mit der Bedeutung des Krafttieres zusammen, die für ein Mädchen als nicht passend angesehen wurde.« Frauen trugen häufig Namen, die sich auf den Kampf und den Krieg beziehen. So bedeuten etwa die Bestandteile »-gund« und »-hild« soviel wie »Kampf«. Beispiele für die wenigen Ausnahmen, in denen also Frauennamen tatsächlich Tierelemente enthalten, sind Swanhild, Eberhild und Wulfhild, wobei Swanhild deutlich auf die Schwanenjungfrauen hinweist, die beispielsweise im Nibelungenlied vorkommen.

Der Schwan war übrigens weder das Symbol eines Gottes noch ein »heroisches«, also ein sich durch Stärke und Mut auszeichnendes Tier. Er war vielmehr ein Wesen, das vor allem die Zukunft und den Tod verkündete.

Als sich das Christentum mehr und mehr ausbreitete, wurden Tiernamen als archaisch und heidnisch angesehen. Im Laufe der Jahrhunderte verschwanden sie mehr und mehr; Tiernamen waren nur noch dann willkommen, wenn es große Heilige gab, die solche trugen, und wenn das Kind offiziell nach dem Heiligen benannt wurde. So galt es beispielsweise als in Ordnung, seine Kinder nach dem heiligen Urs zu taufen, dem Bären.

Das Christentum hinterließ auf den Wappen, die wir heute kennen, ebenso seine Spuren wie orientalische und antik-byzantinische Elemente. Georg Scheibelreiter sagt, man müsse von einem polygenetischen, also aus vielen Quellen entstandenen Ursprung der Wappen sprechen.

Die Beseeltheit aller Dinge

Ein Experte, der sich mit einem bestimmten Aspekt von Krafttieren im Nord- und Mitteleuropa früherer Zeiten beschäftigt hat, ist der bereits erwähnte Psychologieprofessor Ralph Metzner. In seinem Buch *Der Brunnen der Erinnerung** setzt er sich mit der germanischen Mythologie auseinander, und er betont, wie unbehaglich er sich zu Beginn damit fühlte:

> »... denn das massive Tabu bezüglich des Themas war mir bewußt. Dieses Tabu rührte daher, daß die Nazis scheinbar sehr stark versucht hatten, die alte germanische Religion und deren Praktiken wiederzubeleben. Wie die meisten

* Ralph Metzner: *Der Brunnen der Erinnerung,* Aurum, Braunschweig 1994. Alle Zitate mit freundlicher Genehmigung von Ralph Metzner und dem Aurum-Verlag.

Menschen spüre ich eine fast instinktive Abscheu vor jedem Glaubenssystem, das auch nur entfernt mit der nationalsozialistischen Ideologie des Völkermordes in Verbindung steht. Bei meinen Studien der germanischen Mythologie habe ich hingegen nichts gefunden, was dem paranoiden Rassismus, der zentraler Bestandteil der nationalsozialistischen Ideologie war, ähnlich gewesen wäre. Im wesentlichen schien es mir, daß sich die Nazis bestimmte Themen angeeignet hatten, von denen sie behaupteten, sie hätten sie in der germanischen Mythologie gefunden, und diese dann mit illusorischen Annahmen über die rassische Überlegenheit der Arier kombinierten und für ihre eigenen ideologischen, propagandistischen Zwecke einsetzten. Gewissermaßen haben die Nazis die germanische Religion und Mythologie mit einem Fluch belegt.«

Metzner meint, vielleicht sei es jetzt an der Zeit, daß wir uns das zerstückelte kulturelle Wissen unserer Ahnen zurückholten und uns an das erinnerten, was vom animistischen, also von der Beseeltheit aller Dinge überzeugten Weltbild der vorchristlichen Europäer übriggeblieben sei. Dabei gehe es nicht darum, »zur Religion unserer heidnischen Vorfahren zurückzukehren, sondern darum, das Christentum, zu dessen Mystikern viele Animisten und Pantheisten zählen [zum Beispiel Franz von Assisi und Hildegard von Bingen], durch die Erdreligionen zu vervollständigen, die es ersetzte und unterdrückte«.

Er ist der Auffassung, die Germanen und die Kelten hätten sehr ähnliche religiöse Glaubensvorstellungen und Praktiken gehabt, die mit dem Kämpfen und kriegerischen Auseinandersetzungen verbunden waren. Einige ihrer Krieger kämpften nackt, lediglich mit ihren Waffen am Körper, oder sie trugen Masken bzw. waren am ganzen Körper bemalt. Die dem Wodan geweihten Krieger wurden »Berserker« genannt. Das bedeutet wörtlich »Bärenfellträger«. Wie asiatische Schamanen trugen sie die Felle, um dadurch »zu Bären zu werden«. Es gab auch noch die »Wolfshäuter«, die sich mit dem natürlichen Träger dieses Fells identifizierten.*

Beide Gruppen befanden sich in einer Art heiliger Wut und Trance, wenn sie ihren Feinden entgegentraten. Ihre Kraft war übermenschlich. Bis heute sagt man »wüten wie ein Berserker«, und in »Wodan« steckt ebenso das Wort »Wut«.

Es ist wichtig zu wissen, daß für die germanischen Krieger der Tod auf dem Schlachtfeld die höchste Erfüllung ihres spirituellen Strebens bedeutete. Sie wollten unbedingt so sterben, von den Walküren, Wodans Schlachtjungfrauen, in das Kriegerparadies Walhalla gebracht werden und dort auf ewig kämpfen und feiern.

Die germanischen Bärenfellträger und Wolfshäuter schlüpften also konkret ebenso wie imaginär in die Rolle der Tiere, die sie als außerordentlich klug, stark und kämpferisch bewunderten. Ihr »Shapeshifting«, ihre Gestaltveränderung, gelang ihnen so perfekt, daß sie mit ihrem Gebrüll und der Kraft, die sie ausstrahlten, ihre Feinde in die Flucht schlagen oder sie im Kampf überwältigen konnten.

Durch die bewußte Beschäftigung mit solchen Details aus unserer Geschichte oder auch durch tiefe, in Träumen oder in der Meditation aufsteigende Erinnerungen kommen zur Zeit

* Es gibt eine Geisteskrankheit, bei der sich der Betreffende in schizophrenen Bewußtseinszuständen mit einem Wolf identifiziert. Die Krankheit heißt »Lykanthropie«. Sie unterscheidet sich von einer schamanischen Verschmelzung mit einem Wolf dadurch, daß sie unbewußt und in einem Zustand geistiger Umnachtung erfolgt.

viele Menschen auf die Berserker zurück. Ralph Metzner sieht die »transformierten Berserker« der heutigen Zeit als mögliche »Ökokrieger«, wie sie bei Umweltorganisationen wie Greenpeace oder dem amerikanischen »Earth First!« (»Als erstes die Erde!«) anzutreffen sind. Er schreibt, bei einer Aktion von Earth First! »...streifte sich eine Gruppe von Aktivisten in fast unheimlicher Übereinstimmung mit der Tradition der alten Berserker Grizzlybärenfelle über und hielt in diesem Aufzug eine Pressekonferenz ab. Sie protestierte auf diese Weise gegen die Vernichtung der Lebensräume dieser Bären im Yosemite-Nationalpark.« Und etwas später bemerkt Metzner: »Soldaten als Hüter der Erde – das ist die Vision der neuen Berserker.«

Die Berserker sind genau wie die Wappen gute Beispiele dafür, daß es noch Stückchen von Erinnerungen an Krafttiere aus unseren europäischen Kulturen gibt. Und daß wir aus diesen alten Puzzlesteinchen Neues, Kreatives, Konstruktives schöpfen können.

Ein drittes Beispiel liefert die jungianische Analytikerin und Autorin Clarissa Pinkola Estés* mit ihrem Bestseller *Die Wolfsfrau*. Sie wurde als Tochter mexikanischer Eltern spanischer und indianischer Herkunft geboren und von ungarischstämmigen Amerikanern adoptiert. So hat sie Zugang zu vielen Kulturen, und sie interessierte sich bereits als Kind für Mythen, Märchen und Geschichten. In ihrem Buch beschäftigt sie sich unter anderem mit den Wölfen, die nach wie vor ein schlechtes Image haben, dabei aber in Wirklichkeit außerordentlich intelligente, treue, familien- und gemeinschaftsbezogene Tiere sind. Sie setzt sich in ihrem Buch jedoch auch mit

* Clarissa Pinkola Estés: *Die Wolfsfrau. Die Kraft der weiblichen Urinstinkte*, Heyne, München, 24. Aufl. 1997.

Märchen aus unserem Kulturraum wie »Blaubart«, »Die roten Schuhe« und »Das Mädchen mit den Schwefelhölzern« auseinander. Die Beschäftigung mit Märchen, die sie (genau wie übrigens zahlreiche weitere hervorragende Autoren) empfiehlt, ist ein Weg, den weisen, heiligen, helfenden Tieren nahezukommen. Und sie ist ein Weg, sich selbst in seinen Tiefen kennenzulernen und daran zu wachsen. In einem Interview (*esotera* 5/98) sagt Clarissa Pinkola Estés:

> »Ich glaube an die transformierende Wirkung von Träumen und Geschichten ... Die Welt ist ein magischer Ort, der geduldig darauf wartet, daß unser Verstand größer wird. Wir sind einfach nicht erleuchtet genug, um sie wirklich zu durchschauen ... [Aber] mehr und mehr Menschen suchen nach einem Sinn im Leben. Ist das wirklich alles, was es gibt? Was ist meine Bedeutung im Leben? Das ist das Gesetz der Psyche: Die Suche nach dem Sinn des Lebens wird immer hartnäckiger, je älter man wird. Die Dinge, die man erlebt hat, werden kostbarer. Der Sinn für das Geistige wächst.«

EXKURS:
Der Traum von der Bärin

Noch immer gibt es Bären
in dieser Gegend,
die steigen herab von den Bergen,
brechen die Zweige der Apfelbäume
und legen zärtlich die Wacholdertatze
auf die Wange des Schläfers.

*Cyrus Atabey**

(Der folgende Text stammt von der vierzigjährigen Christine Ambros aus Überlingen am Bodensee. Sie schildert einen faszinierenden tiefen Traum, den sie im Mai 1996 erlebte und der hier wiedergegeben ist. Darin spielt ein indianischer Gefährte und Lehrer eine wichtige Rolle, den sie schon aus früheren Träumen kennt.

Viele Kreaturen begegnen ihr, vor allem aber trifft sie eine Bärin – dieses ideell wie real so bedeutsame Tier unserer germanischen und keltischen Vorfahren –, die sich hier zum ersten Mal als ihr wichtigstes persönliches Krafttier zu erkennen gibt.

Seitdem beschäftigt sich Christine Ambros mit der Bärin, und ab und zu träumt sie von ihr. Sie sagt, sie könne dieses starke, schöne Tier heute regelrecht körperlich spüren. Sie empfinde es als Wärme und als stärkende Kraft in ihrem Rücken. Das sei wunderbar. Der Kontakt mit der Bärin habe ihr Leben verändert: Sie sei selbstbewußter geworden, ihre

* Ein persischer Dichter, der in deutscher Sprache schreibt.

Liebe zur Natur und zu Tieren sei gewachsen – wie auch der Wille, sich dafür im Alltag zu engagieren.)

Ich bin mit dem jungen Indianer unterwegs. Er hat mir gesagt, daß wir in den Wald gehen werden, an den See, und daß wir dort übernachten werden.

Wir fahren ein Stück mit dem Auto auf einem breiten Weg in den Wald hinein. Dann lassen wir das Auto stehen, nehmen Rucksäcke mit, die vorbereitet im Kofferraum liegen, und marschieren los. Eine ganze Weile schweigen wir und nehmen, jeder für sich, die Umgebung in uns auf. Es ist kühl und frisch. Ich höre den Wind in den Bäumen und Büschen, ich höre Vogelgesang und andere Tierlaute.

Immer wieder begegnen sich unsere Blicke, aber erst nach langer Zeit fragt mich der Indianer, wie es mir gehe. Ich antworte: »Ich fühle mich einsam, aber jetzt geht es mir gut. Wohin führst du mich?«

Er sieht mich an, lächelt und antwortet leise: »Du wirst schon sehen.«

Er geht nun voraus und biegt nach links vom Hauptweg ab. Hier zweigt ein versteckter, ganz schmaler Pfad ab. Zur Linken steht ein großer, mächtiger Baum. Ich gehe auf dem Pfad hinter dem Indianer her. Es muß vor kurzem geregnet haben, denn die Zweige der Büsche und Bäume, die uns streifen, sind feucht. Unter den Büschen entdecke ich Blumen und Moos, dick wie Kissen, mit kleinen, zarten Blütenknöpfchen auf dünnen Stielen, altes Laub … Ich rieche den typischen satten Waldgeruch.

Wir gehen bergauf. Der Weg wird felsiger. An manchen Stellen ist es naß und glitschig. Wir wandern immer tiefer in den Wald hinein. Die Bäume stehen so dicht, daß ich nur ab und zu den blauen Himmel sehen kann.

Nach einem letzten Anstieg stehen wir nun auf einem Hügelkamm. Der Wald wird hier lichter. Wir spüren die Sonnenstrahlen. Nach einigen Windungen des Weges sind wir am Waldrand. Vor uns in der Talsenke liegt ein See. Er muß sehr tief sein. Das Wasser ist dunkel. Wir machen eine Pause, legen die Rucksäcke ab und setzen uns auf einen alten Baumstamm. Die langen Haare des Indianers sind auf dem weiten Weg ganz naß geworden. Wir freuen uns, so in der Sonne zu sitzen. Er schenkt mir aus einer Thermoskanne Tee ein, der nach Kräutern duftet, die ich nicht kenne. Er schmeckt sehr gut. Ich stehe auf und pflücke ein paar Beeren, die da in der Sonne reif geworden sind. Eine Handvoll ist schnell beisammen, und wir essen sie gemeinsam auf.

Ich bin müde und möchte schlafen, doch der Indianer lacht und sagt: »Das kannst du jetzt nicht. Wir müssen weiter, hinunter zum See. Dort ist ein Platz, wo wir heute nacht bleiben werden.«

Wir nehmen also unsere Rucksäcke wieder auf, verabschieden uns von diesem Ort mit einem leisen Danke und laufen bergab.

Nachmittägliche Geschäftigkeit macht sich bemerkbar. Vogelrufe, Knistern und Knacken von trockenen Zweigen sind zu hören. Wir bleiben stehen. Nicht weit entfernt sehen wir einen großen Hirsch, der wohl auf dem Weg zu einer Futterstelle ist. Er verschwindet zwischen den Bäumen. Es ist sehr friedlich, ich fühle mich wohl.

Nachdem wir einige Zeit gewandert sind, erfahre ich, daß es nicht mehr weit zu unserem Lagerplatz ist. Wir können jetzt nebeneinander gehen. Er hat meine Hand genommen.

Am See richten wir unseren Lagerplatz ein, und wir bauen eine Feuerstelle.

Während ich Holz fürs Feuer suche, kann ich zwei Eich-

Landbär (Ursus arctos)

hörnchen beobachten, die sich gegenseitig durch die Bäume jagen. Am Boden fallen mir große Farne auf, die mit ihrem hellen Grün die letzten Sonnenstrahlen einzufangen scheinen.

Wir zünden das Feuer an, trinken noch einmal von dem Tee und essen etwas. Die Sonne ist hinter dem Hügel am anderen Seeufer verschwunden, und es wird langsam dunkel.

Die Luft ist noch sehr warm, und ich möchte jetzt probieren, ob ich nicht in den See steigen und schwimmen kann. Und tatsächlich. Der Indianer steht auf, zieht mich hoch und sagt: »Wir gehen jetzt schwimmen. Wir wollen uns mit diesem Ort hier verbinden, und das Eintauchen in das Wasser ist dafür ein guter Weg.«

Er zieht sich ohne Zögern aus und steigt in den See. Ich höre sein Schnaufen. »Es ist kalt«, ruft er. Dann läßt er sich ganz hineingleiten und schwimmt ein paar Züge.

Auch ich lasse meine Kleider zurück und gehe vorsichtig über die glatten Steine ins Wasser hinein.

Ein paar Raben fliegen krächzend über den See und verschwinden in den Gipfeln der Bäume. Dort hören wir sie noch eine ganze Weile herumtoben.

Der Indianer lacht und ruft mir zu, ich solle mich endlich fallen lassen. Ich spüre das eiskalte Wasser und weiß, daß ich es mir leichter mache, wenn ich nicht zu lange warte. So lasse ich mich ganz hineingleiten und schwimme mit schnellen Bewegungen auf ihn zu. Die Kälte nimmt mir fast den Atem.

Wir schwimmen ein Stück zusammen und dann wieder zum Ufer zurück, bis wir stehen können. Er nimmt mich kurz in die Arme. Unsere Körper berühren sich dabei nur ganz leicht.

»Paß auf«, sagt er leise zu mir. »Wenn wir jetzt aus dem Wasser auftauchen, wird uns die warme Luft empfangen, und wir werden spüren, daß wir hier willkommen sind.«

Und genauso ist es. Mit wenigen Schritten stehen wir wieder am Strand. Die Luft hüllt uns ein, der Wind kommt uns warm vor. Meine Haut prickelt, ich fühle mich neu belebt.

Wir ziehen uns an, gehen zum Feuer, und ich glätte ihm mit einem Kamm das lange, nasse Haar. Ich wundere mich, daß es am Feuer so schnell trocknet.

Er setzt sich hinter mich und zieht mich an sich. Seine Arme halten mich, und ich lehne mich an ihn. Er summt eine leise Melodie, die mir vertraut vorkommt, und ich singe mit ihm. Töne, Laute, alt und vertraut, lange vergessen und tief begraben, steigen in mir auf. Wie von selbst finden sie jetzt und hier einen Weg aus mir hinaus. So werden wir eins miteinander, mit diesem Ort, diesem Wald, der Erde unter uns, dem Wasser, der Luft, die unseren Gesang trägt. Und wir werden eins mit den Wesen, die um uns in diesem Wald, diesem Wasser und dieser Luft leben.

Nach dem Lied ist die Stille um uns fast greifbar. Erst nach und nach hören wir wieder Geräusche. Ein Fisch landet nach einem Sprung aus seinem Element mit einem Platschen wieder im Wasser.

»Zeit zu schlafen«, sagt mein Indianer leise, und wir stehen auf, recken und strecken uns noch einmal und kriechen dann in unsere Schlafsäcke. Auch hier ist noch die Sonnenwärme zu spüren, die der Boden gespeichert hat.

Das Feuer ist weit heruntergebrannt. Ich kann meinen Begleiter auf der anderen Seite sehen. Auch er sieht mich an. Dann wünschen wir uns eine gute Nacht. Er sagt, er werde meinen Schlaf bewachen. Ich danke ihm für die Führung und das Lied, dann schlafe ich ein.

Der Ruf der Eule weckt mich. Es ist noch dunkel, und das Feuer hat sich in Glut verwandelt. Der Indianer ist nicht mehr da. Mir ist es etwas unheimlich so ganz allein da an unserem Lagerplatz.

Der Mond hat seine Bahn für diese Nacht fast beendet. Er steht gegenüber nahe dem Hügel. Meine Augen haben sich an das schwache Licht gewöhnt, und ich kann über die Wiese bis hinunter ans Wasser sehen. Vorsichtig gehe ich zu dem schmalen Sandstrand. Dort setze ich mich hin und genieße die Ruhe.

Nach langer Zeit höre ich ein lautes Knacken und Knirschen, und ich höre ein Schnaufen. Ich denke, das kann nicht der Indianer sein, der zurückkommt. Plötzlich habe ich ein instinktives Gefühl im Bauch, das mir sagt, ich solle ruhig bleiben und mich vorsichtig umschauen. Langsam drehe ich meinen Kopf und schaue zurück zum Wald. Und da sehe ich: Ein großer Bär steht am Rand der Wiese. Er hat meine Bewegung wahrgenommen und richtet sich auf die Hinterbeine auf. Ich erkenne, daß es sich um eine *Bärin* handelt. Sie schaut mich an und gibt ein lautes Brummen von sich. Dann läßt sie sich mit einem Keuchen wieder auf alle viere fallen und kommt langsam auf mich zu.

Ich höre, wie im Wald die Vögel ihr Morgenkonzert angestimmt haben. Das beruhigt mich, und ich weiß, daß ich keine Angst haben muß. Tief drinnen spüre ich aber eine instinktive Furcht vor diesem großen, mächtigen Tier.

Ein Raubvogel gleitet über das Wasser. Mit seinem Schrei ruft er mir etwas zu. Da werde ich ganz ruhig und warte einfach ab. Das Schnaufen der Bärin und das Tappen ihrer Pfoten auf dem Wiesenboden kommen näher. Sie bleibt kurz stehen, brummt und schnauft ganz tief aus ihrem Körper hinaus und setzt sich dann langsam und vorsichtig wieder in Bewegung. Jetzt ist sie direkt hinter mir. Ich kann ihren Atem spüren. Mit ihrer Schnauze fährt sie an meinem Rücken entlang; Wirbel für Wirbel, hinauf bis auf die Mitte meines Kopfes. Mir wird ganz heiß, und ich habe das Gefühl zu schweben. Dann packt sie mich mit ihrem Maul ganz vorsichtig seitlich am Genick und schüttelt mich hin und her. Fast als wäre ich ihr Junges, denke ich. Und dann fühle ich den körnigen Sand wieder unter mir, in dem ich sitze. Die Bärin legt ihren mächtigen Kopf auf meine Schulter und schaut mich mit ihren kleinen braunen Augen direkt an. Sie spitzt ihr

Maul, als wolle sie mir etwas sagen, und in ihren Augen sitzt ein Lächeln. Wir kennen uns schon lange, lautet die Botschaft, die in meinen Gedanken auftaucht.

Sie blinzelt mir zu. Ich blicke nach unten und sehe rechts und links von mir je eine ihrer großen Tatzen. Das weiche Fell berührt meinen Rücken. Ich habe alle Angst verloren.

Noch einmal brummt sie leise, sieht mich erneut an, dreht sich dann um und verschwindet mit schnellen, geschmeidigen Bewegungen über die Wiese im Wald. Ich drehe mich um und schaue ihr nach.

Und da entdecke ich, daß ganz nahe an der Stelle, wo sie im Wald verschwand, mein Indianer steht. Ich weiß, daß er die ganze Zeit über alles beobachtet hat.

Ich habe das Gefühl, aus einem Traum zu erwachen, und frage den Indianer, der jetzt neben mir ist, ob ich tatsächlich geträumt habe. Er lacht und sagt: »Sieh doch hinunter auf die Erde. Sie wird dir deine Fragen immer beantworten.« Ich entdecke die Spuren der Bärentatzen im feuchten Sand und erhalte so die Antwort, nach der ich suchte.

Der Indianer streckt mir die Hand entgegen und zieht mich hoch. Ich fühle mich noch etwas wacklig auf den Beinen. Er hält mich fest, und gemeinsam beobachten wir, wie die Sonne über den Bäumen aufgeht.

ÜBUNG:
Das eigene »Stammessymbol« finden

Im folgenden* finden Sie einige Ideen, wie Sie Ihr eigenes Unterbewußtsein »anzapfen« können, um Ihr ganz persönliches »Stammessymbol« ausfindig zu machen. Diese Ideen haben nichts mit dem wissenschaftlichen Zugang zu tun, für den Professor Scheibelreiter Spezialist ist. Das Ergebnis, das Sie erzielen, muß auch keineswegs mit dem übereinstimmen, was möglicherweise aus Ihrer Familienchronik oder aus anderen Unterlagen hervorgeht. Sondern es kann sein, daß Sie ein Ihnen gänzlich unbekanntes Symbol finden, und es ist gut möglich, daß dieses Sinnbild etwas über Ihre »spirituelle Familienchronik« aussagt, über die Gruppe derer, die vor Ihnen einen spirituellen Weg gegangen sind. Zur Entschlüsselung des Symbols können Sie ein Traum- oder Symbollexikon hinzuziehen, auch ein Wappenlexikon, oder Sie können einen spirituellen Lehrer fragen.

Die Ideen sind etwas für »Fortgeschrittene«. Vielleicht werden Sie Geduld brauchen, um zu Ergebnissen zu gelangen und um die Informationen zu erhalten, die Sie sich wünschen. Es lohnt sich aber, dranzubleiben und nicht aufzugeben.

Eine Möglichkeit, Ihr Symbol herauszufinden, ist folgende:

* Die wichtigsten Elemente dieser Übung stammen aus dem Buch *Der westliche Weg*, von Caitlin und John Matthews (Rowohlt, Reinbek 1999); Verwendung mit freundlicher Genehmigung von Caitlin und John Matthews sowie des Rowohlt Verlags.

Bitten Sie vor dem Einschlafen um einen entsprechenden Traum, und haben Sie Schreibzeug neben Ihrem Bett liegen, damit Sie sich sofort nach dem Aufwachen Notizen machen können. Auch wenn Sie auf Reisen in der Bahn, im Bus, im Flugzeug oder während Mußestunden auf der heimischen Terrasse, im Schwimmbad und dergleichen in einen leichten Schlaf zu fallen pflegen, können Sie sich vornehmen, diesem Symbol auf die Spur zu kommen.

Eine Imaginationsübung, die Ihnen helfen kann, ist folgende: Entspannen Sie sich und gehen Sie in Ihrer Imagination in eine Landschaft, die Ihnen vertraut ist oder die Ihnen sehr gut gefällt. Suchen Sie dort nach »Ihrem« Baum, und schauen oder spüren Sie genau, was diesen Baum ausmacht. Ist er jung oder alt? Ist er gesund? Trägt er Blätter, Nadeln, Früchte, oder ist er kahl? Was für ein Baum ist es, kennen Sie die Art? Falls nicht, merken Sie sich, wie er aussieht, und schlagen Sie später nach, zum Beispiel in einem Bestimmungsbuch.

Suchen Sie nun ein Loch im Baum, ein Astloch oder ein Loch an den Wurzeln. Machen Sie sich in Ihrer Imagination so klein, daß Sie dort eintreten können, und steigen oder fahren Sie innen hinunter bis ganz tief in die Wurzeln. Lassen Sie sich Zeit damit, und gehen Sie, so tief Sie können. Seien Sie sich bewußt, daß Sie im wahrsten Sinne des Wortes in Ihren spirituellen Stammbaum eingestiegen sind. Halten Sie dort unten nach einer Tür oder einem Tor Ausschau, und suchen Sie daran nach einem Symbol, vielleicht einem Wappen. Merken Sie sich jedes Detail.

Sie können es dabei bewenden lassen, Sie können aber auch versuchen, die Tür zu öffnen und zu schauen, was dahinter ist, oder eintreten.

Gehen Sie dann den Weg genauso zurück, wie Sie ge-

Krafttiere in Wappen

Dreipaß aus laufenden Hasen mit gemeinsamen Ohren

Angriffsbereiter Eber

Stehendes Reh

Kletternde Gemse

Von Bienen überhöhter Bienenkorb

Von einem Schmetterling überhöhter Rosenzweig

Um die Bedeutung der Symbole zu interpretieren, die während Ihrer Imaginationsreisen in Ihnen aufsteigen, können Sie ein Wappenlexikon zu Rate ziehen. Die hier abgebildeten Symbole stammen aus dem Werk *Das große Buch der Wappenkunst* von Walter Leonhard (Callwey, München, 2. Aufl. 1979; Abdruck mit freundlicher Genehmigung des Callwey Verlags).

kommen sind. Begeben Sie sich bewußt wieder ins Hier und Jetzt.

Machen Sie sich Notizen über das, was Sie herausgefunden haben. Skizzieren, malen, sticken Sie das Symbol, das Zeichen, das Wappen. Es kann ein Erkennungszeichen, eine Art Eintrittskarte oder Passierschein darstellen, und in bestimmten Situationen kann es äußerst hilfreich sein, darum zu wissen. Es stellt die Verbindung zu Ihrer spirituellen Familie dar und verbindet Sie mit altem Wissen, das direkt mit Ihnen zu tun hat.

Seien Sie während Ihrer Reise auch offen für ein Paßwort, das Sie möglicherweise erfahren.

Hausesel (Equus asinus)

5. KAPITEL

Die Indianer von San Francisco

Es hat mich immer in den Westen gezogen, in den Wilden Westen. Vierzehnmal bisher, um präzise zu sein. Die erste Reise in die USA unternahm ich 1978 mit einem Flieger, der so klapprig war, daß er in Irland zur Reparatur zwischenlanden mußte. Daß ich dem Ruf westwärts so häufig folgen darf, weil es sich mit meiner beruflichen Tätigkeit vereinbaren läßt, und nicht nur das, weil es dieser Tätigkeit sogar über die Maßen zuträglich ist, gehört zu den Privilegien meines Lebens.

Carl Gustav Jung, Schweizer Psychologe, Psychoanalytiker und Wegbereiter einer spirituellen, transpersonalen Psychologie, schrieb nach seiner Amerikareise 1921, er beobachte eine »Indianisierung des amerikanischen Bewußtseins«. Er meinte damit, daß Menschen, welcher Herkunft auch immer, allein dadurch, daß sie auf ehemals indianischem Land lebten, mit der Tradition, dem Denken und Fühlen der Indianer verbunden seien.

Er betonte also, was alle alten Völker wußten und was heute bei uns neu entdeckt wird: daß das Land, dieses spezielle Stück Erde, auf dem man sich gerade befindet, in sich bestimmte Energien gespeichert hat und sie aussendet – und daß man diese Energien bewußt nutzen kann.

Offenbar bietet die Hard- und Software meines Biocomputers einen guten Resonanzboden für die Vibrationen, die an meinen Lieblingsplätzen in Nordamerika vorhanden sind. Denn ich habe hier bei jedem meiner Aufenthalte die magischsten, wunderbarsten Begegnungen, Träume, Erlebnisse. Offenbar klinke ich mich bewußt und unbewußt in das ein, was sich dort hinter dem Schleier des Alltäglichen, Offensichtlichen verbirgt. Damit geht einher, daß die Informationen, die ich für meine Arbeit brauche, dort leicht zu mir kommen. Und sogar Informationen, von denen ich zuvor nicht einmal wußte, daß ich sie brauche.

Meine Lieblingsplätze sind die Gegend um Vancouver, Kanada. Es ist die Umgebung von San Francisco. Und es ist Esalen nahe Big Sur, südlich von Monterey/Carmel: ein alter heiliger Platz der Esselen-Indianer, seit Anfang der sechziger Jahre eines der berühmtesten Seminarzentren der Welt und der Ort, an dem die erwähnte Transpersonale Psychologie aufblühte.

Nichts liegt näher, als mich im Zusammenhang mit dem Thema Indianer und Krafttiere auf diese Gegenden zu konzentrieren. Auf die Gegenden, die mir seit über zwanzig Jahren am Herzen liegen. Denn der nordamerikanische Kontinent ist gigantisch groß. Auf ihm lebten über 500 Eingeborenen-Nationen mit jeweils ganz unterschiedlichen Kulturen und Sprachen. Es wäre utopisch oder würde unangemessen gleichmacherisch ausfallen, wenn ich sie hier alle unter einen Hut bringen wollte.

Da ist also zunächst einmal San Francisco, die Stadt des heiligen Franz von Assisi, des großen natur- und tierliebenden christlichen Mystikers. »San Fran«, wie es zärtlich genannt wird, ist eine kosmopolitische, multikulturelle Stadt mit einem der größten und bedeutendsten natürlichen Häfen der Welt. Zur sogenannten Bay Area, der Bucht von San Francisco, gehören Oakland, die berühmten Universitätsstädte Berkeley und Palo Alto sowie viele weitere kleinere Orte. Hier ist nicht nur auf den verschiedenen wissenschaftlichen Gebieten, sondern auch künstlerisch und vor allen Dingen im spirituellen Bereich viel los. Denn hier leben bekannte Autorinnen wie Starhawk und Zsuzsanna Budapest, hier wohnen die Autoren und Professoren Stanislav Grof, Ralph Metzner, Matthew Fox, Stanley Krippner, Michael Harner und unzählige mehr.

Sie leben hier, weil hier soviel los ist. Und es ist hier soviel los, weil sie hier leben. Und das alles hat ziemlich wahrscheinlich mit den Indianern zu tun, die über Tausende von Jahren in diesen Boden den Stempel eines ganz und gar mit der Natur und ihrer Spiritualität verbundenen Daseins gedrückt haben.

Tagtäglich laufen Vorträge, Lesungen, Seminare zu spirituellen Themen. Es gibt Klöster, Kirchen, Yoga-Ashrams, Meditationszentren, spirituelle Buchhandlungen, Zeitschriften, Verlage mit allen nur denkbaren religiös-spirituellen Traditionen als Hintergrund. Es gibt das California Institute of Integral Studies, eine der wenigen Universitäten, an denen man Magister- und Doktorabschlüsse in religiös-spirituellen Fächern ablegen kann. Diese Abschlüsse sind staatlich anerkannt.

Die San Francisco Bay Area ist *der* Knotenpunkt in den USA, wenn nicht weltweit. 1967 waren San Francisco und Berkeley Schauplätze des »Summer of Love«, des Sommers der Liebe. Und der war einer der Auslöser für die Hippiebewegung. Diese Bewegung läutete eine Revolution ein, der wir, langfristig betrachtet, eine verstärkte Bewußtheit für Ökologie und Tierschutz, für die Interessen von Frauen und

Kindern und vieles mehr verdanken. Flowerpower hieß das Motto damals, und das läßt sich so verstehen, daß auch sanfte, gewaltlose Methoden eine Menge »Power« besitzen.

Songs aus der Zeit Ende der sechziger Jahre sind zu Klassikern geworden: »If you go to San Francisco, be sure to wear some flowers in your hair.« Oder die Lieder aus dem Musical »Hair«, das in New York und San Francisco spielt. Es richtete sich gegen den Krieg in Vietnam, den genau entgegengesetzten Pol zu Flowerpower. Und es thematisierte zum ersten Mal für ein breites Publikum den Begriff, der heute in aller Munde ist: das Wassermannzeitalter. »This is the dawning of the age of Aquarius« heißt es in dem Song »Let the Sunshine in«, der dies am deutlichsten zum Ausdruck bringt.

Das Volk des Westens

Kaum vorstellbar, daß hier, wo sich heute die Welt trifft, noch vor rund 200 Jahren Ureinwohner ein Leben führten, das kaum von dem ihrer Vorfahren vor 1000 und 2000 Jahren abwich. Etwa 10 000 Indianer lebten in der Küstenregion zwischen Big Sur und der Bucht von San Francisco in rund vierzig verschiedenen Gruppen, die je etwa 250 Menschen umfaßten. Jede hatte ihr eigenes Land und ihren eigenen Häuptling. Es gab acht bis zehn verschiedene Sprachen. Für die Gesamtheit der Gemeinschaften dieser Region existiert ein Name: Ohlone. Das bedeutet »Volk des Westens«. Doch der in Berkeley lebende Autor Malcolm Margolin schreibt*, dieser Name sei fiktiv. In Wirklichkeit habe es sich um eine

* In seinem Buch *The Ohlone Way – Indian Life of the San Francisco-Monterey Bay Area* (»Der Weg der Ohlone – Indianisches Leben im Bereich der Buchten von San Francisco und Monterey«), Heyday Books, Berkeley 1978.

außerordentlich komplexe Situation gehandelt, nämlich um vierzig voneinander relativ unabhängig lebende Gruppen, die alle einen ganz eigenen Weg gingen.

Drei Jahre lang erforschte Margolin die Kultur der »Ohlone«. Er fand beispielsweise heraus, daß sie die Sonne verehrten. Sie tätowierten ihre Körper, bei kühlem Wetter trugen sie Kaninchen- und Hirschfellkleidung, bei warmen Temperaturen aber waren sie unbekleidet. Flora und Fauna quollen geradezu im Überfluß: Gänse, Enten, Seevögel, Adler, Otter, Wale, Delphine, Antilopen, Hirsche, Füchse, Wölfe, Biber, Berglöwen, Kojoten, Bären… Er schreibt: »Es ist unmöglich, zu schätzen, wie viele Tausende von Bären zu Zeiten der Ohlone in der Bucht von San Francisco gelebt haben mögen.« *Über*lebt hat kein einziger. Aber auf der kalifornischen Flagge ist der Bär bis heute präsent.

Die Tiere verhielten sich zu Zeiten der Indianer relativ zahm. Margolin schreibt, für uns sei es heute völlig selbstverständlich, daß Tiere sich verstecken und sich vor uns fürchten. »Aber für die Indianer, die vor uns hier lebten, war das nicht der Fall. Tiere und Menschen bewohnten die gleiche Welt, und die Distanz zwischen ihnen war nicht sehr groß.«

Die Ohlone verwendeten Felle für ihre Kleidung, und neben pflanzlicher Nahrung aßen sie Fisch und Fleisch. So spielten Fischerei und Jagd eine wichtige Rolle in ihrer Kultur, besonders die Hirschjagd. Aber sie töteten Tiere nur in dem Maße, wie es für sie notwendig war, und sie ehrten jede Kreatur, die ihr Leben für sie ließ. Ein gejagtes und getötetes Tier wurde ganz und gar verwertet, vom Fleisch über das Fell bis hin zu Geweih, Hufen und Knochen. Ihr Jagdwerkzeug waren Pfeil und Bogen.

Den Ohlone war nur zu bewußt, daß ein Hirsch, dem sie sich auf ungeschickte Art und Weise und lediglich mit Pfeil und Bogen bewaffnet näherten, eine tödliche Gefahr darstellte. So studierten sie jahrelang das Verhalten der Tiere, und sie lernten deren unterschiedliche Laute. Das taten sie einerseits aus pragmatischen Gründen, nämlich um sich während des Jagdrituals möglichst unsichtbar und »unhörbar« zu machen. Sie taten es aber auch, weil sie Tiere als ihre Vorfahren ansahen. Sie begegneten Tieren mit tiefem Respekt, verehrten sie und wollten deren geistige Kräfte in adäquater Weise in ihren Tänzen und Zeremonien anrufen. Man kann sagen, sie wollten die Sprache der Tiere lernen, um sich mit ihnen zu verständigen.

Einige Tiere waren tabu, sie durften nicht gejagt und verzehrt werden: Adler, Bussard, Rabe, Eule und Falke beispielsweise. Auf die Jagd bereiteten sich die Ohlone tagelang vor. Sie enthielten sich ihrer sexuellen Bedürfnisse, erbrachen absichtlich und fasteten. Sie reinigten Körper und Geist in Schwitzhüttenritualen und versetzten sich so in einen veränderten, sensibilisierten Zustand des Bewußtseins. Schließlich baten sie den großen Geist darum, daß ihnen im Traum ein Helfer aus der anderen Welt erscheinen möge, der ihnen für die Jagd Unterstützung oder einen guten Rat geben könne.

Vielleicht kam dann im Traum ein Berglöwe, der eine bestimmte Botschaft mitbrachte. Diese Botschaft wurde wenn möglich in die Realität umgesetzt. Das heißt, nach dem Aufwachen dankte die betreffende Person dem Krafttier, und sie suchte beispielsweise das Kraut, das es zum erfolgreichen Verlauf der Jagd empfohlen hatte. Dieses Kraut sollte vielleicht zur Stärkung und zur Schärfung der Aufmerksamkeit verzehrt werden. Oder das Tier im Traum hatte gesagt, der Jäger solle, bevor er aufbricht, noch ein Bad im Fluß nehmen, um sich zu stärken.

Nachdem die Aufgaben erfüllt waren, die das geistige Helfertier gestellt hatte, folgten eine letzte Reinigung in der Schwitzhütte und eine Körperbemalung mit Erdfarben sowie das Aufsetzen der Hirschmaske. Erst dann begann die eigentliche Jagd. Eine Jagd, während derer der Jäger mit der Gruppe der Hirsche physisch und psychisch verschmolz, bevor er ein oder zwei der Tiere erlegte.* Wenn das Tier getötet worden war, betete der Jäger und dankte ihm. Das Zerlegen und Verteilen von Fell, Fleisch, Knochen und Geweih erfolgte ebenso bewußt und ritualisiert wie der Verzehr. Häufig aßen die Jäger selbst nichts oder nur wenig von dem erlegten Wild, sondern sie schenkten es der Gemeinschaft.

Es ist, als hätten die Ohlone mit ihren vielschichtigen Vorbereitungen eine zuverlässige Fährverbindung zwischen der bevorstehenden realen Jagdsituation einerseits und der übergeordneten Schicksalssituation (»Werden sie heil von der Jagd zurückkehren?«) andererseits hergestellt. Die Begleiter auf dieser Fähre waren geistige Helfertiere, eben die Krafttiere.

Sicherlich haben damals noch ganz andere subtile Faktoren eine Rolle gespielt. Bestimmt war alles noch viel komplexer und jenseits dessen, was wir uns heute mit unserem völlig anders ausgerichteten Hintergrund vorstellen können. Dennoch, so ähnlich hat es sich abgespielt. Und das ist ein völlig anderes Szenario, als man es in den Schlachthöfen unserer Zeit wiederfindet...

* Um diese Praktik, die sich »Shapeshifting« nennt (Gestaltveränderung), geht es im 7. Kapitel.

Die Schöpfungsgeschichte der Ohlone beginnt mit einem Kampf zwischen Gut und Böse, dem eine Flut folgte. Der Beweis für eine solche Flut existiert nördlich von San Francisco in Marin County mit dem Berg Tamalpais, der höchsten Erhebung weit und breit. Es ist ein uralter heiliger Berg. Hier wachsen Pflanzen, die sonst ausgestorben sind, denn die Spitze von »Mount Tam« ragte wie die Arche Noah aus dem Wasser heraus, das vor langer Zeit einmal alles überschwemmt haben muß. Anders läßt sich die Existenz der alten Pflanzen genau an dieser Stelle nicht erklären.

Im Schöpfungsmythos der Ohlone überlebte als einziges Wesen ein Kojote die Flut. Eines Tages sah der Kojote im Wasser eine Feder schwimmen, aus der ein Adler erwuchs. Der dritte Teil einer Dreifaltigkeit von Tiergöttern war der Kolibri. Kojote, Adler und Kolibri schufen die Ohlone, heißt es. Später kamen noch andere Tiergötter hinzu.

Malcolm Margolin meint, diese Götter seien weit entfernt von Allmacht oder Tugend gewesen:

> »Sie waren wie Menschen und Tiere von Fleisch und Blut, nur daß sie weit mehr magische Kräfte besaßen. Dennoch war der Kojote mehr als bloß magisch und trickreich. Er hatte eine edle und auch eine tragische Seite. Schließlich war er [für die Ohlone] der Vater der menschlichen Rasse, der Tiergott, der, mehr als all die anderen, für die Schöpfung der Menschen verantwortlich war und dafür, daß sie eine vernünftige Lebensweise beigebracht bekamen.«

Laut Margolin glaubten die Ohlone, daß die Tiergötter weggingen, als sich die Menschen fortentwickelten, aber nicht sehr weit weg, und daß sie noch immer das tägliche Leben der Menschen beeinflußten, genauso trickreich, gefühlsbetont, unvorhersehbar und kraftvoll wie eh und je:

> »Wenn jemand in der Liebe, bei der Jagd, beim Sammeln, Glücksspiel, Fischen oder im Hinblick auf seine Gesundheit Glück hatte oder nicht, hatte das mit den Einflüssen dieser Wesen zu tun, die nur um Haaresbreite jenseits der Tore des Alltagsbewußtseins lebten. Über dieses Alltagsbewußtsein hinauszugehen und eine besondere Beziehung zu einem oder mehreren Tiergöttern herzustellen war eine mehr oder minder ständige Aktivität der Ohlone ...«

Eine besonders wichtige Dimension zwischen den Bewußtseinsebenen stellte für sie die Welt der Träume dar. Wohl jeder Mensch weiß, welche Räume sich in Träumen eröffnen können. Es gibt Augenblicke nach dem Aufwachen, in denen uns bewußt ist: Da, wo ich gerade eben gewesen bin, sind Wahrheit, Glück, Liebe, Frieden und ein tiefer Zugang zur Weisheit zu Hause. Auch wenn mein Leben in der materiellen, irdischen Dimension sich vielleicht gerade schwierig und hektisch gestalten mag, ich bin mit diesem Raum verbunden, und ich entscheide mich dafür, es auch zu bleiben.

Interessanterweise können auch bei uns heutigen Menschen in Träumen mehr und mehr Tiere, »Krafttiere«, auftauchen, je mehr wir uns mit ihnen beschäftigen und uns für sie öffnen. Es ist, als warteten sie nur auf eine Einladung. In seinem Klassiker *Der Traum und seine Deutung* geht der Schweizer Psychoanalytiker Ernst Aeppli auf Tierträume ein. Er schreibt: »Es wird sehr oft von Tieren geträumt, selbst von jenen Menschen, die fern dieser Gestaltung der lebendigen Natur keine irgendwelchen Beziehungen zum wirklichen Tier mehr haben.«*

Für die Ohlone wie für die meisten anderen Naturvölker war das Traumgeschehen ebenso real wie das Geschehen in der materiellen Welt. Die Logik in Träumen hatte den gleichen Wert wie die Logik im Wachzustand. Wenn ihnen also in ihren Träumen ein Tiergott erschien, war das für sie ein tatsächliches Geschehen. Häufig boten Tiergötter/Krafttiere ihre Hilfe an, oder sie stellten Aufgaben, die erfüllt werden mußten. Leider klappte die Sache nicht immer, und etwas ging schief, jemand wurde verletzt oder kam auf andere Weise zu Schaden. Die Ohlone wußten, daß manchmal auch die tollste Magie überhaupt nichts nutzt und dann nichts zu tun bleibt, als sich zu arrangieren oder seinem Schicksal zu ergeben. So wurden auch die Schamanen gesehen, Männer und Frauen: Man war glücklich, einen mächtigen Schamanen im Dorf zu haben. Aber die Ohlone bezogen erstens ein, daß ihre Fähigkeiten nicht unbedingt in jedem Fall etwas ausrichten würden, und zweitens, daß sich die Talente des Schamanen auch gegen sie selbst richten könnten. Die Menschen waren alles andere als naiv oder blauäugig.

Kinder des Maulesels

Die Zeit der Ohlone endete, als vor rund 200 Jahren, Ende des 18. Jahrhunderts, spanische Eroberer sie mit bunten Perlenketten und gewebten Stoffen becircten. Franziskanermönche bauten auf ihrem Boden eine Mission. »The Mission« heißt bis

* Ernst Aeppli: *Der Traum und seine Deutung,* Knaur, München 1998.

heute ein Viertel von San Francisco. Diesen Mönchen erzählten die Ohlone ihre Idee zur Herkunft der hellhäutigen Menschen: Nach ihrer Vorstellung waren die Europäer Kinder des Maulesels, eines neuen, sehr mächtigen Tiergottes. Genau wie der Kojote sie, die Ohlone, geschaffen hatte, hatte der Maulesel die Europäer hervorgebracht, und er hatte sie mit unglaublichen magischen Kräften ausgestattet. Bestimmt haben es die Ohlone nicht so gemeint. Aber ihre Sicht, daß wir Weißen den Eseln ziemlich nahe stehen, ist doch recht amüsant.

Es soll unter den Missionaren »solche und solche« gegeben haben: theologisch orientierte, Menschen, die die Natur, die Blumen, die Tiere liebten; andere mit einer Art Wunderglauben an die Heiligen; freundliche, bescheidene; aber auch selbstquälerische, ungeduldige, strenge oder gar grausame.

Malcolm Margolin schreibt, daß diese Missionare nicht die Zerstörung und Versklavung der Indianer im Auge hatten: »Sondern sie waren eher utopistische Visionäre, die in die Neue Welt gekommen waren, um die perfekte christliche Gemeinschaft aufzubauen, von der die Indianer profitieren sollten.« Sie sollten »zivilisiert« werden, und nach einer Art Lehrzeit von zehn Jahren sollten sie ein Leben in Frieden und Heiligkeit führen – katholisch getauft selbstverständlich, und an den Regeln der katholischen Kirche orientiert. Sie sollten aufhören, *bestias* (spanisch für »Tiere«) zu sein und, wie die Spanier, *gente de razón* werden, »vernünftige Menschen«…

Dann kamen die Kirchenhierarchie in Spanien und Mexiko, der König von Spanien sowie zivile und militärische Hierarchien dazwischen, und dieser süße Traum konnte sich nicht realisieren.

Mehr als sechzig Jahre dauerte die Zeit der Mission, von 1770 bis 1834. Innerhalb dieses Zeitraums gingen die Sprache und die Tradition der Ohlone praktisch verloren. Die Indianer wurden wurzellos, und sie verfielen in Depressionen. Viele starben an eingeschleppten Krankheiten wie Masern, Windpocken, Syphilis und so weiter, gegen die sie keinerlei Widerstandskräfte besaßen.

Der letzte, der die Sprache eines der Stämme beherrschte, starb 1935, und der letzte wirkliche Ohlone ging in den sechziger Jahren dieses Jahrhunderts in die ewigen Jagdgründe ein. So ist die Kultur ausgelöscht. Dennoch leben bis heute Nachkommen der Stämme, die die Ohlone ausmachten, in der Bay Area.

Malcolm Margolin schreibt, während der dreijährigen Recherche zu seinem Buch sei ihm zu seiner eigenen Überraschung aufgegangen, daß die Ohlone, die er anfänglich für so etwas wie Steinzeitmenschen gehalten hatte, eine außerordentlich hoch entwickelte Kultur besaßen. Und daß ihre Ideale in erstaunlicher Weise mit dem korrespondieren, wonach heute viele Menschen streben: eine starke Verbundenheit unter Familienmitgliedern, Freunden und der Gemeinde; ein Wirtschaftssystem, das mehr auf dem Teilen als auf Wettbewerb beruht; ein ausgewogenes statt ausbeutendes Verhältnis zur Natur; eine Vielfalt von Möglichkeiten, sich künstlerisch auszudrücken; Führung, ohne zu unterdrücken; und eine tiefe spirituelle Verwurzelung.

Der Presidio

Bis auf einige Naturschutzgebiete ist die Bucht von San Francisco heute durchweg bebaut. Mit Industriebetrieben wie in und um Oakland, mit teuren Villen wie in Tiburon, mit großstädtischen Bank- und Verwaltungsgebäuden, Museen,

Wohnhäusern in der City. Wilde Tiere haben hier kaum noch Lebensraum, außer im Wasser. Seelöwen gibt es zuhauf. Im Hafen von Sausalito geben sie sich häufig ein lautstarkes Stelldichein. Wale ziehen außerhalb der Bucht im Pazifik regelmäßig vorbei. Sie können von der Küste aus gesichtet werden, oder man kann geführte Bootstouren unternehmen, um sie zu beobachten. In den Schutzgebieten jedoch ist noch eine einigermaßen breite Palette der hier beheimateten Pflanzen, Vögel, Reptilien und Säugetiere zu finden.

Ein Naturpark mitten in San Francisco ist der Presidio Park, ein ehemaliges Militärgelände, das durch den erfolgreichen Film »Presidio« mit Sean Connery und Meg Ryan weltbekannt wurde (1987). Seit die Ohlone hier lebten, hat dieses Areal, von dem aus heute die Golden-Gate-Brücke die schmalste Stelle der Bucht nach Norden überspannt, viel mitgemacht. Als erstes kamen, wie gesagt, die Spanier. Im September 1776 wurde der Presidio als nördlichster Posten des spanischen Kolonialreiches gegründet. Im Zusammenhang mit der mexikanischen Revolution 1821 ging er in mexikanische Hände über, 1846 in US-amerikanische. 1846 begann der Goldrausch. San Francisco stellte das Tor zu den Goldfeldern in Kalifornien und Nevada dar. Aus dieser Zeit datieren die ältesten Gebäude, die heute noch im Presidio stehen. Für die Indianerkriege 1865 bis 1890 wurden hier Baracken für Infanterie und Kavallerie errichtet.

So machten die Weißen diesen Landstrich, wo noch hundert Jahre zuvor die Eingeborenen ein friedliches Leben in vor Fruchtbarkeit und Tierreichtum geradezu überbordender Natur geführt hatten, zum Ausgangspunkt ihrer militärischen Operationen.

Von Krafttieren war keine Rede mehr. Die Weißen hatten praktisch nur zu Hunden eine Beziehung. Und zu Pferden, denn sie waren für Transport, Fortbewegung und bei den Schlachten völlig auf Pferde angewiesen.

Wie schlecht Pferde in früheren Zeiten behandelt wurden, ist einer breiten Öffentlichkeit erst seit dem Erfolg des Buches *Der mit den Pferden spricht** bekannt. Interessanterweise stammt der hier dargestellte Ansatz, diese kraftvollen Vierbeiner auf eine sanfte und einfühlsame Art zu trainieren, aus dem amerikanischen Westen. Und er hat von dort aus seinen Weg um die ganze Welt angetreten, sogar in so konservative Umfelder wie das britische Königshaus.

Nach dem schweren Erdbeben 1906, während dessen eine schreckliche Feuersbrunst ausbrach, bildeten der Presidio und der nahegelegene Golden-Gate-Park Refugien für viele Tausende von Obdachlosen.

1915 feierte man die Wiedergeburt der Stadt nach dem katastrophalen Beben, und man feierte gleichzeitig die Eröffnung des Panamakanals (1914) mit der Internationalen Panama-Pazifik-Ausstellung. Sie fand im Presidio statt, mußte aber vorzeitig schließen, weil der Erste Weltkrieg ausbrach. Der Presidio wurde nun Trainingsbasis für Truppen, die nach Frankreich geschickt werden sollten.

Mit dem Angriff Japans auf Pearl Harbor wurde der Presidio ein wichtiger Kommandopunkt. Auch während der Kriege der USA gegen Korea und Vietnam spielte er eine wesentliche Rolle und ist von daher vielen Menschen überall in den Vereinigten Staaten in Erinnerung, nicht zuletzt durch seinen großen Soldatenfriedhof. 1989 »begann die Zukunft«, heißt es in dem Buch *Presidio Gateways*** (»Torwege zum Presidio« oder »Torwege des Presidio«), das ein Autorenkollek-

* Monty Roberts: *Der mit den Pferden spricht*, Lübbe, Bergisch Gladbach 1997.
** Autorenkollektiv: *Presidio Gateways*, Chronicle Books, San Francisco 1994.

tiv verfaßt hat – ein wunderschöner Bildband, der sich ausführlich mit der Geschichte dieses bedeutsamen Areals auseinandersetzt. 1989 rief nämlich der amerikanische Kongreß den Presidio als eine der Militärbasen aus, die geschlossen wurden, weil in den gesamten USA militärische Einrichtungen reduziert werden sollten. 1994 übergab man ihn in die Hände der Verwaltung der »Golden Gate National Recreation Area« (»Nationales Erholungsgebiet Golden Gate«). Die Autoren schreiben:

> »Hier gibt es atemberaubende Ausblicke, weite grüne Flächen, Meilen von Wander- und Fahrradwegen und ein faszinierendes Aufgebot historischer Architektur. Der Presidio hat seit Generationen Millionen von Besuchern aus aller Welt angezogen. Sein parkähnliches Ambiente hat ihn zu einer von San Franciscos wichtigsten Attraktionen gemacht. Während die ästhetischen, historischen und kulturellen Perspektiven des Presidio unschätzbar sind, ist er das in gleicher Weise als ökologisches Schutzgebiet.«

Die Vereinten Nationen nahmen ihn übrigens in eine Liste von Schutzgebieten der Biosphäre auf. Hier machen zahlreiche Zugvögel und Schmetterlinge Station, zum Beispiel der schwarz-weiß-rote Monarch-Schmetterling, der von Mexiko nach Kanada wandert und dem die Göttin in Zeiten, als von Kunststilen noch keine Rede war, ein Jugendstilmuster auf die Flügel gemalt hat. Es gibt hier zahlreiche seltene Libellen, Kolibris, Krähen, verschiedene Raubvögel wie Eulen und Falken, es gibt Eichhörnchen, Stinktiere und Waschbären.

Als ich durch den Presidio wandere, um Fotos zu machen, begegne ich einem kleinen, mir unbekannten Tier mit braunem Fell und großen Augen – ein Erdhörnchen? –, das munter einen Gang in die Erde schaufelt. Von mir läßt es sich überhaupt nicht stören. Ein Falke hat gerade eine Maus erbeutet und fliegt mit ihr auf einen Baum. Fressen und gefressen werden, leben und leben lassen – wer seine Sinne öffnet, kann hier wirklich viel erfahren.

Es gibt noch eine Besonderheit des Presidio, die ein wenig in Richtung Kitsch geht, die aber trotzdem oder sogar deswegen ans Herz rührt: den Pet Cemetery, den Friedhof der Haustiere. Unterhalb des vielbefahrenen Doyle Drive gelegen, der die Stadt mit der Golden-Gate-Brücke verbindet, wurden hier anfänglich militärische Wachhunde der Männer bestattet, die im Presidio als Soldaten Dienst taten oder ausgebildet wurden. Seit Mitte der vierziger Jahre beherbergt er aber auch die Überreste der Haustiere von Offiziersfamilien: Hunde, Vögel, eine Schildkröte und »Meine geliebte Ratte Spike, die mein Leben um so vieles besser gemacht hat. 1996–1998«... Mit einem richtigen Grabstein und Kreuz ehren Elizabeth und Edward Mize ihren Hund: »Bambi, unser geliebter Cocker, 1956–1964.«

Die Namen sind anders als die, die wir im deutschsprachigen Raum Tieren geben: Tippy, Little Lovey, Ladybug, Rusty, Frisky, Butch, Mister Twister, Easy oder Spot. Inmitten des bunten angelsächsischen Tuttifruttis fällt aber ein Name aus dem Rahmen, der in ein hölzernes Grabschild geschnitzt wurde. Die Aufschrift lautet: »Fritz von der Heide, 1942–1965«. In Amerika heißen Schäferhunde »German Sheperds« (»deutsche Schäfer«). Wahrscheinlich war Fritz ein Schäferhund, der als Wachhund arbeitete. Er wird ein zuverlässiger, treuer Freund gewesen sein. Dieses Hundegrab berührt mich tief, warum auch immer.

Für mich paßt es, den Friedhof in einem Buch über Krafttiere zu erwähnen. Denn bei den hier begrabenen Vierbeinern und geflügelten Lebewesen handelt es sich ganz sicher bei den meisten um Tiere, die sehr geliebt wurden. Um solche, die schon zu Lebzeiten großartige Helfer, Heiler, Freunde und Lehrer waren und die in Träumen sowie in der Meditation bzw. Imagination ihrer Besitzer weiterleben. So haben sich Haustiere zu Krafttieren verwandelt. In der englischen Sprache gibt es für diese spezielle Art von Krafttieren einen Ausdruck, der in unserer Sprache offenbar nicht existiert. (Jedenfalls nicht in der Hochsprache, vielleicht gibt es dafür mundartliche Ausdrücke, die mir nicht bekannt sind.) Im Englischen nennt man ein Tier, das real lebt oder gelebt hat und das zusätzlich noch die Funktion eines geistigen Helfers ausübt, »familiar«. Dieses Wort braucht nicht erklärt zu werden, es enthält in sich das Wichtigste, was man wissen muß. Die »familiars« bieten sich besonders zum »Shapeshifting« an, zur Gestaltveränderung, also dazu, daß man in der Imagination in sie einsteigt (siehe 7. Kapitel). Bei uns wurde früher den Hexen nachgesagt, daß sie sich in die Tiere verwandeln könnten, mit denen sie lebten.

Wie auch immer, wenn geliebte Verwandte und Wahlverwandte nach ihrem Tod zu »Ahnen« werden, die Zugang zu größerer Weisheit haben, als sie uns hier auf der materiellen Ebene zur Verfügung steht, und wenn sie uns mit dieser Möglichkeit im Traum oder in der Meditation gern unterstützen, wieso sollen geliebte Tiere, die in die ewigen Jagdgründe eingegangen sind, nicht zu unseren Tierahnen werden? Wieso sollen sie nicht fähig sein, uns mit der archetypischen Weisheit zu verbinden und zu versorgen, zu der sie Zugang haben?

Sicher hat der Übergang für die Tiere auf dem Friedhof im Presidio besonders gut »geklappt«, wo noch bis vor gar nicht langer Zeit die Ohlone durch ihre sensible Umgangsweise mit der Natur die Pforten zwischen den Welten gut »geölt« haben. Und sicher geschieht in der Bucht von San Francisco im spirituellen Bereich so viel wie wohl an keinem anderen Ort der Welt, weil die Ohlone hier auf unsichtbaren, immateriellen Ebenen eine starke, konstruktive Energie hinterlassen haben. Von dieser Energie lassen sich jedes Jahr Zehntausende von »normalen« Touristen aus aller Welt beleben und verjüngen. Es profitieren davon spirituell aufgeschlossene Menschen, die dort leben oder die Region aus anderen als »touristischen« Gründen besuchen. Und für mich ist es diese Energie, die mich immer wieder in den Wilden Westen zurückkehren läßt.

EXKURS:
Aus der Rede des
Chief Seattle

Im Jahr 1855 kündigte der amerikanische Präsident an, er wolle das Land kaufen, auf dem der Stamm lebte, dessen Häuptling Seattle war. Es ist das Land, auf dem heute die Großstadt Seattle steht. Die Indianer sollten ins Reservat gehen. Heute lebt kein einziger mehr von ihnen.

Überlebt aber hat der Text der Rede, die Chief Seattle dem weißen Präsidenten zur Antwort gab. Die Rede beginnt mit dem Satz: »Meine Worte sind wie die Sterne, sie gehen nicht unter.« Wie recht er damit behalten sollte!

Der gesamte Text ist im Walter-Verlag erschienen. [Zürich und Düsseldorf, 28. Aufl. 1998]. Er trägt den Titel: *Wir sind ein Teil der Erde – Die Rede des Häuptlings Seattle an den Präsidenten der Vereinigten Staaten von Amerika im Jahre 1855.*

Meine Worte sind wie Sterne, sie gehen nicht unter. Jeder Teil dieser Erde ist meinem Volk heilig, jeder sandige Strand, jeder Nebel in den dunklen Wäldern, jede Lichtung, jedes summende Insekt ist heilig, in den Gedanken und Erfahrungen meines Volkes… Wir sind ein Teil der Erde, und sie ist ein Teil von uns. Die duftenden Blumen sind unsere Schwestern, die Rehe, das Pferd, der große Adler sind unsere Brüder. Die felsigen Höhen, die saftigen Wiesen, die Körperwärme des Ponys – und des Menschen – sie alle gehören zur gleichen Familie…

Ich habe tausend verrottende Büffel gesehen, vom weißen

Mann zurückgelassen – erschossen aus einem vorbeifahrenden Zug. Ich bin ein Wilder und kann nicht verstehen, wie das qualmende Eisenpferd wichtiger sein soll als der Büffel, den wir nur töten, um am Leben zu bleiben.

Was ist der Mensch ohne die Tiere?

Wären alle Tiere fort, so stürbe der Mensch an großer Einsamkeit des Geistes. Was immer den Tieren geschieht – geschieht bald auch den Menschen. Alle Dinge sind miteinander verbunden.

ÜBUNG:
Die Begegnung mit dem »familiar«

Vielleicht haben Sie bei der Lektüre der Passage über den Tierfriedhof in San Francisco Erinnerungen an ein Haustier gehegt, das Sie besonders liebten, oder eins, das noch lebt und Ihrer Liebe teilhaftig wird.

Möglicherweise haben Sie aber nie ein Haustier besessen. Dann gab oder gibt es mit Sicherheit einen animalischen Freund, der Ihnen nahestand oder nahesteht, ohne daß Sie mit ihm Ihr Zuhause teilten oder teilen: einen Nachbarshund, eine Amsel im Garten, Enten im Park, ein Tier im Zoo …

Holen Sie sich in Ihrer Meditation/Imagination dieses Tier heran. Im Idealfall lassen Sie das reale Tier ganz in Ihre Nähe: Die Katze oder der Hund können zum Beispiel in Ihrem Schoß bzw. zu Ihren Füßen Platz nehmen.

Gehen Sie zusammen mit dem Tier in Ihrer inneren Welt an einen Platz, der Ihnen beiden entspricht – der Ihnen vertraut ist bzw. gut gefällt –, und lassen Sie zu, daß sich das Tier an alle Weisheit anschließt, zu der es Zugang hat. Es schlüpft jetzt in die Rolle Ihres »familiars« und wird von dem Ihnen vertrauten Tier zu einem Krafttier. Wobei es im Zusammenhang mit Ihren anderen Krafttieren eine spezielle Funktion übernehmen kann, beispielsweise die Rolle eines Vermittlers oder Dolmetschers. Denn es kennt Sie und Ihre persönliche Geschichte ganz besonders gut, und es ist Ihnen damit in Liebe verbunden.

Überlassen Sie Ihrem »familiar«, was es an dem Platz in Ihrem Innern mit Ihnen unternehmen möchte, was es Ihnen zeigen oder an was es Sie erinnern möchte. Häufig hat das mit der eigenen Familie und der eigenen Kindheit zu tun, häufig kommen dabei sehr, sehr tiefe Gefühle zutage. Besonders berührend ist, zu spüren, daß für geliebte verstorbene Tiere das gleiche gilt wie für geliebte verstorbene Menschen: Die Verbundenheit bleibt über den Tod hinaus bestehen.

Beenden Sie Ihre innere Reise wie gewohnt: Wenn Sie das Gefühl haben, daß sie sich ihrem Ende zuneigt, verabschieden Sie sich von Ihrem »familiar«, sagen Sie ihm, daß Sie es wiedertreffen werden, und begeben Sie sich wieder auf die materielle Ebene.

Schreiben Sie nieder, was Sie gesehen und erlebt haben, oder erzählen Sie es einer vertrauten Person. Vielleicht malen Sie auch ein Bild dazu.

Falls Ihnen diese Reisebeschreibung nicht ausführlich genug sein sollte, können Sie sich an dem Schema im Anschluß an das 10. Kapitel orientieren.

Raben: 1) Dohle, 2) Saatkrähe, 3) Nebelkrähe, 4) Elster, 5) Rabe

6. KAPITEL

Der Rabe und die ersten Menschen

Da stehen wir nun vor dem meterhohen, buntbemalten Totempfahl mit den vielen geheimnisvollen eingeschnitzten Figuren, meist Tiergestalten, und sind fasziniert von dem fremdartigen Mysterium. Hier haben wir den Inbegriff indianischer Kultur, wir staunen über seine Schönheit und Ausstrahlung, aber so recht anzufangen wissen wir damit nichts.

Eine ganz bewußte und sensibel vollzogene Vermittlerfunktion zwischen den beiden Kulturen der Indianer und der Weißen hat das Anthropologische Museum der Universität von Britisch-Kolumbien in Vancouver, Kanada, übernommen. Hier sind nicht nur zahlreiche alte und neuere Totempfähle ausgestellt, sondern bei Führungen und durch Beschriftung der Ausstellungsstücke werden Informationen geliefert, die zum wesentlichen Verständnis notwendig sind.

Zum Beispiel ist zu erfahren, daß Totempfähle neben allen anderen Funktionen, die sie hatten, immer und in jedem Zusammenhang etwas Ähnliches waren wie unsere Zeitungen, Geschichts- und Märchenbücher: Da ihre Kultur keine Schrift kannte, zeichneten die Indianer ihre Schöpfungs- und andere Mythen, wichtige Geschehnisse in Familie und Sippe an Totempfählen auf. Während der »Potlatch« genannten Errichtungszeremonie, vergleichbar mit einem gigantischen Richtfest, kamen Hunderte von Menschen zusammen. Sie hörten und bezeugten die Geschichte des Künstlers, die er mit seinem Totempfahl materialisiert hatte und die er hier ganz offiziell erzählte. Nur er kannte wirklich alle Details der »Story« selbst und auch alle Details der von ihm in Holz geschnitzten Manifestation. Beides war sein Besitz, und beides ging während des Potlatchs vor zahlreichen Zeugen in den Besitz der Gruppe oder Familie über, für die er gearbeitet hatte.

Das Anthropologische Museum ist ein beeindruckender Bau aus Glas und Beton, am äußersten westlichen Ende von Vancouver auf dem Universitätscampus gelegen – auf altem indianischen Boden. Seine Architektur wurde der Bauweise der Haida, der Indianer von den Queen-Charlotte-Inseln, nachempfunden. Jeden Tag kommen unzählige Besucher aus aller Welt hierher, um die Kultur der nordwestpazifischen Indianer näher kennenzulernen. Die Details, die während der fachkundigen Führungen zur Sprache kommen, sind spannend.

Wer hätte beispielsweise gedacht, daß manche Stämme Verstorbene in Bäumen und auch in Totempfählen zur letzten Ruhe betteten? Daß also Tote*m*pfähle in bestimmten Fällen zu Tote*n*pfählen wurden? Dies wirft ein ganz neues Licht auf den Zauber, den diese Kunstwerke ausstrahlen. Und auch auf die Tatsache, daß man in manchen Naturreligionen glaubte, längst verstorbene Ahnen lebten in Bäumen weiter.*

So waren Totempfähle in seltenen Fällen Begräbnispfähle oder auch Erinnerungspfosten, die eine ähnliche Funktion hatten wie unsere Grabsteine. Häufiger waren sie Willkom-

* Der Holunderstrauch, eine heilige Pflanze, heißt zum Beispiel auf englisch »elder«. Das ist gleichzeitig das englische Wort für »Ahne«.

mensfiguren, Denkmäler, Hauspfosten, auch Säulen, die den Eingang oder die Decke eines Hauses hielten. Immer jedoch hatten sie die grundlegende Aufgabe, Neuigkeiten bzw. »historische Neuigkeiten« zu vermitteln oder eine Geschichte zu erzählen.

Totempfähle waren normalerweise zwischen 3 und 18 Metern hoch. Meist überdauerten sie keine längeren Zeiträume als etwa hundert Jahre. Man sah sie als Teil der natürlichen Prozesse an und ließ sie fallen und vergehen. Das Anthropologische Museum jedoch hat es sich zur Aufgabe gemacht, die Pfähle, die es beherbergt, zu erhalten. Dies wird von den Indianern, die heute noch in Britisch-Kolumbien leben, geschätzt und unterstützt.

In ihrem Buch *Totem Poles** schreibt die Kuratorin für Völkerkunde am Anthropologischen Museum, Dr. Marjorie Halpin, trotz vieler Unterschiede von Stamm zu Stamm sei es doch legitim, von einer gemeinsamen Kultur der Indianer der Nordwestküste zu sprechen. Nur innerhalb dieser Kultur, die sich vom heutigen Alaska im Norden über Britisch-Kolumbien bis in die US-amerikanischen Staaten Washington und Oregon erstreckt, existierten Totempfähle. Sie waren eine Besonderheit dieser Region.

»Totempfahl« ist ein Begriff der europäischen Einwanderer. Laut Marjorie Halpin wurden die Konzepte von »Totem« und »Totemismus« für verschiedene Phänomene verwendet. Heute benutzen sie Anthropologen für eine symbolische Beziehung zwischen Tieren, manchmal auch Pflanzen, Himmelskörpern, landschaftlichen Besonderheiten und menschlichen Gruppen. Die Grundidee ist, daß in der Natur bestehende Unterschiede dafür hergenommen werden, Unterschiede zwi-

* Marjorie Halpin: *Totem Poles,* UBC Press, Vancouver, 5. Aufl. 1997.

schen Gruppen von Menschen aufzuzeigen. Daher ist Totemismus aus anthropologischer Sicht im Grunde ein System zur Klassifizierung:

> »Genau wie Bären sich von Wölfen oder Adlern unterscheiden, tun das Menschen aus Gruppe A (deren Totem der Bär ist) von denen aus Gruppe B (deren Totem der Wolf ist) von denen aus Gruppe C (deren Totem der Adler ist). Dies bedeutet *nicht,* daß die Menschen aus Gruppe A sich als dem Bären ähnlich ansehen oder daß sie Charakteristika des Bären tragen. Wenn ein Indianer aus dem Nordwesten sagt: ›Ich bin ein Killerwal‹, meint er, daß er zu einer Gruppe gehört, die eine legendäre Beziehung zum Killerwal hat. Er macht eine Aussage über die Zugehörigkeit zu seiner Gruppe.«

In ähnlicher Weise sind aus anthropologischer Sicht die Figuren auf einem Totempfahl figürlich dargestellte Aussagen über Gruppenzugehörigkeit und Identität derer, die sie errichteten.

Das Anthropologische Museum ist der Universität angegliedert und achtet daher peinlich genau auf seinen wissenschaftlichen Ruf. Über Krafttiere und schamanische Reisen ist hier nichts zu erfahren. Das höchste der Gefühle ist, daß gesagt wird, die auf Totempfählen dargestellten Figuren, meist Tiere, wurden oder werden von den Indianern als Vorfahren angesehen.

Eine möglicherweise gewagte, auf jeden Fall aber unkonventionelle Sichtweise propagiert der amerikanische Psychologieprofessor Dr. Stephen Gallegos. Er hatte Anfang der achtziger Jahre eine Inspiration, aus der er eine psychotherapeutische Arbeit mit dem Namen »Persönlicher Totempfahl-

Prozeß« entwickelte (siehe auch die Übung auf S. 163ff.). Für ihn sind Totempfähle Darstellungen von Krafttieren, die Schamanen auf ihren Reisen in die Anderswelt begleiten und ihnen ihren Schutz und ihre Weisheit zur Verfügung stellen. Tatsächlich haben die meisten Schamanen nicht nur ein einziges geistiges Helfertier, sondern mehrere. Und Gallegos' Methode, auf inneren Reisen die eigenen Krafttiere miteinander in Kontakt zu bringen und auf diese Art wichtige Informationen und Heilungsimpulse zu erhalten, kann sehr effektiv sein. Ob jedoch Totempfähle tatsächlich Krafttiere darstellen, ist weder am Anthropologischen Museum in Vancouver noch am Royal British Columbia Museum in Victoria auf Vancouver Island, noch in der vorhandenen wissenschaftlichen Literatur festzustellen. Auch Gallegos hat keinen Beweis dafür. Wenn wir jedoch davon ausgehen, daß es so ist, so gehören Totempfähle zu dem wenigen, das über Krafttiere original überliefert wurde.* Und deswegen wollen wir an dieser Stelle gesicherte Informationen über Totempfähle zusammentragen. Diese Fakten sollen für Sie ein »Gerüst« sein, mit dessen Hilfe Sie eigene innere Reisen starten und das Sie dann mit persönlichen Informationen mehr und mehr ausfüllen können. Vielleicht erfahren Sie so ja über Ihren individuellen Draht zum kollektiven Unbewußten noch weitere Details über Totempfähle, Krafttiere und alles, was damit zusammenhängt.

Laut Marjorie Halpin gibt es fünf wesentliche Faktoren, die bei Totempfählen eine Rolle spielten und spielen: Reichtum, Familie, Zeremonien, Mythologie und die Holzbildhauerei. Sie sollen im folgenden beschrieben werden.

* Tiermasken, die für Tänze verwendet wurden, Fetische und uralte Höhlenmalereien sind weitere Beispiele für solche Originalüberlieferungen.

Reichtum

Oberflächlich betrachtet, resultierte der Reichtum der nordpazifischen Küstenindianer aus dem Überfluß der Natur, besonders der Gewässer. Sie ernährten sich von vielen Fischarten, zum Beispiel von Lachs, und gingen auch auf Walfang. Sie verehrten diese Meeresbewohner, weil sie ihnen Nahrung spendeten und das Überleben sicherten. Doch ebenso jagten sie Landtiere, deren Fleisch sie verzehrten; ihre Felle und Knochen verwendeten sie für Kleidung und Werkzeuge. Die spirituelle Kraft und Weisheit der Tiere, ihre »Medizin«, kam in Mythen zum Tragen.

Nüsse, Beeren und wildes Gemüse waren vegetarische Lebensmittel, die ihnen zur Verfügung standen. Die Indianer kannten sich in der Konservierung von Lebensmitteln durch sachgerechte Lagerung, Trocknen, Einlegen in Salz oder Honig und so weiter hervorragend aus. So legten sie während der Sommermonate große Mengen von Vorräten an. Damit handelten sie mit Völkern aus anderen Gegenden, die ihrerseits beispielsweise auf die Herstellung von Kanus, Wolldecken oder Töpfen spezialisiert waren. Der heute so beliebte indianische Silberschmuck wurde erst nach dem Eintreffen der Weißen geboren: Die Ureinwohner wußten nicht, was sie mit den silbernen Münzen machen sollten, die ihnen die Weißen zum Tausch anboten. So schmolzen sie diese ein und stellten daraus wunderschönen Schmuck her, auf dem sie die traditionellen Muster verwendeten, die auch Kleidung, Häuserfassaden und anderes zierten.

Reichtum beschränkte sich aber nicht allein auf Materielles. Sondern dazu gehörte ebenso der »Besitz« von Liedern, Tänzen, Mythen, das Wissen um die auf Totempfählen abgebildeten Figuren und anderes überliefertes Immaterielles. Mit

Reichtum – materiellem und immateriellem – war die Verpflichtung verbunden, davon anderen, weniger Begüterten, abzugeben.

Familie

Die Indianer werden in Nordamerika die »First Nations« genannt, die ersten Nationen, die den Kontinent bewohnten. Es gab insgesamt mehr als 500 Nationen, allein dreißig im heutigen Britisch-Kolumbien. Die meisten hatten ihre eigene Sprache und Kultur, die zum Teil ganz erheblich von den Sprachen und Kulturen der Nachbarnationen abwichen.

Auch die Regeln im Hinblick auf Herkunft und Erbe variierten von Nation zu Nation. Einige folgten der mütterlichen Linie (Matrilinearität), einige der väterlichen (Patrilinearität), einige beiden Linien. Doch egal, wie diese Regeln jeweils aussahen – sie waren von größter Wichtigkeit für die Überlieferung von Privilegien und Weisheit.

Eheschließungen wurden sorgfältig arrangiert. Manchmal hatten sie politische Bedeutung, weil dadurch Feinde zu Freunden gemacht werden sollten. Die Häuptlinge waren zeremonielle, aber auch politisch-wirtschaftliche Führungspersonen.

Zeremonien

Im Sommer legten die Nationen der nordwestlichen Küstenregionen wie gesagt Vorräte an, und sie waren damit vom frühen Morgen bis zum späten Abend beschäftigt. Im Winter war die Zeit der Feste und Zeremonien. Gefeiert wurden vor allem Geburten, Eheschließungen, Begräbnisse, das Beziehen eines neuen Hauses. Es gab aber auch ganz spezielle Winterzeremonien, bei denen besonders Trancetänze eine Rolle spielten. Ziel war bei diesen Tänzen, Geistern aus anderen Welten zu begegnen. Als Hilfsmittel dienten Masken, die sie dabei unterstützten, mit dem dargestellten Wesen zu verschmelzen. Häufig waren es Tiermasken, und die Tänzer wurden dann zu dem jeweiligen Tier in seiner geistigen, spirituellen Form, also zum Krafttier. So konnten sie seine »Medizin« im eigenen Körper spüren. Diese Praxis nennt sich »Shapeshifting«, Gestaltveränderung, und sie ist noch heute und auch von uns sogenannten zivilisierten Menschen ohne Schwierigkeiten erlernbar. Um das Shapeshifting geht es im nächsten Kapitel.

Marjorie Halpin schreibt, die Figuren, die auf Totempfählen abgebildet wurden, seien häufig mit den Figuren, die die Masken darstellten, identisch gewesen. Doch hätten Totempfähle und Wintertänze zwei grundsätzlich unterschiedliche Funktionen gehabt. Die Totempfähle wollten an alte Zeiten, an die Vorfahren erinnern. Ihre Aufgabe sei es gewesen, die Vergangenheit in der Gegenwart zu etablieren. Die Tänze hingegen hätten genau die gegenteilige Aufgabe gehabt. Mit ihrer Hilfe seien die Menschen von der Gegenwart in die Vergangenheit gereist.

Mythen

Es gab bei den Nationen der Nordwestküste offizielle Mythen, die jeder jedem erzählen durfte und die heute in Büchern zu finden sind. Es existierten aber auch viele geheime Mythen, die nur von Mund zu Ohr weitergegeben werden durften. Sie waren lediglich auf Totempfählen zu finden, und in dieser Form konnte man sie so und so interpretieren. Sie waren der Prototyp von »Nichts Genaues weiß man nicht«. In beiden Arten von Mythen jedoch ging es bei den Nationen der Nordwestküste um uralte Zeiten, in denen die Welt noch ganz anders war als heute. Damals gab es keine grundsätzliche Trennung zwischen Menschen, Tieren und Geistern. Sie konnten sich ohne Schwierigkeiten von einer Form in die andere transformieren. Bei den Kwagiutl von der heutigen Insel Vancouver beispielsweise zog der Donnervogel, die gigantische mythologische Version des Adlers, sein Federkleid aus und wurde der Urvater der Nation.

Menschen konnten dem Mythos zufolge in dieser Zeit, welche die australischen Ureinwohner die »Traumzeit« nennen, Federn, Felle und Häute anlegen und sich zu Tieren verwandeln. Tiere vermochten zu Menschen und Geistern zu mutieren, ebenso wie umgekehrt Menschen Geister und Geister Tiere werden konnten. Sie alle waren imstande, sich untereinander zu lieben – Herz zu Herz und Körper zu Körper.

Alle Daseinsbereiche – Wasser, Erde, Himmel, das Land der Verstorbenen, die Anderswelt – waren durch Wesen miteinander verbunden, die zwischen den Dimensionen hin und her reisen konnten. In dieser Traumzeit war alles möglich, genau wie wir es heute noch aus unseren Nachtträumen kennen. Alle Grenzen und Formen waren flexibel, alle Gegensätze wie Traum und Realität, materiell und geistig, natürlich und übernatürlich, waren austauschbar. Wir Westler nennen diese Zeit den »Garten Eden« oder das »Paradies«…

Auch für die ersten Nationen gehörten die alten mythologischen Zeiten zur Vergangenheit. Trotzdem waren sie aber Teil ihres Alltagslebens, denn sie schlossen sich dort immer wieder an: durch Rituale, Zeremonien, Geschichten, Tänze,

Lieder, Musik, Fasten, Schwitzhütten-Erfahrungen, Visionssuchen, Vorbereitungen auf die Jagd und so weiter.*

Über Tausende von Jahren hatten nicht nur die Aborigines und Indianer, sondern alle Menschen, auch wir Mitteleuropäer, mit jener Traumzeit stets engen Kontakt. Wir schöpften aus ihr Kraft und Inspiration. Wir fanden in ihr immer wieder unsere psychischen Wurzeln und unser Zuhause. Was davon in unserem Kulturkreis übriggeblieben ist, können wir in Märchen nachlesen. Da gibt es verzauberte Wälder und Gärten, da vermögen Menschen zu fliegen und Tiere zu sprechen… Kinder kriegen nicht genug davon. Sie können durch Märchen ganz leicht in die Traumzeit unserer Kultur einsteigen.

Eine Comic- und Plastikversion des Zauberwaldes haben Walt Disney und seine Nachfolger sowie Nachahmer geschaffen – leicht konsumierbar, kitschig, albern und oberflächlich. Computerspiele für Kinder, in denen mythologische Gestalten oder Tiere eine Rolle spielen, vermitteln die Illusion des »Einsteigenkönnens«. Aber hier herrscht unter der grellbunten Oberfläche gähnende Leere. Die persönliche innere Begegnung mit Krafttieren im Traum, in der Imagination bzw. Meditation oder in Geschichten kann hingegen eine wirksame Methode sein, uns selbst und die Kinder, die uns anvertraut sind, wieder mit den echten Wurzeln zu verbinden – und auf längere Sicht ein inneres Zuhause zu finden, das den meisten von uns in einer lauten, stressigen, anonymen, *de*naturierten und *un*spirituellen Umwelt verlorengegangen ist. Dieses Zuhause in sich zu wissen stellt die größte Quelle der Freude, der Ruhe und der Sicherheit dar. Sie be-

* In sehr ansprechender und berührender Weise schildert die Autorin Margaret Craven in ihrem kurzen Roman *Ich hörte die Eule, sie rief meinen Namen* (Rowohlt, Reinbek, 3. Aufl., 1977), wie das noch in den sechziger Jahren unseres Jahrhunderts praktisch gelebt wurde.

deutet einen Teil des Reichtums, der in vielen Märchen eine Rolle spielt.

Der Besuch eines heiligen Ortes, einer historischen Stätte oder eines Museums wie beispielsweise des Anthropologischen Museums in Vancouver kann ebenfalls die Kraft vermitteln, uns mit alten Zeiten und Verwurzelungen zu verbinden. Nachdem ich mich dort aufgehalten hatte, träumte ich viele Nächte lang von Totempfählen. Es waren tiefe und bedeutungsvolle Träume. Die Präsenz der alten Kunstwerke, die dort in einem wunderbaren Umfeld präsentiert und mit Respekt und großem Sachverstand erklärt werden, hat in mir in konstruktiver Weise etwas angerührt und aufgewühlt.

Holzbildhauerei

In den zwanziger und dreißiger Jahren unseres Jahrhunderts starb die Kunst der Totempfahlschnitzerei fast aus. Lediglich die Kwagiutl auf Vancouver Island fuhren fort, Totempfähle für traditionelle Zwecke herzustellen, und sie tun das bis heute. Seit den fünfziger Jahren wächst aber auch an anderen Orten eine neue Generation von Holzbildhauern heran, die die alte Kunst beherrscht und zum Teil Variationen in den Stilrichtungen entwickelt. Es wird also nicht nur das Alte reproduziert, sondern neue Impulse werden willkommen geheißen. Anders als noch vor wenigen Generationen, als die Künstler relativ anonym blieben, gibt es heute indianische Holzbildhauer, die einen ganz eigenen Stil verfolgen und die dafür weltberühmt sind.

Am Tag meines Besuchs im Anthropologischen Museum arbeitet der bekannte junge Haida-Bildhauer Jim Hart dort zusammen mit einem Kollegen an einer Skulptur. Mitten im

Museum tut er seine Arbeit, und die Besucher dürfen ihm zuschauen.

Harts Lehrer war Bill Reid, Sohn eines Weißen und einer Haida. Viele von Bill Reids Werken, Totempfähle und Skulpturen, sind im Museum ausgestellt. Er hat bis zu seinem Tod vor einigen Jahren eng mit den dortigen Wissenschaftlern zusammengearbeitet.

Eins von Bill Reids Werken trägt den Titel »Der Rabe und die ersten Menschen«. Es ist eine gigantische Darstellung aus gelbem Zedernholz, dessen Farbe wirkt, als leuchte die Skulptur von innen. Mich trifft fast der Schlag, als ich sie zum ersten Mal sehe. Ich weiß, dieses Kunstwerk hat hundertprozentig die Funktion eines Türhüters zu einer anderen Dimension. Auch wenn er darüber offenbar nichts verlauten ließ, so hat der Künstler doch mit Sicherheit in dieses Meisterwerk eine tiefe, geheimnisvolle Energie hineingegeben, die mit der Heiligkeit der Tiere zu tun hat. Und mit der engen Verbundenheit zwischen Mensch und Tier. Ich bin erschüttert von dem Zauber und der Schönheit, die sich meinen inneren ebenso wie meinen äußeren Sinnen bieten.

Die Skulptur ist auf einem Sockel plaziert. Sie wird von hellem Sonnenlicht bestrahlt, das durch ein überdimensionales rundes, in das Flachdach eingelassenes Fenster fällt. Der Sockel ist zur Hälfte von einer Bank umgeben. Darauf lasse ich mich nieder, um mich meiner Erfahrung hinzugeben und Details zu studieren.

Bill Reid hat dieses Werk zusammen mit Jim Hart und drei weiteren Kollegen geschaffen. Es besteht aus 106 Teilen, die nahtlos ineinander übergehen. So wirkt es wie aus einem Stück. Dargestellt ist ein Rabe mit riesigen Augen, der auf einer Venusmuschel sitzt. Von unten klammern sich daran ein paar erstaunt dreinblickende kindlich-menschliche Gestalten. Einer der Knirpse hat es noch nicht geschafft, unter der Insel hervorzutauchen. Sein pralles Hinterteil lugt darunter hervor. Kein Zweifel, daß es sich um ein männliches Wesen handelt.

Ebenso wie die Totempfähle erzählt diese Skulptur eine Geschichte. Darin spielt auch Humor eine Rolle. Daß die Geschichte und ihre Verkörperung in Holz einen in mystische Verzückung versetzen kann, wird durch das humorvoll-deftige Detail keineswegs gestört oder verhindert. Wir sollten uns davon verabschieden, zu meinen, daß Spirituelles immer »etepetete« sei.

Bill Reid wurde ganz in der Tradition seines europäischen Vaters erzogen. Als Erwachsener jedoch entdeckte er die Kultur seiner Vorfahren mütterlicherseits, der Haida. Reid gilt als bedeutendster Verursacher der derzeitigen Renaissance traditioneller Indianer-Holzbildhauerei an der Nordwestküste, und er fungierte als ganz wichtiger Brückenbauer zwischen Weiß und Rot oder Rot und Weiß.

1980 wurde sein Meisterwerk »Der Rabe und die ersten Menschen« durch Prinz Charles von Großbritannien enthüllt. In einer Zeremonie, bei der Hunderte von Menschen, Weiße und Indianer, anwesend waren, erzählte Bill Reid die Geschichte vom Raben und den ersten Menschen, den Schöpfungsmythos der Haida. Wie die Geschichten auf den Totempfählen war sie sein Besitz. Mit seiner Zustimmung wurde sie jedoch schriftlich auf einem Schild festgehalten, das an einer Wand im Raum mit der Skulptur hängt. Diese Geschichte erzählt von der Sintflut, dem Raben und wie er trickreich die ersten Haida unter ihrer Venusmuschel hervorlockte.

Offenbar hat das Kunstwerk auch Prinz Charles' Herz berührt: Kurz vor meiner Kanadareise im späten Frühjahr 1998 besuchte er mit seinen beiden Söhnen das Anthropologische Museum wieder, um ihnen den »Raben und die ersten Menschen« zu zeigen.

Eine Zeremonie ähnlichen Ausmaßes wie die Enthüllung wurde auf dem Museumsgelände gehalten, als Bill Reid vor wenigen Jahren starb. Auch diesmal kamen Hunderte von Weißen und von Angehörigen der ersten Nationen, um den großen Künstler als Person zu ehren, der wie kaum ein anderer zwischen den beiden Kulturen vermittelt hat. Und nicht nur zwischen den beiden Kulturen, sondern auch zwischen verschiedenen Dimensionen.

Totempfähle in aller Welt

Wie sehr heute tatsächlich die Kunst der Holzbildhauerei der ersten Nationen gefragt ist, erfahre ich in Victoria auf Vancouver Island. Hier gibt es ein ähnlich großes und sorgfältig ausgestattetes Museum wie das in Vancouver: das Royal British Columbia Museum, das königliche Museum von Britisch-Kolumbien. Während der Sommermonate hat hier eine Scheune geöffnet, in der drei junge Holzschnitzer arbeiten und Besuchern Rede und Antwort stehen.

Die Scheune liegt im Thunderbird-Park, im Park des Donnervogels, der in vielen indianischen Kulturen eine Rolle spielt. Bei den Kwagiutl, den Ureinwohnern der Insel Vancouver, ist er, wie gesagt, einer der Schöpfergötter. Der Donnervogel gilt als großer Regenbringer. Seine Augen sprühen Blitze, seine Flügelschläge verursachen den Donner.

Zusammen mit zwei nur wenig älteren Kollegen arbeitet in der offenen Holzbildhauer-Werkstatt Jason Hunt. Er wurde 1973 in Victoria geboren und wuchs dort auf. Von seines Vaters Seite ist er Kwagiutl. Seine Vorfahren mütterlicherseits sind Iren und Deutsche. Einen Teil seiner Jugend hat Jason im Reservat auf Vancouver Island verlebt, einen Teil in westlichem Umfeld in Victoria. Dort machte er seinen High-School-Abschluß und eine Collegeausbildung im Verwaltungsbereich. Im Alter von 21 Jahren begann er plötzlich, sich für die Holzbildhauerei zu begeistern, die seine Vorfahren väterlicherseits viele Generationen hindurch betrieben hatten. So ließ Jason Verwaltung Verwaltung sein und ging bei seinem Vater in die Lehre. Während ich ihn besuche, arbeitet er an seinem ersten Totempfahl, einer Art Gesellenstück.

Von ihm erfahre ich Einzelheiten, die ich noch nirgendwo gelesen habe, zum Beispiel daß ein Totempfahl, den man als Privatperson in Auftrag gibt, nach Höhe bezahlt wird: je nach Bekanntheitsgrad und Erfahrung des Künstlers zwischen 1000 und 2000 kanadische Dollar pro Inch (1 Inch sind rund 2,5 Zentimeter).

Jason und seine Kollegen erhalten so viele Aufträge, daß sie sie gar nicht bewältigen können. Sie sind auf lange Zeit hin ausgebucht.

Nur etwa 15 Prozent der Auftraggeber stammen aus Kanada. »Diese Kunst reißt Kanadier nicht unbedingt vom Hocker«, erklärt Jason. »Dafür findet man sie hier zu häufig. Die Menschen sehen sie als zu selbstverständlich an.«

Auf Nordamerikaner, Europäer und Japaner jedoch übt die Holzbildhauerei aus der nordwestpazifischen Region eine große Faszination aus. Privatleute und Firmen bestellen vor allen Dingen Masken und Totempfähle, die sie in ihren Privat- und Geschäftsräumen, in Gärten, in Eingangsbereichen und Parks präsentieren. Jason und seine Kollegen sind zum einen stolz, die Tradition ihrer Vorfahren weitergeben zu können. Zum anderen verdienen sie ihren Lebensunterhalt damit. Ein besonderes Plus der Tätigkeit im offenen Holzgebäude neben dem Museum ist, daß sie Menschen von überall her kennenlernen. »Ich habe Einladungen in alle Welt«, sagt Jason.

Er ist gern unterwegs. Seine erste ganz große Reise fand im Winter 1996 statt, als die kanadische Botschaft ihn und einige weitere Holzbildhauer nach München einlud, um mehrere Wochen lang ihre Kunst zu zeigen: die Praxis und die Ergebnisse. 1997 kehrte er privat nach Bayern zurück und besuchte die Menschen, die er im Jahr zuvor kennengelernt und mit denen er sich angefreundet hatte.

Jason sieht die Dinge locker. Er hat nichts gegen Weiße, er ist ja selbst ein halber. In ihm persönlich und in seiner beruflichen Tätigkeit kommt vielmehr harmonisch zusammen, was im Stadtbild und in der Atmosphäre von Victoria unangenehm und unvereinbar wirkt: Auf der einen Seite locken Nullachtfünfzehn-Hotels, Madame Tussauds Wachsmuseum, ein Glockentürmchen à la Big Ben die Touristen. An einem Brunnen werden die bunten Wappen der kanadischen Provinzen präsentiert, die verfremdeten und unerkannten Überreste der Krafttiere unserer mitteleuropäischen Kultur. Auf der anderen Seite und praktisch ohne Vermittlung ragen nur wenige Schritte entfernt von diesem modernen, touristisch zurechtgeschminkten Umfeld Totempfähle als Denkmäler der alten eingeborenen Kultur in den Himmel. Sie wirken wie überdimensionale mahnende Zeigefinger oder wie wütend in die Luft gereckte Mittelfinger.

Mich befremdet Victoria. Ich kann mich hier weder entspannen noch auf eine tiefe Erfahrung einlassen, so wie es mir in Vancouver möglich ist. Die Unterhaltung mit Jason allerdings macht mir Freude.

Er, der mit den Museumsbesuchern ins Gespräch kommt und dann per E-Mail mit ihnen kommuniziert, stellt die perfekte Mischung für einen modernen Weltbürger dar: kreativ, locker, vorurteilsfrei, lebensfroh, optimistisch, begabt und tüchtig, engagiert, interessiert an fremden Menschen und Kulturen, in uralter Tradition genau wie in neuester Technologie zu Hause, von Grund auf vertraut mit zwei Kulturen, die einst unvereinbar schienen. »Ich lebe auf beiden Seiten des Zauns«, stellt er lachend fest.

Interessanterweise hat aber Jason Hunt bei all seinem Zugang zur Weisheit der Kwagiutl keinerlei Wissen über Krafttiere und keine Erfahrung mit ihnen. Er schnitzt zwar wunderschöne Masken mit Tierköpfen, aber er tanzt nicht mit ihnen. Er hat nie den wahren Zweck verfolgt, für den diese Masken da sind. Noch nie ist er mit der Energie eines geistigen Helfertiers verschmolzen, das er zur Welt gebracht hat. Diese Dimension fehlt in seiner Kunst.

Doch er ist erst Mitte Zwanzig. Bill Reid, in dessen Totempfählen und Skulpturen der direkt erfahrene Zugang zur Traumzeit und zur Anderswelt definitiv eine Rolle spielt, war ein reifer Mann. So besteht sicher auch bei Jason eine gute Chance, daß eines Tages die Wesen, die er so kunstvoll manifestiert, zu seiner Seele zu sprechen beginnen. Und dadurch nicht nur zu seiner eigenen Seele, sondern auch zu derjenigen der Betrachter seiner zauberhaften, faszinierenden Werke.

EXKURS:
Die Schöpfungsgeschichte der Haida: Der Rabe und die ersten Menschen

(Nach der Beschreibung zur gleichnamigen Skulptur von Bill Reid, Anthropologisches Museum, Vancouver, Kanada.)

Lange Zeit hatte eine große Flut die Erde bedeckt. Nun war sie vorüber. Der Sand von Haida Gwaii, dem Land der Haida, lag trocken da.

Der Rabe spazierte den Strand entlang, Augen und Ohren gespitzt für jeden ungewöhnlichen Anblick oder Ton, der die Stille und Monotonie unterbrechen könnte.

Plötzlich nahm er direkt vor seinen Füßen, zur Hälfte bedeckt von Sand, eine riesengroße Venusmuschel wahr. Als er näher hinsah, entdeckte er, daß sich ein Häuflein kleiner Kreaturen von unten an die Muschel klammerte. Mit erschrockenen großen Augen blickten sie in die Welt.

Da besann sich der Rabe auf seine Rolle als Trickster. Er kam näher und fing an, die kleinen Wesen zu beschwatzen und zu umschmeicheln. Seine Erpressung war sanft und süß. Er wollte, daß sie von ihrer Insel herunterkommen und in dieser neuen, wundervollen, glitzernden Welt spielen.

Die kleinen Wesen waren die Haida, die ersten Menschen. Und sie ließen sich auf die Verführungskünste des Raben ein.

ÜBUNG:
Der dreigeteilte Totempfahl

Im 6. Kapitel kam der »Persönliche Totempfahl-Prozeß« des Amerikaners Stephen Gallegos zur Sprache (siehe Seite 148). Was es bedeutet, diesen Prozeß zu machen? Daß in einer ausgedehnten, von einem ausgebildeten Begleiter geführten Imaginationssitzung die betreffende Person sieben Krafttiere in sich aufspürt: eins für jedes Chakra*. Weil die Chakren übereinander angeordnet sind, trifft also das Bild eines inneren imaginierten Totempfahls exakt zu. Unter Anleitung des Begleiters schaut sich der Reisende genau an, ob all die Tiere, die sich gezeigt haben, gesund und zufrieden sind. Wenn dies nicht zutrifft, fragt er das entsprechende Krafttier, was es braucht, und sorgt dafür, daß das Defizit umgehend oder auf längere Sicht ausgeglichen wird.

Zum Beispiel könnte es sein, daß eins der sieben Tiere dem Reisenden sehr unruhig und gestreßt erscheint. So regt der Begleiter, der die ganze Zeit einen Dialog mit seinem Schützling aufrechterhält, die Frage an, was das Tier braucht, um zur Ruhe zu kommen. Vielleicht lautet die Antwort, daß es einfach für eine gewisse Zeit in der inneren Landschaft auf einer Wiese grasen oder in einem See schwimmen möchte. Diese Möglichkeit wird ihm dann sofort geboten.

Eine nächste Frage des Reisenden an sein Tier würde lau-

* Die Chakren sind die sieben feinstofflichen Hauptenergiezentren, die entlang der Wirbelsäule liegen.

ten, was er in seinem realen Leben tun kann, damit es sich nicht weiterhin so verausgabt. Und er soll dann später auch dies soweit wie möglich in die Praxis umsetzen.

So spielerisch solche Imaginationen manchmal ablaufen und soviel Freude sie bringen mögen – die Botschaften, die sie enthalten, sollten ernst genommen werden. Sie stellen Geschenke aus einer Welt dar, die uns nicht sehr häufig zugänglich ist. Die Informationen aus dieser Dimension können wichtig sein. Die persönlichen Krafttiere stellen Vermittler zwischen jener Welt und der unseres Alltagsbewußtseins dar. Sie tun das freiwillig und mit großem Engagement. So ist es nur recht und billig, wenn wir ihnen dafür im Gegenzug Respekt und Wertschätzung zollen.

Ein nächster Schritt wäre, zu schauen, ob die sieben Chakra-Tiere sich miteinander verstehen und zusammenarbeiten oder ob einige von ihnen verfeindet sind. Möglich ist auch, daß in einem Chakra zwei Tiere leben. Da wäre es wichtig, festzustellen, ob sie sich grundsätzlich miteinander verstehen. Ob sie vielleicht ein eng verbandeltes Freundes- oder Geschwisterpaar oder sogar ein Liebespaar sind. Oder ob sie sich miteinander in einem grundsätzlichen Clinch befinden.

All dies wird während der Imaginationsreise nur festgestellt und beobachtet. Eine eventuelle Analyse wird erst nachher im Zustand des Alltagsbewußtseins stattfinden. Es können dann daraus wichtige Schlüsse auf das körperliche, seelische, geistig-intellektuell-mentale und spirituelle Wohlbefinden gezogen werden.

Der »Persönliche Totempfahl-Prozeß« – dieser Begriff ist geschützt – wird in Deutschland von Stephen Gallegos sowie von der amerikanischen Psychologin Margaret Vasington in regelmäßig stattfindenden Seminaren angeboten. Beide haben Begleiter ganz speziell für diese Methode ausgebildet, die Einzelsitzungen offerieren (siehe hierzu den Adressenteil am Ende des Buches). Es ist zu empfehlen, Reisen dieser Art tatsächlich unter sachkundiger Anleitung zu unternehmen, denn es handelt sich um relativ komplexe innere Prozesse.

Hier jedoch eine vereinfachte Version, die Sie auch im Alleingang oder in Begleitung einer nicht ausgebildeten Person vollziehen können. Statt einen »inneren Totempfahl« mit sieben lebendigen geistigen Helfertieren aufzuspüren, finden Sie einen mit *drei* Krafttieren – eins für Ihren Kopf, eins für Ihr Herz und eins für Ihren Bauch. Gehen Sie folgendermaßen vor:

Stellen Sie sicher, daß Sie für den Zeitraum von etwa einer Stunde ungestört bleiben. Verdunkeln Sie das Zimmer, in dem Sie sich befinden, bis auf eine kleine Lichtquelle. Falls Sie die Reise tagsüber unternehmen, bedecken Sie Ihre Augen mit einem Tuch. Wenn Sie möchten, lassen Sie sich von Trommelrhythmen, indianisch oder keltisch inspirierten Klängen aus einem Walkman begleiten.

Entspannen Sie sich. Meditieren Sie für eine gewisse Zeit darüber, was Kopf, Herz und Bauch für Sie bedeuten, wofür sie konkret und symbolisch stehen. Dabei soll sich keine Hierarchie herausbilden. Werten Sie also keins dieser drei Elemente auf oder ab.

Konzentrieren Sie sich nun innerlich auf einen der drei Körperbereiche. Gehen Sie mit Ihrem ganzen Bewußtsein dorthin – mit Ihren fünf Sinnen und auch dem sechsten und siebten. Und lassen Sie dann dort in völliger innerer Offenheit das Tier aufsteigen, das heraufkommen möchte. Nehmen Sie es an, egal, wie möglicherweise klein, unbedeutend oder häßlich es Ihnen erscheinen mag. Oder auch wie groß, majestätisch, bedeutsam … Bleiben Sie bei Ihrem inneren Erleben, und lassen Sie ihm freien Lauf. Geben Sie Ihren Gefühlen die Zeit und den Raum, die sie brauchen.

Dann heißen Sie das Tier willkommen. Fragen Sie es, ob es Ihnen etwas mitteilen und/oder zeigen möchte. Fragen Sie es, ob es etwas von Ihnen braucht, und wenn möglich, geben Sie es ihm. Oder geben Sie ihm zu verstehen, daß Sie sich zuverlässig zu gegebener Zeit darum kümmern werden.

Bitten Sie es dann, für die nächsten beiden Stationen der Reise in den Hintergrund zu treten und sich ruhig zu verhalten.

Gehen Sie nun mit all Ihren Sinnen und Ihrem ganzen Bewußtsein in den nächsten Ihrer drei Körperbereiche Kopf, Herz oder Bauch. Verfahren Sie wie beim ersten Mal.

Und schließlich tun Sie das Ganze für den dritten Teil.

Bitten Sie nun Ihre drei Tiere, Ihnen zu einem speziellen Ort zu folgen. Wandern Sie in Ihrer Imagination dorthin, wo es Sie hinzieht, vielleicht an einen Ort in freier Natur, den Sie kennen und an dem Sie sich besonders wohl gefühlt haben. Lassen Sie sich hier nieder, und versammeln Sie die drei Tiere um sich. Fragen Sie sie oder spüren Sie hin, ob die drei sich miteinander verstehen und gut zusammenarbeiten. Wenn das nicht der Fall ist, versuchen Sie herauszufinden, was Sie selbst kurzfristig (in der Imagination) und langfristig (im realen Leben) tun können, damit es zu einer solchen guten Zusammenarbeit kommt.

Zum Abschluß dieser Reise können Sie Ihre Tiere bitten, Sie in ihre Mitte zu nehmen und Ihnen Kraft, Heilung, gute Ideen und Impulse, Liebe zu schicken – was auch immer Sie im Moment besonders gut gebrauchen können. Öffnen Sie sich für diese Energien, und wenn sich die Situation ihrem Ende zuneigt, bedanken Sie sich.

Verabschieden Sie sich. Kehren Sie mit Ihrem Bewußtsein ins Hier und Jetzt zurück; geben Sie sich Zeit, wieder »in der Realität zu landen«.

Schreiben Sie detailliert auf, was Sie erlebt haben. Wenn Sie Bilder oder Informationen erhalten haben, die Ihnen rätselhaft erscheinen, schlagen Sie beispielsweise in einem Lexikon für Symbole nach, und überlegen Sie, welche Zusammenhänge zu Ihrem Leben bestehen könnten.

Lassen Sie die Dinge ruhen, wenn Sie irgendwo nicht weiterkommen. Vieles klärt sich im Laufe der Zeit.

In dieser Übung steckt sehr viel Potential für Ihre persönliche Entwicklung. Sie können sie immer wieder neu vollziehen und selbstverständlich auch nach Ihren Bedürfnissen ausbauen – bzw. nach einigen Malen wird sich Ihre Reise vielleicht von selbst so gestalten, wie Sie sie brauchen.

Auch sofern erst einmal nichts oder nur wenig und Schattenhaftes geschieht, ist das in Ordnung. Wenn wir uns jahrzehntelang nur wenig um Tiere und um die Welt unserer Imagination gekümmert haben – wieso sollten sie sich da plötzlich wie auf Knopfdruck für uns öffnen?

Behandeln Sie Ihre Krafttiere wie Freunde und Geliebte: mit Geduld, Respekt, Aufmerksamkeit und Liebe. Halten Sie die Beziehungen in Balance, also geben Sie in gleichem Maße zurück, was Sie erhalten. Damit ist gemeint: Erfüllen Sie die Bitten der Tiere. Und biegen Sie Ihre inneren Erfahrungen nicht zurecht. »Redigieren« Sie nichts. Nehmen Sie an, was Sie erhalten, vertrauen Sie dem Prozeß, und vertrauen Sie der Weisheit Ihrer eigenen Anbindung an die Natur und an das kollektive Unbewußte.

Fuchs (Vulpes vulgaris)

7. KAPITEL

Schlüpfen Sie in eine andere Haut

Erst wenn Sie in den Mokassins Ihres ärgsten Feindes einen Tag zugebracht haben, erst wenn Sie einen ganzen Tag in seinen Schuhen gelaufen sind, werden Sie ihn und seine Beweggründe verstanden haben. Vielleicht werden Sie ihn sogar in einem solchen Maße verstehen, daß er plötzlich gar kein Feind mehr ist.

Um dieses indianische Weisheitsprinzip geht es beim Shapeshifting. Das Wort heißt wörtlich übersetzt Gestaltveränderung. Es ist ein Fachbegriff aus dem Schamanismus und bedeutet, innerhalb eines veränderten Bewußtseinszustandes – eines Traumes, einer Imaginationsreise, eines Trancetanzes und so weiter – zu jemand anderem zu werden. Das kann ein Mensch, aber auch ein Baum sein, eine kleine Pflanze, ein Berg, ein Stein, eine ganze Landschaft, der gesamte Planet. Und es kann natürlich vor allem ein Tier sein. Shapeshifting bedeutet, daß Sie nicht nur Ihrem Krafttier begegnen, mit ihm kommunizieren, es begleiten und beobachten – sondern in seine Haut, sein Fell, sein Federkleid schlüpfen und ganz und gar mit ihm verschmelzen. Sie »werden« zu diesem Tier, werden eins mit ihm und erfahren von daher ganz direkt durch diese Identifikation seine Weisheit und Kraft.

Manchmal dauert es eine gewisse Zeit, vielleicht sogar lange, bis ein solches Shapeshifting gelingt. Es ist möglich, daß erst das Vertrauen zwischen Ihnen und dem Krafttier wachsen muß. Zuweilen geschieht eine solche Identifikation aber auch wie von selbst.

Kinder haben es damit leichter. Im Spiel üben sie die unterschiedlichsten Identifikationen. Aber in Schule, Hochschule und Beruf wird jungen Menschen dann die Fähigkeit abtrainiert, mühelos in die Haut eines anderen »hineinzuschlüpfen«. Erwachsene sollen nur möglichst wenige verschiedene Rollen ausfüllen: ihre berufliche, die als Partner in einer Beziehung oder als Teil einer Familie, vielleicht noch ein, zwei weitere Rollen als Mitglied in einem Sportverein oder einer Partei. Damit hat es sich in der Regel.

Bei den Naturvölkern jedoch wurden nicht nur Kinder, sondern Menschen aller Altersstufen dazu ermuntert, sich ständig im Rollenspiel und Gestaltverändern zu trainieren. Sie wußten, daß damit eine ganz bestimmte, sehr hilfreiche Art der Intelligenz ausgebildet wird, die dazu führt, das Leben, die Natur, die Tiere und Pflanzen wirklich zu verstehen. Ganz von innen heraus immer wieder zu erfahren, daß wir alle »aus einem Holz geschnitzt sind«, daß wir alle aus dem bestehen, was unser Heimatplanet zur Verfügung stellt. Eine moderne Bezeichnung dafür, die momentan in aller Munde ist, lautet »emotionale Intelligenz«.

Wer »in den Schuhen seines Feindes herumwandert«, weiß, was dieser Feind fühlt, welche Interessen er verfolgt. So ist es nicht nur wirkungsvoll möglich, sich selbst vorzubereiten und zu verteidigen, sondern es entwickeln sich wie gesagt auch Möglichkeiten der Diplomatie und sogar des Waffenstillstands oder Friedens.

Wer einmal die Erfahrung gemacht hat, in seinem inneren

Raum mit einem wilden Tier, einem Tiger vielleicht oder einem Adler, verschmolzen zu sein, sieht die Natur durch ganz andere Augen. Er weiß, daß er in dieser Erfahrung, die sich ja wiederholen oder variieren läßt, Zugang zu Wissen und Weisheit hat, an die er in seinem Alltagsbewußtsein nicht herankommt. Dies ist ein Geschenk, mit dem er für sich selbst sehr viel anfangen kann. Eins der Geschenke, die er zurückgeben sollte, ist gegebenenfalls ein Umdenken und sensibles Verhalten im Hinblick auf Natur und Ökologie: Wenn Tiger und Adler, wenn Bäume und Pflanzen, Berge und Landschaften, wenn die ganze Erde Teil von mir sind, dann darf ich sie nicht vergiften, abbrennen, ausbeuten …

In der Arbeit mit Krafttieren und besonders im Shapeshifting steckt also durchaus ein revolutionäres Potential. Und hier liegt auch einer der Gründe dafür, warum die herkömmlichen, traditionellen Massenmedien von Kirche und Staat angehalten sind, mit Themen aus dem Bereich des Schamanismus oder einer freien, nicht religiös und kirchlich gebundenen Spiritualität in ganz bestimmter Weise umzugehen. Nämlich sie entweder totzuschweigen oder sie lächerlich zu machen – oder aber sie übermäßig zu kritisieren, sogar Verleumdungen über sie auszusprechen. Obwohl das nach wie vor geschieht und eine faire Berichterstattung in den konventionellen Massenmedien nur selten vorkommt, stoßen Themen dieser Art aber bei Lesern und Zuschauern mehr und mehr auf Interesse. Bücher aus diesem Bereich werden viel gekauft, und sie kommen sogar bis in die ganz »normalen« Bestsellerlisten. Es ist eindeutig eine Bewegung »von unten« zu verzeichnen.

Im übrigen scheint es ein wesentliches Bedürfnis des Menschen zu sein, immer wieder in neue, unbekannte Rollen zu schlüpfen und innerhalb dieser Rollen Erfahrungen zu machen, die das eigene Leben bereichern.

Von Taliesin, dem größten Schamanendichter Britanniens, der mit dem Zauberer Merlin in Verbindung gebracht wird, ist ein Gedicht überliefert. Darin schreibt Taliesin, wie er sich durch zahllose Verwandlungen alles Wissen und alle Weisheit aneignet (siehe Seite 85).

Im germanischen Heidentum bezeichnet das Wort »Hamingja« das personifizierte Glück eines Menschen, und das wird als solches nicht nur abstrakt, sondern auch als eine Art seelenhafter Schutzgeist angesehen. Eine zweite Bedeutung des Wortes ist die veränderte Erscheinungsform von Menschen, die ihre Gestalt verändern können. In einem Lexikon heißt es:

> »Möglicherweise ist die Vorstellung von der Hamingja als personifiziertem Glück auf dem Weg über den Schutzgeist aus der außerhalb des Körpers Gestalt annehmenden Seele entstanden... Nach dem Tod eines Menschen kann seine Hamingja auf einen anderen übergehen, innerhalb und außerhalb der Familie.«*

Shapeshifting war also sowohl bei den Kelten als auch bei den Germanen bekannt.

Eine andere Variante der Gestaltveränderung ist im Fasching oder Karneval üblich, den sogar die alten Römer unter der Bezeichnung »Saturnalien« feierten. Damit bereiteten sie sich zu Ehren des Gottes Saturn im Dezember auf die Wintersonnenwende vor. In dieser dunkelsten Zeit herrschte eine Art verkehrter Welt. Die Sklaven saßen in der Kleidung ihrer Herren an deren Tischen und ließen sich von ihnen bedienen.

* Rudolf Simek: *Lexikon der germanischen Mythologie*, Kröner, Stuttgart 1984.

Offenbar war es für das innere und äußere Gleichgewicht beider Parteien wichtig, auch die jeweils entgegengesetzte Perspektive hundertprozentig zu kennen und mindestens für einen kleinen Zeitraum auszukosten oder zu erleiden; per Shapeshifting sozusagen.

In pervertierter Form bekommen wir Vergleichbares heute immer wieder im Fernsehen oder in Zeitschriften serviert. Wenn nämlich darüber berichtet wird, wie sich hochgestellte Führungspersönlichkeiten, die tagsüber womöglich ihre Angestellten drangsalieren, nachts für teures Geld im Bordell von Dominas auf alle möglichen Arten erniedrigen und demütigen lassen, wenn sie in einem brutalen Rollenspiel auf bizarre Weise genau den anderen Pol dessen durchleben, was ihren Alltag kennzeichnet.

Es gibt Berufe, die auf dem Talent zum Shapeshifting, zum Verschmelzen mit einem anderen, beruhen. Ein Schauspieler ist erst dann wirklich gut, wenn er nicht mehr spielt, sondern wenn er zu seiner Rolle »geworden« ist. Eine gute Schauspielausbildung trainiert genau diese Fähigkeit: vollkommen einzusteigen.

Doch nicht nur Mimen müssen das Shapeshifting beherrschen. Je besser ein Lehrer, ein Psychologe, ein Therapeut, ein Arzt, jeweils männlich oder weiblich, seinen Beruf ausübt, um so mehr wird man an ihm diese Fähigkeit beobachten. In vielen Berufen ist es von enormem Vorteil, sie zu besitzen, besonders in solchen, in denen es um Menschen geht – und natürlich um Tiere: Ein guter Tierpfleger oder Tierarzt kann seine Arbeit nicht ohne eine gehörige Portion dieses Einfühlungsvermögens tun.

In der Zeitschrift *Geo* 10/1997 findet sich das Beispiel des holländischen Tierfotografen Frans Lanting, das auf eindrucksvolle Weise zeigt, wie sehr die Meisterschaft dieses

Mannes auf seiner Fähigkeit beruht, mit Tieren und ihrem Umfeld zu verschmelzen. Im Begleittext der faszinierenden Fotoreportage mit Nahaufnahmen von wilden Tieren, Titel »Auge in Auge«, ist zu lesen, daß er monatelang unter mächtigen See-Elefanten lebte. Braunbären duldeten ihn in seiner Nähe. Seit zwei Jahrzehnten ist er immer wieder über lange Zeiträume in der Nähe der Tiere, die er beobachtet und ablichtet. Dabei läuft er Gefahr, Flucht, Angriff oder wenigstens Irritation auszulösen. In dem Artikel heißt es, der Fotograf müsse »die Körpersprache der jeweiligen Art genau interpretieren und seine eigene danach ausrichten. Es ist ein subtiler Austausch von Signalen, ein Tanz gewissermaßen, der darüber entscheidet, wieviel Nähe das Tier gestattet.« Frans Lanting sagt: »Dabei versuche ich, zu denken und mich zu bewegen wie ein Tier, mich in mein Gegenüber einzufühlen. Ich möchte das Tier ja nicht nur als schönes Objekt abbilden. Ich will ja gerade die Distanz überwinden, ihm Auge in Auge begegnen.«

Das ist Shapeshifting in Reinkultur! Der Begriff wird zwar nicht verwendet, doch was der Fotograf tut, ist genau dasselbe, was naturnah lebende Völker schon immer praktiziert haben.

An diesem Beispiel wird deutlich, daß die alten Techniken, um die es in diesem Buch geht, auch in unserer heutigen Zeit unglaublich nützlich sein können. Sie beißen sich keineswegs mit neuester Technologie, zum Beispiel hochkomplizierten Kameras, sondern spielen damit wunderbar zusammen. Und sie können dabei helfen, den Dingen des Lebens auf den Grund zu gehen, sie wirklich von innen heraus zu verstehen und die eigenen Aufgaben im (beruflichen) Alltag in hervorragender Weise zu erfüllen!

Tarnung und Unsichtbarkeit

Shapeshifting hat auch mit Sichunsichtbarmachen und mit Tarnung zu tun. Beim Stichwort »Tarnung« denkt man vielleicht zunächst an Soldaten, die in merkwürdig gemusterter, olivfarbener Kleidung durch die Landschaft robben. So hat der Begriff kein sonderlich positives Image.

Dabei existiert Tarnung zum Schutz bestimmter Spezies in der Natur, beim Chamäleon beispielsweise. Und in ganz unmilitärischen Alltagssituationen kann es für jeden von uns äußerst vorteilhaft sein, wenn wir die Fähigkeit besitzen, uns zu tarnen und »unsichtbar zu machen«. Beispielsweise ist meines Erachtens nichts Inkonsequentes daran, wenn wir uns für ein großes Fest, fürs Theater oder eine Beerdigung angemessen kleiden, auch falls wir normalerweise andere Sachen bevorzugen.

Bei den 44 *Karten der Kraft** der Irokesin Jamie Sams, einer Art Tarot der Krafttiere, ist der Fuchs derjenige, der die Fähigkeit zur Tarnung und zum Unsichtbarmachen am besten beherrscht und lehrt. In ihrem Begleitbuch schreibt Jamie Sams, der Fuchs verbünde sich mit der Pflanzenwelt, in der er lebt. Das gebe ihm die Fähigkeit, unerkannt zu beobachten, ohne daß andere davon etwas bemerken. Im Winter, wenn die Blätter keinen Sichtschutz mehr bieten, verwandele sich sein Pelz in das Weiß des Schnees: »Zur Fuchs-Kraft gehören Anpassungsfähigkeit, List, Beobachtungsgabe, Einfügung und Schnelligkeit im Denken und im Handeln. Diese Eigenschaften schließen auch Entscheidungsfreude und sicheres Auftreten ein.«

* Jamie Sams und David Carson: *Karten der Kraft,* Windpferd, Aitrang 1989.

Ein weiterer besonders kraftvoller Lehrer auf dem Gebiet Gestaltveränderung/Tarnung/Unsichtbarmachen ist der Hirsch. In ihrem Buch *Deerdancer** (»Hirschtänzer«) berichtet die amerikanische Autorin Michele Jamal, schon vor rund 14 000 Jahren seien Hirsche verehrt worden. Ein Zeichen dafür seien Hirschgeweihe und Ritualobjekte, die in El Juyo in Nordspanien gefunden wurden, ausgebreitet in der Form eines Eies.

Die Archäologin Marija Gimbutas** berichtet darüber, daß in Star Carr, England, Hirschgeweihe gefunden wurden, die etwa 8000 Jahre vor unserer Zeitrechnung von Schamanen in Ritualen verwendet wurden.

Cernunnos, der gehörnte Gott der Kelten, war ein Gefährte der Mondgöttin. Mondgöttin – das ist auch eine Rolle von Diana/Artemis, der Göttin der Wälder, der Tiere und der Jagd. Sie verwandelte sich manchmal in die Gestalt einer Bärin, manchmal in die einer Hirschkuh/Hindin. Einer ihrer Namen lautete »Hindin der Hindinnen«. In der Mythologie erscheint die Hirschkuh genau wie der Hirsch häufig als Symbol für Verwandlung. Auch bei den Alchemisten steht der Hirsch symbolisch für Verwandlung.

Bei den Kelten waren Hirsch und Hindin das bevorzugte Tier der Feen und Elfen. Diese Naturgeister manifestierten sich als Hirsche, um sich auf der materiellen Ebene den Menschen zu zeigen, und auch deswegen, um Menschen in ihre feinstoffliche Welt zu entführen. Es gibt Geschichten von Kindern, von denen jeweils ein Elternteil aus der Welt der Menschen, einer aus der Welt der Feen und Elfen stammte und die von einer Hindin zur Welt gebracht wurden.

Bis heute wird in vielen indianischen Kulturen der Hirsch-

* Michele Jamal: *Deerdancer*, Penguin Arkana, New York 1995.
** Marija Gimbutas: *Die Sprache der Göttin*, Zweitausendeins, Frankfurt 1995.

tanz getanzt, um die Kraft des Hirschs zu beschwören. Sie wird häufig mit der Kraft des Herzens gleichgesetzt. Doch nicht nur Indianern steht dieser Weg offen. Der weiße Amerikaner Brant Secunda zum Beispiel wurde von dem in Fachkreisen berühmten Huichol-Schamanen Don José Matsuwa in einer zwölfjährigen Lehrzeit ausgebildet und eingeweiht. Er ist autorisiert, den Hirschtanz der Huichol an Weiße weiterzugeben.

Die Methoden der Schamanen

Im Vorwort zu ihrem Buch schreibt Michele Jamal, in früheren Zeiten, als die Übergänge zwischen Mensch und Tier noch fließend gewesen seien, hätten auch Krafttiere ihre Gestalt verändern und zu Menschen werden können. Auf diese Art seien sie genauso in der Lage gewesen, ihr Bewußtsein zu erweitern, wie es umgekehrt Menschen möglich sei, wenn sie ihre Gestalt in die eines Tieres verwandeln.

Als Methoden, die von Schamanen verwendet werden, um auf einer Trancereise mit ihrem Krafttier zu verschmelzen und so an wichtige Informationen zu gelangen oder Heilungen zu vollziehen, nennt sie von Trommelrhythmen begleitete Atemübungen, Kraftgesänge, Tanz und Gesang – wobei die Person ein Fell, ein Kostüm oder eine Maske trägt, das/die das entsprechende Tier darstellen soll –, auch gefährliche Methoden wie den Gebrauch von Drogen, Schlangengift oder Aderlaß und natürlich die Methode, die ich hier in diesem Buch besonders empfehle: bewußtes Shapeshifting in einem selbst herbeigeführten, entspannten Zustand des Tagtraums. Sie schreibt:

»Viele Eingeborenen-Kulturen praktizieren heute Shapeshifting, um mit dem Göttlichen zu kommunizieren, um zu heilen, Prophezeiungen zu machen und Seelen zurückzuholen. Seelenrückholung [›soul retrieval‹] kann als Wiederholen verlorengegangener Teile des Selbst angesehen werden und auch als das Wiederholen des verlorengegangenen Willens. Wenn zum Beispiel jemand den Willen verloren hat, erfolgreich zu sein, verwendet der schamanische Therapeut verschiedene Techniken, um dem Klienten zu helfen, daß er seinen Erfolgswillen zurückruft. Vielleicht wird eine Trance angewendet, in welcher der Klient zu einem Krafttier wird und in einem inneren Psychodrama seine Ängste besiegt, die ihn behinderten.«

Eine Spezialistin auf dem Gebiet der »Seelenrückholung« ist die amerikanische Psychotherapeutin Sandra Ingerman, eine enge Mitarbeiterin Michael Harners. Sie leitet regelmäßig Seminare dazu, auch hier bei uns (siehe Adreßverzeichnis).

Auge in Auge

Während der Recherchen zu diesem Buch habe ich mit einem weißen Schamanen gesprochen, der in der Nähe von San Francisco seinen Wohnsitz hat, aber in seiner Eigenschaft als Seminarleiter viel auf Reisen ist. Er vertritt die Überzeugung, daß manche Schamanen nicht nur in der Imagination, sondern ganz konkret ihre Gestalt in die eines Tieres verwandeln können. Er kenne einen, der es verstehe, via Shapeshifting zu einer Schlange zu werden, sagt er. Das heißt, für einen Beobachter sei der Mann verschwunden, die Schlange sei da. Nach Beendigung des Shapeshiftings verwandele sich die Schlange zurück in den Mann, und das sei mit dem bloßen, physischen Auge beobachtbar.

Ich persönlich kann so weit nicht gehen; ich kann das nicht glauben. So wirklich ich die Welt der Imagination ansehe und sosehr ich weiß, daß sie von unserer materiellen Welt nur durch einen Schleier getrennt ist – ein konkretes, materielles Shapeshifting geht über mein Vorstellungsvermögen.

Wie weit Sie, liebe Leserinnen und Leser, für sich gehen möchten, bleibt selbstverständlich Ihnen überlassen. Und zu einem Teil liegt es sicher auch bei Ihren persönlichen Helfertieren, was sie Sie zum Thema Shapeshifting erfahren lassen.

Zum Abschluß dieses Kapitels möchte ich noch einmal den holländischen Tierfotografen Frans Lanting zitieren, der übrigens ebenfalls in Kalifornien lebt. Er hat einen berückend schönen Bildband mit dem gleichen Titel wie für die *Geo*-Fotoreportage veröffentlicht: *Auge in Auge**. Im Vorwort zu diesem Buch schreibt er:

> »Leute, die mich als Tierfotograf kennen, fragen mich manchmal, ob ich auch Menschen fotografiere. Die Frage impliziert eine Trennung zwischen Mensch und Tier, die ich so nicht empfinde. Auf meinen Fotos gibt es immer Menschen, mögen die Bilder auch die von Chamäleons oder Pumas sein. Man muß einfach nur lernen, hinter die Verkleidung zu blicken.
>
> Wir wissen, daß wir bis zu 98 Prozent unserer Gene mit unseren engsten Verwandten im Tierreich gemeinsam haben. Als Fotograf versuche ich, mit diesem kleinen Unterschied unseres genetischen Make-ups zu arbeiten, der uns die Fähigkeit verliehen hat, uns Dinge vorzustellen und die Gemeinsamkeiten zwischen uns und anderen lebendigen Dingen herauszustellen.«

* Frans Lanting: *Auge in Auge,* Taschen, Köln 1997.

ÜBUNG:
Gestaltveränderung
(Shapeshifting)

Sie können das Shapeshifting, die Gestaltveränderung, auf ganz unterschiedliche Weise und in ganz unterschiedlichen Bereichen trainieren, auch in Alltagssituationen. Gerade dort kann Ihnen diese Fähigkeit sehr zugute kommen.

Lassen Sie sich von den folgenden Vorschlägen zu eigenen Ideen inspirieren.

Stellen Sie sich beispielsweise, während Sie in einem öffentlichen Verkehrsmittel fahren, vor, wie es sich anfühlt, wenn Sie völlig durchlässig und unsichtbar sind. Verschmelzen Sie ganz und gar mit Ihrem Umfeld.

Oder: Setzen Sie sich auf eine Parkbank, und nehmen Sie in Ihrer Vorstellung die Farbe all dessen an, was Sie umgibt: des Rasens, der Blumen, der Bäume...

Oder: Legen Sie sich in eine Wiese, und werden Sie eins mit dem Untergrund, werden Sie zu grünem oder ausgetrocknet bräunlichem Gras. Das gleiche können Sie, geschützt durch wasserundurchlässige Kleidung, im Schnee tun.

Oder: Planen Sie allein oder mit Freunden den Besuch einer Veranstaltung (einer Vernissage, eines Konzerts) oder eines Ortes (Hotellobby, Restaurant, Vortrag in einer Universität, Kneipe, Club), wo Sie sich normalerweise nicht zu Hause fühlen. Machen Sie sich vorher entsprechend zurecht, so daß Sie dort wirklich eintauchen können (elegant, »flippig« oder betont konservativ gekleidet), und steigen Sie ganz und gar in die ungewohnte Umgebung ein. Integrieren Sie die Erfahrungen, wenn Sie sich dadurch gestärkt und bereichert fühlen, in Ihr normales Verhaltensrepertoire.

Oder: Nehmen Sie zur nächsten Faschingszeit an einer Veranstaltung teil; nicht nur als Zaungast, sondern verkleiden Sie sich, und werden Sie vollkommen zu der Figur, die Sie darstellen. Wenn in der Gegend, in der Sie leben, Karneval keine Rolle spielt, fahren Sie in eine Stadt wie Köln oder München, und gönnen Sie sich ein ganz persönliches und spezielles Wochenende des »Shapeshifting«.

Oder: Versetzen Sie sich in Alltagssituationen in andere Menschen hinein: in das Kind, das schreiend im Kinderwagen sitzt; in den Obdachlosen, der bettelt; in den Nachbarn, den Kollegen, den Chef. Mit »Trainingseinheiten« wie diesen können Sie Wartezeiten in aufregende Zeiten des Lernens verwandeln.

Oder: Um Tiere besser kennenzulernen, versetzen Sie sich bei Spaziergängen und Wanderungen in die Tiere, die Ihnen begegnen. Am faszinierendsten ist das auf dem Land und in freier Natur. Aber auch in der Stadt ist es möglich. Viele Menschen führen Hunde aus, auf Plätzen und in Parks gibt es Tauben, Spatzen, Sing- und Wasservögel, es gibt Eichhörnchen und Igel und natürlich Insekten. Die imaginative Verschmelzung mit einer Libelle, einem Marienkäfer oder einer Biene stellt eine stolze Leistung dar!

Im Zusammenhang mit den Krafttieren bringt das Shapeshifting eine neue Dimension. Es wird möglich, die Dinge ganz und gar aus deren Perspektive wahrzunehmen, ihre Gedanken zu denken, ihre Gefühle zu fühlen, ihre Instinkte umzusetzen und dadurch eine große Bereicherung zu erfahren.

Um mit einem Krafttier zu verschmelzen, vollziehen Sie eine der beiden ersten Übungen: »Das Tier im Spiegel« oder »Das Tier in der Tiefe«. Bitten Sie das Geschöpf, nachdem es sich gezeigt hat, daß es eine Verschmelzung zuläßt. Falls Sie nicht wissen, welche Stelle an seinem Körper sich für den Eintritt besonders gut eignet: Der Nacken, genau an der Wirbelsäule (oder falls es ein Tier ohne Wirbelsäule ist, der entsprechende Ort) paßt sehr gut.

Sie können sich auch in der Welt der Imagination von Ihrem Krafttier verschlucken lassen, wie der biblische Jonas im Bauch des Wals landen und dann von dort aus völlig in das Tier einsteigen.

Sollte Ihr Krafttier im Moment nicht mit einer Vereinigung via Shapeshifting einverstanden sein, so drängen Sie sich ihm keinesfalls auf. Sondern fragen Sie es, ob Sie sich in der Imagination auf seinen Rücken setzen dürfen und ob es Sie dann auf eine Wanderung oder einen Flug mitnimmt. Daraus kann etwas werden wie Nils Holgerssons Reise auf der Wildgans oder ein Ritt auf einem Delphin im Meer bzw. ein Ritt auf einem Landtier. Ein Beuteltier kann Sie in seinen Beutel stecken.

Es kann eine seltsame und erstaunliche Erfahrung bedeuten, in der Welt der Imagination den Panzer einer Riesenschildkröte zu berühren oder die Mähne eines Löwen zu streicheln und genau zu spüren, wie sich das anfühlt, obwohl man es im realen Leben noch nie getan hat. Die Weisheit von Mutter Erde, die in jedem Menschen schlummert, ist wirklich zum Greifen nah.

Lassen Sie die Reise mit Ihrem Krafttier oder die Verschmelzung mit ihm so ablaufen und so lange dauern, wie das Tier es möchte. Seien Sie offen für seine Lektionen, und vertrauen Sie ihm, auch wenn Ihnen, was Sie erleben, möglicherweise ziemlich abenteuerlich erscheint. Wenn Sie zunächst nicht verstehen, worum es geht, fragen Sie es während der Erfahrung bzw. kurz vor Abschluß der Reise, wenn Sie sich verabschieden. Sollten Sie keine Antwort erhalten, werden Sie wahrscheinlich irgendwann später verstehen, was es damit auf sich hatte.

Seien Sie offen für die Wünsche des Krafttiers, wenn nötig, fragen Sie es, was es braucht. Achten Sie immer darauf, daß Sie nicht nur nehmen, sondern auch etwas zurückgeben. Wenn Ihr Helfer möchte, daß Sie im realen Leben etwas für ihn tun, merken Sie sich diese Bitte, und prüfen Sie sie später im Wachbewußtsein. Setzen Sie davon um, soviel Sie können.

Wenn Sie das Gefühl haben, daß sich Ihre Begegnung für dieses Mal ihrem Ende zuneigt, lösen Sie sich aus der Verschmelzung bzw. steigen Sie von Ihrem Tier herunter. Versetzen Sie sich an den Ausgangspunkt Ihrer Imagination zurück, und sagen Sie auf Wiedersehen. Geben Sie sich die Zeit, die Sie brauchen, um wieder im Alltag zu »landen«.

Schreiben Sie ausführlich auf, was Sie erlebt haben. Ihre Gedanken und Interpretationen dazu sollten erst folgen, wenn die Erfahrungen möglichst neutral und detailgenau zu Papier gebracht wurden.

Sollte es beim ersten Mal noch nicht geklappt haben, wiederholen Sie die Übung öfters. Mit der Zeit werden Sie sich hineinfinden.

Wenn nur wenig geschehen ist, falls vielleicht nur vage Schatten aufgetaucht sind oder Ideen oder Gefühle, notieren Sie auch dies. Später wird es wahrscheinlich einmal einen Sinn ergeben.

Vielleicht haben Sie während Ihrer Reise Impulse, Vorschläge oder Ratschläge erhalten, was bestimmte Veränderungen in Ihrem Leben betrifft. Solche Informationen oder Ideen sind wichtig und bedenkenswert. Aber nehmen Sie diese immer auch in den Zustand des Alltagsbewußtseins mit, und prüfen Sie, ob ihre Realisierung auch wirklich angebracht und möglich ist.

Krafttiere sind Wesen voller Weisheit und Weitblick. Doch unsere Aufgabe als Menschen in dieser Raum-Zeit-Dimension besteht darin, Weisheit und Weitblick in manchmal sehr harte und komplexe Alltagssituationen einzubringen. Es liegt in unserer Verantwortung, die Informationen und Anregungen, die wir von den Tieren erhalten haben, angemessen umzusetzen. Es geht nicht um Buchstabentreue und blindes Vertrauen.

Im übrigen klang schon an, daß Helfertiere auch »Trickster-Qualitäten« besitzen können. Also daß sie uns manchmal provozieren, foppen, auf die Probe stellen wollen. Es geht bei aller Offenheit *nicht* darum, den Verstand und die Eigenverantwortung aufzugeben.

Im Laufe der Zeit werden Sie Ihre Tiere sehr gut kennenlernen. Sie werden ein gutes Gespür dafür entwickeln, wie die einzelnen Botschaften aufzufassen sind und welches ihr tiefer Gehalt ist, der Ihnen im Alltag und bei Ihrem spirituellen Wachstum nützen kann.

Wenn Sie allein nicht weiterkommen, besprechen Sie Ihr Problem mit einem erfahrenen, vertrauenswürdigen spirituellen Lehrer oder einem erfahrenen, vertrauenswürdigen, spirituell aufgeschlossenen Therapeuten. Oder besuchen Sie eine Gruppe bzw. Einzelsitzung von jemandem, der in der Arbeit mit Krafttieren ausgebildet wurde.

Spüren Sie bei der Auswahl einer solchen Vertrauensperson genau hin: Öffnen Sie sich nur jemandem, dem Sie wirklich vertrauen. Wenn Sie einen Therapeuten noch nicht kennen, vereinbaren Sie als erstes ein kurzes, unverbindliches Gespräch zum Kennenlernen. Behalten Sie sich die Freiheit vor, erst nach dieser ersten Begegnung zu entscheiden, ob und in welcher Weise Sie mit diesem Therapeuten arbeiten wollen.

Uraras

8. KAPITEL

Der Dialog der Stimmen

Um die Rolle der Krafttiere als Boten ging es bereits im zweiten Kapitel. Und es ging in *allen* vorherigen Kapiteln um die vielen weiteren Rollen der Tiere, um ihre Rollen als Ratgeber, Helfer, Heiler, Lehrer, Begleiter und so weiter.

Mit einer etwas anders gelagerten Frage wollen wir uns in diesem und im nächsten Kapitel beschäftigen. Nämlich damit, wo diese Tiere innerhalb der eigenen Persönlichkeit Platz haben. Denn es heißt ja, es bestehe eine tiefe Verbindung zur eigenen Seele, oder sogar, die Tiere gehörten zu uns und sie seien Teile von uns selbst.

Sicher kann man diese Frage aus ganz unterschiedlichen Perspektiven betrachten und beantworten. Ich möchte mich hier auf ein Modell beziehen, das eine lange Tradition besitzt und das beispielsweise schon Johann Wolfgang von Goethe im Sinn hatte, als er schrieb: »Zwei Seelen wohnen, ach, in meiner Brust.« Auch Hermann Hesse hatte es beim Verfassen seines weltberühmten Romans *Steppenwolf** im Hintergrund, ebenso wie der Dichter Novalis, der sagte: »Jeder Mensch ist eine kleine Gesellschaft.« Es ist die Idee, daß jeder Mann und

* Hermann Hesse: *Der Steppenwolf*, Suhrkamp, Frankfurt o. J. (1927).

jede Frau aus verschiedenen Facetten besteht, die sich in der Kindheit herausgebildet haben. Und zwar – darum dreht sich das folgende Kapitel – überwiegend deswegen, um das eigene »Innere Kind«, den extrem verletzlichen, kostbarsten und tiefsten Anteil der eigenen Seele, zu schützen.

Die Idee von den verschiedenen Persönlichkeitsfacetten ist sehr eingängig. Jeder hat ja schon einmal erlebt, wie er in einer Situation das eine tun wollte, und dann hat er doch das andere gemacht. Oder daß er keine Entscheidung treffen konnte, weil in ihm zwei innere Kräfte genau gleich stark waren.

Die amerikanischen Psychologen Dr. Hal Stone und Dr. Sidra Stone sehen die Idee von der inneren Gesellschaft als sehr konkret an. Sie haben daraus eine Methode der Selbstentfaltung und Psychotherapie entwickelt, die sie »Voice Dialogue« tauften, Dialog der Stimmen. Damit kann man beispielsweise verstehen lernen, warum man in jener Situation eigentlich Schwarz wollte und dann doch zu Weiß gegriffen hat. Oder man kann ein konstruktives Gespräch der beiden gleich starken inneren Kräfte herbeiführen und dann die anstehende Entscheidung treffen. Und man kann, wenn man diese Arbeit über einen längeren Zeitraum immer wieder macht, sich selbst und andere in den tiefsten Tiefen kennen- und liebenlernen.

»Aber Moment mal«, werden Leser sagen, die sich in der Psychologie und Psychotherapie auskennen. »Das ist doch ein alter Hut. Das kennen wir doch seit Jahren und Jahrzehnten von Carl Gustav Jung, von Georges Gurdjieff, aus der Gestalttherapie, der Transaktionsanalyse, der Psychosynthese, aus dem Hoffman Process und so weiter.«

Ja, das sei vollkommen richtig, geben Veeta Gensberger und Artho Wittemann zu, die in München das deutsche

Voice-Dialogue-Center leiten und die seit Jahren mit dieser Methode erfolgreich arbeiten (siehe Adreßteil). Spätestens seit Goethes zwei Seelen sei die Idee von den verschiedenen Anteilen, die in einer einzigen Persönlichkeit wirken, weithin akzeptiert. Und innerhalb der genannten Methoden werde diese Idee effektiv genutzt. Allerdings lediglich dazu, verschiedene Aspekte der Persönlichkeit zu ganz bestimmten, klar umrissenen Problemen oder Themen zu befragen.

Bei der Voice-Methode jedoch werde die innere Gesellschaft als eine Realität angesehen. Dabei gehe es darum, die unterschiedlichen Anteile, auch »Stimmen« oder »Selbste« genannt, wirklich kennenzulernen. Die Beweggründe für ihre Gefühle und ihr manchmal merkwürdig erscheinendes, unverständliches Verhalten zu erfahren. Antworten zu finden auf Fragen wie: »Ich weiß nicht, welcher Teufel mich geritten hat.« Ihre ganze Tiefe auszuloten und anzuerkennen. Daraus resultiere schon meistens, daß sich die innere Gesellschaft von selbst zu einem harmonischeren Ganzen umorganisiere. Das wesentliche Ziel sei jedoch, ein sogenanntes bewußtes Ich aufzubauen, das mit der Zeit genau um seine unterschiedlichen Anteile weiß und das Verantwortung für deren Handeln übernimmt. So werde die betreffende Person entspannter, effektiver, stärker, glücklicher und mehr sie selbst als je zuvor.

Bei Voice Dialogue geht es, wie in der gleich folgenden Beschreibung deutlich wird, um die Identifikation mit verschiedenen Persönlichkeitsanteilen bzw. in jeder Sitzung mit *einem* separaten Persönlichkeitsanteil. Diese Anteile können ganz unterschiedliche Figuren sein, die keineswegs »erfunden« werden, sondern die spontan aus der Tiefe des betreffenden Menschen aufsteigen. Er identifiziert sich während einer »Voice«-Sitzung mit einem solchen Anteil; er vollzieht das, was Sie in diesem Buch als Shapeshifting kennengelernt haben, und er erhält unter Anleitung seines Therapeuten daraus alle wichtigen und hilfreichen Informationen.

Tiere als Seelenanteile

Anders als bei der in den vorigen Kapiteln vorgestellten Arbeit, die ganz direkt Krafttiere im Visier hat, geht es also bei Voice Dialogue um das Herausfinden von eigenen Persönlichkeitsanteilen. Und dabei ist zunächst einmal völlig offen, wie diese Anteile aussehen oder wer sie sind.

Interessanterweise aber tauchen auch in »Voice«-Sitzungen immer wieder Tiere als Seelenanteile auf, und zwar ganz spontan, zur Überraschung des Betreffenden selbst (der meist von der Existenz der Krafttiere überhaupt keine Ahnung hat) und zur Überraschung des Therapeuten.

Lesen Sie daher bitte die folgende Beschreibung der Voice-Dialogue-Methode unter diesem Aspekt. Sie wurde aufgrund eines Seminars verfaßt, das von Veeta Gensberger und Artho Wittemann in München veranstaltet wurde. Die beiden wurden von Hal und Sidra Stone in »Voice« ausgebildet und zur Fortbildung autorisiert.

Sie und andere im deutschsprachigen Raum tätige Therapeuten bieten Einzelarbeit und Seminare an.

Es ist bei diesem Seminar faszinierend, zu beobachten, wie ein etwa fünfzigjähriger Mann gleich am ersten Abend mit drei seiner »Selbste« Kontakt aufnimmt und in eins von ihnen »shapeshiftet«. Bis auf wenige Ausnahmen spüren alle Teilnehmer, wie authentisch dieser Voice Dialogue abläuft und wie wichtig er für den Mann ist:

Vor den vierzehn Seminarteilnehmern, die auf Kissen am Boden sitzen, haben Artho und der Mann auf zwei Stühlen Platz genommen, die sich gegenüberstehen. Schon nach wenigen Sätzen, die die beiden wechseln, hat Artho drei wichtige Persönlichkeitsanteile gefunden. Der Mann, nennen wir ihn Matthias, sagt, er neige dazu, sich in Gruppensituationen als erster zu melden. Es sei, als gebe es in ihm eine Art Vorprescher. Einem zweiten Teil in ihm entspreche das aber gar nicht. Den erinnere das Ganze an den Krieg: Wer sich zuerst meldet, der wird auch als erster abgeschossen.

Und dann gebe es noch einen dritten Teil, der sage: Mach es trotzdem, hier ist eine Chance, etwas über dich selbst zu lernen.

Nach einem kurzen Austausch über diese Aussagen fragt Artho Matthias, wo sich dieser dritte Anteil hinstellen würde, wenn er als eigenständige Person mit ihm hergekommen wäre. Matthias deutet links neben seinen Stuhl. Nun bittet ihn Artho, sich an genau diesen Platz links neben dem Stuhl zu stellen. Das tut Matthias. Dann schließt er die Augen und konzentriert sich, bis er ganz mit seinem Teilselbst verschmolzen ist.

Artho gibt ihm noch etwas mehr Zeit. Dann eröffnet er das Gespräch: »Hallo. Schön, daß du gekommen bist. Du scheinst ja ein wichtiger Teil von Matthias zu sein. Was machst du denn so? Welches ist deine Aufgabe in seinem Leben?« – »Ich bin einfach nur da. Mir wird warm, während ich jetzt spreche.« – »Weiß Matthias, daß du da bist?« – »Ja. Vielleicht nicht genug, aber er weiß es.« – »Ich spüre eine große Stille, Tiefe und Wärme.« – »Ja. Das gibt Matthias Sicherheit.« – »Du warst es auch, der ihm die Sicherheit gegeben hat, jetzt doch als erster hier vor der Gruppe die Erfahrung zu machen, nicht?« Matthias nickt. Artho fragt weiter: »Spürst du eine

Verbindung zu dem Vorprescher? Zu dem, der sich immer als erster meldet?« – »Ja, den halte ich an einem Gummiband. Der ist ganz weit da vorne.« Matthias deutet in den Raum hinein. Artho fragt: »Möchtest du Matthias etwas sagen?« – »Ja. Es ist wichtig für ihn, zu wissen, daß ich immer da bin.« Und dann schließt Artho diesen Teil der Sitzung ab, indem er sagt: »Danke, daß du da warst. Auf Wiedersehen. Ich möchte jetzt noch einmal mit Matthias sprechen.«

Matthias löst sich und setzt sich wieder auf den freien Stuhl. Er braucht einen Moment, um ganz zu sich zu kommen. Er ist sichtlich bewegt von dem, was sich in ihm und außerhalb von ihm abgespielt hat. Davon, daß es in ihm eine Kraft voller Wohlwollen gibt, die immer für ihn da ist und auf die er sich hundertprozentig verlassen kann.

Zum Abschluß der Sitzung fordert Artho ihn auf, sich ganz und gar aus der Szene herauszubegeben und sich hinter seinen, Arthos, Stuhl zu stellen. Er soll als neutraler Beobachter noch einmal betrachten, daß es da Matthias gibt, der von einer stillen, tiefen, warmen Energie begleitet wird, die sehr viel bedingungslose Liebe ausstrahlt. An der langen Leine hängt der Vorprescher.

Ein vieldimensionales Bild von sich selbst

Der Gruppe wird durch diese Situation, die etwa 20, 25 Minuten gedauert hat, schon einiges Wesentliche der Voice-Methode klar:

Es ist nicht schwierig, unter entsprechender Anleitung verschiedene innere Personen in sich aufzuspüren.

Es ist auch nicht schwierig, sich mit einem und dann später mit einem anderen und mit weiteren dieser Anteile zu identifizieren. Dabei spielt der Platz eine wichtige Rolle, an dem sich der jeweilige Anteil ausdrücken möchte. Er kann zum Beispiel neben oder hinter der betreffenden Person stehen oder sitzen. Er kann sich klein oder groß machen, er kann sich in einer Ecke des Raumes verkriechen und so weiter.

Der Therapeut fühlt sich tief in den Klienten ein. Durch den Dialog, den »Voice Dialogue«, den er unterhält, unterstützt er, was der jeweilige Anteil zum Ausdruck bringen möchte. Wobei der Dialog auch manchmal ohne viel Worte auskommen kann. Der Ausdruck läuft dann über Gesten, über eine angespannte oder entspannte Körperhaltung, über Zittern, Tränen, Lachen, über die gesamte Energie, die sich entfaltet.

Nach der völligen Identifikation mit dem einen, vielleicht auch noch mit einem zweiten Anteil geht der Klient zurück zu seinem Ich. Und danach begibt er sich in eine ganz neutrale Beobachterposition, um die gesamte Situation von außen zu betrachten.

Durch all diese Schritte ist es dem Betreffenden möglich, sich ein wahrhaft ganzheitliches, vieldimensionales Bild von einem bestimmten Aspekt seiner selbst und seines Lebens zu machen. Diese Möglichkeit ist sonst im Grunde nie gegeben. Im Alltagsleben schon gar nicht. Aber auch nicht innerhalb der meisten Selbsterfahrungsmethoden, welche sich auf die Gefühle konzentrieren. Denn da wird die neutrale Betrachtung des Ganzen in der Regel ebenso vernachlässigt wie das Verstehen der Situation. Dieses Verstehen bildet den Mittelpunkt der sogenannten analytischen Methoden. In vielen Arten der Meditation wiederum geht es darum, sich ganz und gar zu lösen und lediglich »Zeuge zu sein«. Dabei werden aber weder Kopf noch Herz noch Bauch beachtet.

Das heißt, »Voice« ist ideologiefrei. Leitsätze wie »Sei spontan« oder »Sei im Hier und Jetzt« oder »Überleg doch mal ganz logisch …« gelten nicht. Jeder Persönlichkeitsanteil darf dasein. Er darf sich voll und ganz so zeigen, wie er ist. Ich darf in allen Anteilen und mit allen Anteilen so sein, wie ich bin. Ich muß niemandes Vorstellungen genügen.

Matthias, der übrigens selbst als Psychotherapeut arbeitet, sagt am folgenden Tag vor der Gruppe, er sei durch seine Sitzung mit Artho ganz nachdenklich geworden: »Ich habe in ein Land geschaut, in das ich so noch nie gereist bin.«

Im Verlauf des Wochenendes haben alle vierzehn Teilnehmer Gelegenheit zu einer Sitzung dieser Art, und ihnen allen gelingt es mit Arthos oder Veetas Unterstützung, Persönlichkeitsanteile hervortreten zu lassen und ihrem ganz individuellen Voice Dialogue wichtige Informationen zu entnehmen: die warmherzige, wunderschöne Frau mit dem tollen Beruf, bei der sich ein »Selbst« zeigt, dem es sehr viel Kraft kostet, in Familie und Beruf ohne Pause und ohne auch nur ein bißchen Zeit für sich funktionieren zu müssen. Die andere Frau etwa gleichen Alters, deren Problem genau andersherum gelagert ist: Die einzige Tochter hat das Haus verlassen, der Mann hat Singen als sein neues Hobby entdeckt und ist viel zu Proben unterwegs. Ein Teil von ihr findet sich im völlig luftleeren Raum wieder. Wut, Ratlosigkeit, Tränen dürfen sich bei diesen beiden Frauen ausdrücken. Zum ersten Mal wird die jeweilige Situation so anerkannt, wie sie ist.

Noch einmal ganz anders der Mann, der sein Leben in allen Bereichen wunderbar in Ordnung hat, der aber Höhen und Tiefen vermißt. Er entdeckt in sich einen Persönlichkeitsanteil, den er als Indianer wahrnimmt. Als jemanden, der Stärke, Distanz, Gelassenheit besitzt, der in sich ruht, aber, wenn nötig, auch kämpft. Man kann spüren, daß der Mann aus diesem Teil viel schöpft. Doch es gibt auch einen anderen, ihm widersprechenden, ganz ähnlich der zweiten Seele in Doktor Fausts Brust. Der hat es gern kuschelig, gemütlich, gefühlsbetont und warm bis heiß.

Natürlich sind den Ergebnissen einer einzigen Sitzung Grenzen gesetzt. Doch nimmt an dem Seminar auch eine Frau teil, die schon seit fast einem Dreivierteljahr regelmäßig bei Veeta Gensberger Einzelstunden hat. Sie berichtet, sie spüre deutlich, wie diese Arbeit bei ihr in der Tiefe wirkt. Wie sie zum Beispiel eine uralte Verletzung aus ihrer Kindheit kürzlich verzeihen konnte, mit der sie jahrelang oder sogar jahrzehntelang gehadert hatte. Wie sie es als Bereicherung empfindet, viele Seiten an sich kennenzulernen und damit zu experimentieren; beispielsweise eine »Feuerfrau« in sich zu wissen, die sie jetzt in bedrohlichen Situationen ganz bewußt zum Zuge kommen läßt, um sich zu schützen. Früher hätte sie sich in solchen Lebenssituationen hilflos und ausgeliefert gefühlt.

Diese Feuerfrau oder der Indianer des so erfolgreichen Mannes sind als Wesensanteile von Lebenspartnern, Freunden, Vorgesetzten und Mitarbeitern vielleicht nicht unbedingt immer erwünscht. Doch ist es heute nicht mehr so schwer wie früher, solche »Selbste« zu akzeptieren, sogar wertzuschätzen und zu lieben. Noch vor wenigen Jahrzehnten, als die gesellschaftlichen Rollen und die Rollen von Mann und Frau wesentlich fester lagen als heute, wäre die Voice-Methode nur etwas für Außenseiter gewesen. Jetzt verbreitet sie sich immer mehr, vor allen Dingen in den USA und Europa. Und sie hilft Menschen auf kraftvolle Art, zu etablieren, wofür es bisher noch keine Rollenmodelle gibt.

Übrigens eignet sie sich aber nicht so sehr für junge Leute, die ja erst einmal ihren Platz im Leben finden sollen. Sondern sie ist besonders für Menschen geeignet, die ihre Rolle ausfüllen, die sich darin jedoch beschränkt, überlastet oder unglücklich fühlen. Oder für solche, die sich einfach in ihrer ganzen Vielfalt kennenlernen möchten.

Die Rolle, die jemand ausfüllt, dient beim Voice Dialogue als Eingangstor. Sie wird von den »Hauptstimmen« oder »Regierungspersonen« bestimmt, die die jeweilige Person als »Ich« ansieht. Dazu gehört häufig ein Beschützer oder Bewacher, ein innerer Kritiker, ein Gesetzgeber und so weiter. Bei Matthias sind zwei dieser Regierungspersonen der Vorprescher und die gütige, bedingungslos liebende Kraft. In jedem sieht diese innere Gesellschaft anders aus, sie ist individuell wie ein Fingerabdruck. Und welche Dialoge mit welchem Inhalt sich während der Arbeit entwickeln, welche Konsequenzen dann daraus entstehen oder auch nicht, das kann niemand voraussehen. So ist es auch für die Therapeuten immer wieder neu und faszinierend, diese Arbeit zu begleiten und zu unterstützen.

Die Erfahrung hat gezeigt, daß die Regierungspersonen, wenn man sie tiefgehend erforscht, immer mit dem Inneren Kind in Verbindung stehen. Daß sie in frühesten Jahren von der Seele des Betreffenden »erwählt« wurden, um den unschuldigen, verletzlichen, kostbaren Anteil im eigenen Innern zu schützen. Manche dieser Persönlichkeitsanteile tun das auf brutale und überhaupt nicht nachvollziehbare Art. Auf eine Art auch manchmal, die dem aktuellen Erwachsenen schadet. So haben manche Menschen beispielsweise einen »inneren Antreiber« entwickelt, der sie ständig bis zum Umfallen arbeiten läßt. Als Kind konnten sie innerhalb ihrer Familie ihren Wert nur über Leistung demonstrieren. Dieses Leistungsverhalten wurde beibehalten, es bedroht heute ihre Gesundheit, aber bevor die Zusammenhänge nicht erfahren und verstanden werden, kann sich der Betreffende davon nicht lösen.

Der Weg von den Hauptstimmen führt also direkt zum Inneren Kind. Das wiederum hat eng mit dem Wesen des betreffenden Menschen zu tun; mit dem, was Georges Gurdjieff als die Essenz bezeichnete. Und dann gibt es schließlich noch die verdrängten Persönlichkeitsanteile; die, mit denen man, aus welchen Gründen auch immer, nichts zu tun haben möchte, die aber trotzdem wirken. Sie kommen gern in Träumen an die Oberfläche. Sie manifestieren sich auch manchmal als wilde, erschreckende Tiere.

Die Beschäftigung mit Träumen ist übrigens ein Weg, auf eigene Faust an der Voice-Arbeit dranzubleiben. Auch die Kontaktaufnahme mit dem Inneren Kind wird von Veeta Gensberger und Artho Wittemann sehr empfohlen. Wer diesen zarten, liebebedürftigen und liebenswerten Teil in sich kennt und sich daran gewöhnt, in allen Lebenssituationen immer wieder hinzuspüren, ob dort alles in Ordnung ist, tut schon sehr viel für sein seelisches Gleichgewicht. Bei Menschen und in Situationen, die das Innere Kind bedrohen, ist Vorsicht geboten. Was aber nicht heißt, daß man sie unbedingt meiden muß – häufig wäre das ja auch gar nicht möglich. Wichtig ist nur, sich bewußt zu wappnen. Wenn das Innere Kind sich beschützt und beachtet fühlt, wird es zum wertvollsten Verbündeten.

Auch mit Tagebuchschreiben, Malen, Imagination und Meditation läßt sich die Voice-Arbeit unterstützen, vertiefen, intensivieren. Die Dialoge selbst jedoch sollten in der Gruppe oder in Einzelarbeit von einem erfahrenen Therapeuten geleitet werden.

Voice Dialogue wurde Ende der siebziger Jahre entwickelt, und seitdem wächst es immer weiter, in der Praxis und in der Theorie. Daß es mittlerweile einen auch für Fachleute befriedigenden theoretischen Überbau gibt, wird aus der vorhandenen Literatur zum Teil gar nicht recht ersichtlich. Auf diesen Überbau wollen wir hier nicht eingehen. Aber es gibt einige Details, die besonders für Sie, liebe Leserinnen und Leser, interessant sein dürften.

Was zum Beispiel hat das Ganze mit dem multiplen Persönlichkeitssyndrom zu tun, der psychischen Störung, die in den letzten Jahren durch Filme, Bücher und Artikel einer breiten Öffentlichkeit bekannt geworden ist? Beim multiplen Persönlichkeitssyndrom sind die unterschiedlichen Anteile der betreffenden Person völlig voneinander abgetrennt, es gibt kein »bewußtes Ich«, das sie leitet. Die einzelnen Teile wissen nichts voneinander. Artho Wittemann sagt, er habe einmal mit einer Frau gearbeitet, die an dieser Störung gelitten habe. Es sei nicht einfach gewesen, aber nach längerer Zeit habe sie am Ende doch ein bewußtes Ich etablieren können.

Er und Veeta Gensberger beobachten immer wieder, daß bei ihren Klienten Anteile zutage treten, die sozusagen aus anderen Sphären stammen. So taucht beispielsweise bei vielen Menschen ein liebevoller Schutzengel auf, ein Wesen, das Sicherheit verleiht, das Wärme und bedingungslose Liebe gibt. Vielleicht ist es das, womit Matthias in dem Beispiel am Anfang des Kapitels Kontakt aufnahm.

Oder es zeigen sich, wie gesagt, Krafttiere, die ja auch aus einer anderen Welt kommen.

Phänomene wie diese werden von Artho und Veeta weder forciert noch bestaunt noch besonders ausführlich diskutiert.

Ihnen geht es vor allem darum, daß die betreffende Person erfährt, annimmt und konstruktiv einsetzt, was in ihr wirkt.

Die Voice-Methode ist absichtlich so angelegt, daß sie sich mit vielen weiteren Ansätzen in der Selbsterfahrung und Therapie kombinieren läßt. Auch wenn, wie eingangs erklärt, der Ausgangspunkt nicht das Aufspüren von Krafttieren ist, kann der Voice Dialogue in seiner Theorie doch sehr viel mit der Krafttier-Arbeit zu tun haben. Und in seiner Praxis ist das ebenfalls häufig der Fall. Viele von den Therapeuten, die in »Voice« ausgebildet sind, können Ihnen weiterhelfen, wenn Sie einmal bei den Krafttier-Reisen, die Sie auf eigene Faust unternehmen, nicht weiterkommen und Unterstützung haben möchten.

ÜBUNG:
Der Brief

Eine ganz einfache Möglichkeit, auf eigene Faust eine Erfahrung mit der Voice-Methode zu machen, ist, einen Brief zu schreiben. Diese Möglichkeit wird übrigens von Hal und Sidra Stone, die »Voice« entwickelt haben, ausdrücklich empfohlen. Es kann dabei im Grunde nichts schieflaufen.

Sie könnten zum Beispiel dem Kind, das Sie einmal waren, einen Brief unter dem Motto schreiben: »Was ich Dir schon immer mal sagen wollte«. Darin könnten Sie es dafür ehren, daß es so ist, wie es ist. Leider haben viele von uns diese Erfahrung als Kind nur selten oder sogar nie gemacht: zu hören oder zu lesen, daß wir in unserem Sosein Wertschätzung und Liebe verdienen; nicht nur in unserem Tun und unserer Leistung, sondern einfach in dem, wer wir sind. Was wir hingegen immer wieder mehr oder minder sensibel verklickert bekamen, waren unsere Fehler und Mängel. Es tut dem Inneren Kind eines jeden Erwachsenen gut, in einem ernstgemeinten, von Herzen kommenden Brief bedingungslose Liebe zu erfahren.

Sie können aus dieser Idee noch viel mehr machen, zum Beispiel können Sie sich selbst einen solchen Brief zum Geburtstag, zu Weihnachten oder zu einem anderen für Sie wichtigen Tag schenken. Und Sie können ein weiteres kleineres oder größeres Geschenk hinzufügen, das sich an Ihr Inneres Kind richtet, vielleicht eine Leckerei, ein Lebkuchenherz mit einer liebevollen Aufschrift, ein lustiges Kleidungs-Accessoire, ein spezielles Kindershampoo, eine Kinder-Zahnpasta oder ein Kuscheltier. Heute gibt es Plüschtiere mit einem leeren Bauch als Rucksäcke und Wärmflaschen. Wenn Ihnen so etwas gefällt, können Sie ein »Tier« dieser Art mit einer symbolischen Botschaft versehen. Für einen Rucksack könnte sie lauten: Ich habe (m)ein Tier im Rücken, und mit dem Tier ist alles verbunden, was ich brauche. Eine Wärmflasche könnte aussagen: (M)ein Tier gibt mir Wärme und Geborgenheit. Es ist für mich da, wenn ich keine Ruhe finde, wenn ich verzweifelt bin oder wenn ich mich einsam fühle.

Eine solche Wärmflasche, möglicherweise zusammen mit einem Brief oder einer selbstgeschriebenen/selbsterzählten Geschichte über Krafttiere oder zusammen mit diesem Buch, könnte ein Geschenk für einen kranken, alten oder auch für einen inhaftierten Menschen darstellen, aus dem er sehr viel schöpft.

Und natürlich wäre ein Liebesbrief unter dem Motto »Was ich Dir schon immer mal sagen wollte« auch ein wundervolles Geschenk an ein »äußeres« Kind in Ihrem Leben, vielleicht zur Taufe, zu einem Geburtstag oder zu einem anderen Fest.

Aber nun noch einmal zurück zu der Möglichkeit, Briefe an Adressaten in Ihrem inneren Universum zu schicken. Solche Adressaten könnten Ihre eigene weibliche/mütterliche bzw. Ihre eigene männliche/väterliche Seite sein. Das gilt für Frauen und Männer gleichermaßen. Wenn Ihre Eltern nicht mehr leben, können Sie einen Brief der Wertschätzung an sie in der Anderswelt schreiben. Daß Botschaften dieser Art tatsächlich ankommen, zeigt sich manchmal in frappierender Weise durch Träume und durch andere Zeichen.

Auch mit Ihrem Schutzengel, dem »Boten in die obere

Welt«, oder Ihrem Krafttier, dem »Boten in die Anderswelt«, können Sie in schriftlicher Form Kontakt aufnehmen. Sie drücken so Ihre Anerkennung oder Ihren Dank aus. Sie dürfen aber auch um etwas bitten: um Schutz, um Kraft, um Hilfe, um Heilung. Und Sie können, falls es mit einem Kontakt bisher noch nicht so recht geklappt hat, mit ein paar Zeilen darum bitten, daß ein solcher Kontakt bald zustande kommt.

Eine Bitte, die Sie schwarz auf weiß zu Papier bringen, wird sehr konkret. Sie drücken damit aus, daß Ihnen die Sache wirklich wichtig und ernst ist. So besteht eine gute Chance, daß sie Ihnen erfüllt wird. Wenn sie Ihnen erst einmal *nicht* erfüllt wird, kann das heißen, daß es bei Ihnen darum geht, Geduld und Vertrauen zu lernen.

Behalten Sie die Idee, einen Brief zu schreiben, in der Arbeit mit Ihren Krafttieren immer im Hinterkopf. Es stecken darin noch sehr viele ganz und gar individuelle, kreative Möglichkeiten.

Hausstorch (Ciconia alba)

9. KAPITEL

Das Innere Kind und die Inneren Tiere

Kurzes blondes Haar umspielt das wunderschöne, sensible Frauengesicht. Der zarte, schlanke, gleichzeitig durchtrainierte Körper steckt in einem aufregenden schwarzen Kleid; eng, hochgeschlossen, hochgeschlitzt.

Begleitet von einem voll »verkabelten« Bodyguard, durcheilt die elsässische Chansonsängerin Patricia Kaas die Flure hinter der Bühne. Man hört bereits, daß ein großes Publikum ihrem Auftritt entgegenfiebert. Die junge Frau wirkt ebenso angespannt wie voller Vorfreude.

An ihre Brust drückt sie mit beiden Händen einen kleinen Plüschteddy. Den habe sie immer dabei, erzählt sie später im Interview. Und sie sagt, sie sei weder gläubig noch sonderlich abergläubisch. Trotzdem der Teddy. Und trotzdem das wundervolle Lied ihrer vor kurzem verstorbenen Kollegin Barbara vom »aigle noir du pays d'autrefois«, vom »schwarzen Adler aus dem Land ehemals«. Seine Federn tragen die Farben der Nacht.

Das Beispiel von Patricia Kaas zeigt, wie sehr auch moderne junge Leute mit einem Teil in sich verbunden sein können, der mit ihrer Kindheit und ihrem Verhältnis zu Tieren zu tun hat.

Sie würde den Teddy, der ihr in einem Moment größten Leistungsdrucks und höchster Verantwortung Trost und Stärke verleiht, wahrscheinlich nicht unbedingt als Repräsentanten eines Krafttiers bezeichnen. Und der Text vom Adler, welcher einem Menschen begegnet, der sich an einem See ins Gras gelegt hat und dort eingeschlafen ist, stellt für sie möglicherweise nur die poetische Nacherzählung eines Traumes dar. Und dennoch…

Der Beifall für dieses Lied ist frenetisch, die Begeisterung, welche die Sängerin für ihre Kunst, für ihre Lieder, für ihr Sosein empfängt, zeigt, wie sehr sie bei den Menschen einen Nerv trifft.

Ich kenne diese Frau nicht persönlich. Die Informationen, die ich über sie habe, kommen von den CDs, die ich besitze. Und sie stammen von Interviews und Dokumentationen über sie, die ich gelesen und gesehen habe. So weiß ich nicht ganz sicher, ob mein Eindruck von ihr zutrifft. Doch ich möchte davon *ausgehen*, daß er stimmt; und deshalb lasse ich sie hier im Kapitel über das Innere Kind vorkommen.

Patricia Kaas besitzt in ihrer aparten Schönheit und ihrer Art, sich zu geben, eine starke weibliche Seite. In ihrer Disziplin, ihrer Fähigkeit, ein ganzes Orchester und ein Riesenpublikum zusammenzuhalten, zeigt sich ihre handfeste männliche Seite. Beides zusammen ergibt ein Kraftpaket, das Frauen genau wie Männern unter die Haut geht. Aber es ist noch etwas Drittes da, und wahrscheinlich steckt darin ein weiterer wesentlicher Grund für die Magie, die von ihr ausgeht. Sie hat nämlich eine Beziehung zu dem Kind in sich, das sie einmal war; zu dem verletzlichen, fragilen Anteil, dem Teil, der die Welt mit Wunderaugen betrachtet. Sie ist sich dieser »inneren Person« bewußt, und sie kümmert sich um sie. Es besteht für sie keine Notwendigkeit, das zu verstecken: Der

Teddy reist mit, wohin auch immer es geht. Er hilft der »kleinen Patricia«, mit ihrem Lampenfieber zurechtzukommen. Daran ist nichts peinlich. Jeder darf es sehen. Auch die Kamera, die Material für eine Fernsehdokumentation über sie aufnimmt, darf das Plüschtier absorbieren.

In jedem Erwachsenen lebt ein Stück von dem Kind, das er einmal war – dies ist in den letzten Jahren einer breiten Öffentlichkeit bewußt geworden. Beispielsweise, daß Diktatoren wie Hitler und Saddam Hussein als Kinder Schreckliches erlebt haben müssen und die Greueltaten, die sie im Erwachsenenalter begingen, sich wenigstens zum Teil darauf zurückführen lassen – über solche psychologischen Zusammenhänge wird heute offen gesprochen. Viele verbrecherische, fehlerhafte oder neurotische Verhaltensweisen erwachsener Menschen liegen in der Kindheit der Betreffenden begründet – und darin, daß die damals entwickelten Verhaltensweisen, die zu jener Zeit einen gewissen Sinn ergaben, später dann nicht mehr angemessen sind und womöglich sogar Schaden anrichten. Die Betreffenden wenden sie aber, meist mangels besseren Wissens, nach wie vor an. Es kommt auch vor, daß sie sich für früher am eigenen Leib oder an der eigenen Seele erlittenes Unrecht in krankhafter und unfaßbar grausamer Weise wieder und wieder rächen. Es ist ein Faß ohne Boden. Wenn sich jemand, der sehr stark verletzt wurde, diesen Verletzungen und dem entsprechenden Persönlichkeitsanteil nicht zuwendet und daran arbeitet, wird nichts und niemand das entstandene Vakuum ausfüllen können.

Häufig reagiert die Seele eines Menschen mit einem versehrten, gedemütigten, mißbrauchten Inneren Kind damit, daß sie eine Sucht entwickelt; sei es nach Nikotin, Alkohol, Drogen, Süßigkeiten, übermäßiger Sexualität oder Glücksspiel ...* Wer sich seines kindlichen Anteils hingegen bewußt ist und ihm in gesunder Weise immer wieder Aufmerksamkeit schenkt, der unterhält damit eine Beziehung zu einem seiner wichtigsten Alliierten. Die Kreativität und Sensibilität, die Patricia Kaas so erfolgreich gemacht hat und die ihre Zuhörer so an ihr schätzen, hat mit ihrem Inneren Kind zu tun. Intuition, tiefste Gefühle, eine Verbundenheit mit allen und allem – das sind Merkmale des Inneren Kindes. Es stellt daher auch eine wesentliche Schnittstelle zur Welt der Krafttiere dar. Häufig taucht bei Krafttierreisen ganz spontan und ungerufen das Innere Kind auf, und zwar auch bei Menschen, die bisher von der Existenz dieser kindlichen Seite in sich gar nichts wußten.

Wie schon im vorigen Kapitel erwähnt wurde, stellt die Arbeit mit dem Inneren Kind einen Teilbereich von Voice Dialogue dar. In der »Inneren Gesellschaft« eines jeden gibt es immer einen oder sogar mehrere kindliche Anteile; das können zum Beispiel die eigenen Inneren Kinder in verschiedenen Altersstufen sein. Hierauf und auf den Anteil des »liebenden Erwachsenen« oder des »bewußten Ich« konzentriert sich die Arbeit mit dem Inneren Kind. Es ist durchaus legitim, sich diesen Part herauszunehmen und sich erst einmal damit zu beschäftigen, bevor man sich den anderen »Stimmen« zuwendet.

Man könnte diese Vorgehensweise damit vergleichen, daß man innerhalb einer Wohnung, die sich in Unordnung befin-

* Die Hinwendung zum Inneren Kind ist bei der Therapie von Süchten meist außerordentlich hilfreich. Man kann das mit der Unterstützung eines Therapeuten oder einer Gruppe, aber auch im Alleingang tun. Folgendes Buch geht detailliert auf die Arbeit mit dem Inneren Kind ein und leitet dazu an, sich »auf eigene Faust« damit zu beschäftigen: Erica Chopich und Margaret Paul: *Aussöhnung mit dem Inneren Kind*, Hermann Bauer, Freiburg, 7. Aufl., 1997.

det, erst mal ein einzelnes Zimmer aufräumt. Oder daß man in einer dunklen Wohnung zunächst in einem Raum Licht macht, bevor man die anderen erhellt.

Das Kind umarmen

An dieser Stelle soll schon mal eine Übung vorweggenommen werden. Es ist eine Beschreibung für die erste Begegnung mit Ihrem Inneren Kind, und es handelt sich um eine ganz einfache kleine Maßnahme, die aber bereits sehr, sehr viel bewirken und Ihnen für Begegnungen mit Ihrem Krafttier den Steigbügel halten kann:

Wenn Sie einen Teddy oder ein anderes Kuscheltier aus Ihrer Kindheit aufbewahrt haben, suchen Sie es sich heraus. Sonst nehmen Sie eins von Ihren Kindern, oder kaufen Sie sich einen solchen Gefährten.

Sorgen Sie dafür, daß Sie nicht gestört werden, und setzen oder legen Sie sich bequem hin. Schließen Sie die Augen, und entspannen Sie sich. Nehmen Sie das Plüschtier zärtlich in den Arm. Stellen Sie sich vor, daß Sie jetzt sich selbst als Baby oder als Kind im Arm halten. Lassen Sie dieses kleine Wesen lebendig werden, und geben Sie ihm all Ihre Liebe und Zuwendung. Erlauben Sie sich die Gefühle, die aufsteigen, und drücken Sie sie aus: mit Tränen, mit Lachen, mit Lauten oder mit Sätzen.

Wenn Sie den Eindruck haben, daß es genug ist, gehen Sie per Shapeshifting (siehe 7. Kapitel) in das Kind hinein. Werden Sie zu dem Kind, das Sie früher waren, und liegen Sie nun in den Armen des erwachsenen Ich, das Ihnen ganz und gar zugewandt ist. Geben Sie ihm durch Laute, durch Weinen,

Lachen, Lächeln, durch Sätze, die Sie sprechen, oder auch telepathisch zu verstehen, was Ihnen auf dem Herzen liegt.

Wenn sich diese Situation ihrem Ende zuneigt, schlüpfen Sie zurück in Ihre Rolle als Erwachsener. Sagen Sie Ihrem Inneren Kind, daß Sie es gehört und verstanden haben. Sagen Sie ihm auch, Sie prüfen und werden sich bemühen, seine Wünsche und Anliegen zu berücksichtigen. Versprechen Sie ihm, daß Sie an es denken und es wieder treffen werden. Halten Sie Ihr Versprechen.

Eine erste Begegnung dieser Art und dann weitere können sehr fruchtbar sein. Durch Gespräche mit seinem Inneren Kind könnte beispielsweise ein an übermäßigem Streß leidender Zeitgenosse herausfinden, wie sehr sich sein kindlicher, verspielter Anteil nach einer »Aus-Zeit« sehnt. Und daß für ihn persönlich das beste Gegenmittel zu seinem angestrengten Alltag einfach eine Periode des Nichtstuns sonntags im Liegestuhl oder im Sessel am Ofen wäre. Für jemand anderen könnte die Botschaft umgekehrt lauten: Sein Inneres Kind wünscht sich vielleicht, daß der beruflichen Beschäftigung eine Aktivität auf ganz anderem Gebiet entgegengesetzt wird, damit sich auf *diese* Art mehr Harmonie einstellt. Vielleicht entdeckt der betreffende Mensch seine alte Liebe zum Bergsteigen, Malen oder zur Gartenarbeit wieder ...

Das Innere Kind steht den eigenen Instinkten und der eigenen Intuition sehr nahe. Daher kann es nicht nur spannend und faszinierend, sondern auch sehr nützlich sein, in bestimmten Situationen seine Meinung einzuholen und zu berücksichtigen. Welche Menschen, mit denen man zu tun hat, mag das Innere Kind, welche mag es nicht? Warum bzw. warum *nicht*? Was hat es zu anstehenden Entscheidungen zu sagen? Fühlt es sich beispielsweise an dem zur Diskussion stehenden neuen Arbeitsplatz wohl? Hat es beim neuen Chef und bei den neuen Kollegen ein gutes Gefühl? Ist ihm die neue Wohnung angenehm, die man demnächst mieten oder kaufen will? Oder sollte man sich vielleicht doch lieber nach einer anderen Bleibe umschauen?

Dabei hat die Arbeit mit dem Inneren Kind aber keinesfalls zum Ziel, sich immer und in jedem Fall und im Detail nach dem zu richten, was das Kind sich wünscht. Genausowenig, wie die Arbeit mit Krafttieren den Sinn haben soll, alle Informationen aus ihrer Welt unbesehen umzusetzen. Täte man das, so könnte man Gefahr laufen, infantil und realitätsfremd zu werden und die Anforderungen der Alltagswelt nicht zu bewältigen.

Worum es aber geht, das ist, sich dessen bewußt zu werden, daß diese »Stimmen« und Energien innerhalb der eigenen Seele vorhanden sind und daß sie wirken. Und daß sie in den meisten Fällen zu anstehenden Fragestellungen äußerst Wertvolles beizutragen haben. Die entsprechenden Informationen in die materielle Realität zu übertragen und daraus etwas zu machen, das sich für einen selbst und das große Ganze als richtig erweist und das in vielen Fällen einen Kompromiß darstellt – dies ist dann die Aufgabe und das Kunststück, welche(s) der liebende Erwachsene oder das bewußte Ich zu erledigen hat.

Doch kommen wir noch einmal zurück zum Inneren Kind. Es kann eine schöne Erfahrung bedeuten, sich selbst heute als Erwachsenem etwas zu gönnen, was einem bereits als Kind großen Spaß gemacht hat. Zum Beispiel den Besuch einer Kirmes, eine Stippvisite in der Kinderabteilung der Stadtbibliothek, das Spielen mit einer Handpuppe, das Anhören einer Märchenkassette, das Anschauen eines Bilderbuchs, das Gehen durch Regenpfützen, Herbstlaub, Schnee … Überhaupt,

Natur: Die allermeisten Inneren und »äußeren« Kinder lieben die Natur, und damit selbstverständlich Tiere. Es ist, als erinnerten sich kleine Kinder daran, daß sie im Mutterleib die gesamte Evolution im Schnelldurchlauf absolviert haben. Alle Stadien der Entwicklung der Tiere haben sie durchlebt. Wahrscheinlich stehen sie deswegen Tieren so nahe. Und wahrscheinlich steht deswegen das Innere Kind im erwachsenen Mann und in der erwachsenen Frau Tieren so nahe.

Die meisten »Zwerge« können von ihnen gar nicht genug bekommen. Immer wieder wollen sie sie besuchen, anschauen, streicheln, füttern, mit ihnen spielen. Sie wollen alles über sie wissen. Sie wollen ihre Namen lernen, sie erfinden neue Namen für sie. Häufig verstehen sie Namen intuitiv und per Telepathie. Manche Kinder haben vor Tieren überhaupt keine Angst. Fotos von Winzlingen, die vergnüglich auf lebenden Krokodilen reiten oder total relaxed in den Armen furchteinflößender Orang-Utans liegen – was hier freilich nicht als Anregung zur Nachahmung erwähnt wird! –, zieren die Seiten der Boulevardpresse in der Sauregurkenzeit und sollen die Leser frappieren. Es heißt, die Angst vor wilden Tieren sei nicht angeboren, sondern sie werde anerzogen...

Kontakt zu alten, gekappten Erinnerungen

»Äußere« Kinder lieben also »äußere« Tiere. Daß »äußere« Kinder auch mit Inneren Tieren sehr viel anfangen können, darum geht es im nächsten Kapitel, nämlich darum, wie man Kindern zum Beispiel im Schulunterricht Krafttiere nahebringen kann.

Zwischen Inneren Kindern und Inneren Tieren besteht eine enge Beziehung, auf die ich gleich zu sprechen komme. Nur zur letzten Variante, nämlich dem Verhältnis zwischen Inneren Tieren und »äußeren« Kindern, kann ich nichts Genaues sagen. Wie stehen Krafttiere zu realen, lebenden Menschenkindern? Ich nehme an, daß es darauf keine generelle, allgemeingültige, sondern nur verschiedene individuelle Antworten gibt. Sie selbst könnten sich während einer Krafttierreise dieses Thema stellen. Sie könnten Ihr Helfertier oder Ihre Helfertiere fragen, was sie von Ihrem Kind, einem befreundeten Kind, einem Schüler halten. Und wenn ein bestimmtes Problem besteht – vielleicht gesundheitlicher oder schulischer Art bzw. die Frage der Berufswahl –, könnten Sie dazu eine gezielte Reise unternehmen. Oder der Jugendliche könnte dazu selbst eine Imaginationsreise antreten. Doch wie gesagt, darum geht es im nächsten Kapitel.

Was die Beziehung zwischen Inneren Kindern und Inneren Tieren anbetrifft, so hat es damit folgendes auf sich: Krafttiere helfen, an die eigene Kraft und Intuition, an Heilungsenergie, eingeborene Weisheit, das Eingebundensein und das Vertrauen in die Natur und in den Lauf der Dinge zu gelangen. All dies hat jedes gesunde Kind von Geburt an, es wird ihm aber in unserer Gesellschaft sehr schnell abgewöhnt – gänzlich oder zumindest teilweise. So entstehen Verletzungen und Entwurzelung, die bis ins Erwachsenenalter anhalten und sich sogar noch verstärken können.

Nimmt nun ein Erwachsener Kontakt zu seinen Krafttieren und damit zu alten, gekappten Erinnerungen und Energien auf, so taucht gleichzeitig auch in vielen Fällen das Innere Kind auf. Menschen, die vom Konzept »Inneres Kind« überhaupt nichts wissen, sind überrascht, wenn sich während ihrer Expeditionen ins Reich der Göttin und ihrer Tiere der kleine Junge oder das kleine Mädchen, das sie einmal waren, einen Platz erkämpft.

Im vorigen Kapitel wurde gesagt, daß die Persönlichkeitsanteile, die beim Voice Dialogue auftauchen, das Innere Kind schützen wollen. Wenn man die Arbeit mit Krafttieren von dieser Warte aus betrachten möchte, so trifft das sicher ebenfalls zu: Das innere Helfertier bzw. die inneren Helfertiere sorgen dafür, daß dem sensibelsten, verletzlichsten, kostbarsten, unschuldigsten Teil der betreffenden Person nichts passiert; daß er geschützt und verteidigt wird.

Möglich ist auch, daß man sich während einer Krafttierreise unbeabsichtigt in einer Situation oder an einem Ort wiederfindet, der in der eigenen Kindheit wichtig war und den man vielleicht völlig vergessen hatte. Erst jetzt, auf der Ebene des Tagtraums und der Traumzeit, enthüllt sich seine wahre Bedeutsamkeit.

Das Besondere an dieser Ebene ist, daß Zeit und Raum, wie wir sie in unserem Alltagsbewußtsein verstehen, dort keine Rolle spielen. Sagen wir also, Sie fänden sich während einer inneren Begegnung mit einem Krafttier in einer Situation wieder, die Ihnen als Kind angst gemacht oder Sie vielleicht in einen Schock versetzt hat. Dann hätten Sie jetzt die Chance, mit Unterstützung Ihres Seelenverbündeten diese Angst zu überwinden und sich von den Resultaten Ihrer Angst oder Ihres Schocks zu befreien. Das ist eine tolle Chance.

Nehmen Sie, wenn Sie sich in einer solchen Situation wiederfinden, all Ihren Mut zusammen. Rufen Sie gegebenenfalls auch noch weitere Helfer an, nicht nur Ihr Krafttier. Sondern Ihren Schutzengel, einen geliebten, Ihnen nahestehenden Verstorbenen, einen spirituellen Lehrer, die Göttin, Gott, das Universum, das Licht – was auch immer für Sie stimmt und Ihnen Sicherheit verleiht.

Dann stellen Sie sich der Situation.

Möglicherweise geht jetzt alles ganz sanft und liebevoll

vonstatten. Es kann aber auch sein, daß eine echte Mutprobe von Ihnen gefordert wird. Gehen Sie, so weit Sie können.

Im Anschluß an dieses Kapitel beschreibt Udo Frank seine drei allerersten Krafttierreisen. Darin finden Sie wertvolle Informationen, wie er mit seiner Angst umgegangen ist – und vor allem auch, wie er verstanden hat: Ich muß nicht während einer einzigen Reise alle anstehenden Ängste und Schwierigkeiten lösen. Zu einem späteren Zeitpunkt kann ich, was mir im Moment zu viel ist, auch noch anschauen.

Welten von unendlicher Vielfalt

Die Reisen, die Udo beschreibt, zielen ganz absichtlich auf eine Begegnung mit seinem Inneren Kind. Eingebaut in die Anleitung ist, daß sich das Innere Kind in jeder beliebigen Form zeigen kann, *auch* in Gestalt eines Tieres. Udo nimmt sein Inneres Kind tatsächlich als Tier wahr, als Möwe.

Ganz am Ende des Kapitels finden Sie eine Anleitung für eine Imagination, die der ähnelt, der Udo gefolgt ist. So können Sie Ihre Reise von ungefähr dem gleichen Gleis starten, von dem er aufgebrochen ist. Ihre Reise wird aber bestimmt ganz anders verlaufen als seine. Und jede Ihrer inneren Expeditionen wird anders verlaufen als die vorherigen. Was bei Methoden wie Voice Dialogue, der Arbeit mit dem Inneren Kind oder mit Krafttieren so besonders fasziniert, ist die Tatsache, daß sich Welten von unendlicher Vielfalt und Individualität auftun. Wer hier einmal einen Zugang gefunden hat, wird sich vor Langeweile, Einsamkeit oder Hoffnungslosigkeit nicht mehr zu fürchten brauchen. In der Öffnung für diese Bereiche liegt die Möglichkeit des Heilwerdens für Individuen, Familien, Gruppen … Auch für Tiere, Pflanzen, die

Elemente, die ganze Natur. Welche Sinfonien und Kaleidoskope in Ihrem Innern schlummern, liebe Leserinnen und Leser, wird Ihnen niemand prophezeien können. Das werden Sie nur durch die eigene Erfahrung ausfindig machen.

Viel Freude dabei!

EXKURS:
Seemöwe und Gorilla

(Die folgenden drei Reisebeschreibungen stammen von dem 26jährigen chemisch-technischen Assistenten Udo Frank. Er war Teilnehmer an einem Seminar der amerikanischen Psychologin Margaret Vasington in München, bei dem es um das Innere Kind und Krafttiere ging. Aus Udos Text, den ich praktisch unredigiert übernommen habe, geht indirekt hervor, welche Anweisungen Margaret Vasington den Workshopteilnehmern gegeben hat. Eine ähnliche Anleitung finden Sie im Anschluß; Sie können also eine Imaginationsreise dieser Art auch auf eigene Faust unternehmen. Ganz bewußt halten sich die Erläuterungen zu dem Erlebten im Rahmen, und Udo verrät auch nicht, wie die Kontakte zu seiner Möwe und seinem Gorilla im Laufe der Zeit weitergingen oder was er daraus in seinem realen Leben gemacht hat. Es ist aber kein Geheimnis, *daß* er etwas daraus gemacht hat und daß er seit dem Seminar seine Tiere immer wieder trifft bzw. aufsucht.

Bei dem, was Udo hier schildert, handelt es sich um seine allerersten Imaginationsreisen und seine allerersten Begegnungen mit Krafttieren. Daß er spontan so reichhaltige innere Bilder sehen konnte, ist eher ungewöhnlich und deutet auf eine Begabung hin, die er von vornherein mitbrachte. So ging auch das Shapeshifting gleich beim ersten Mal völlig problemlos.)

Hier nun die erste Reise:

Der Platz meiner Wahl war ein Felsen an einem weiten Fjord in Norwegen, den ich aus meiner Erinnerung kenne. Vor dreizehn Jahren habe ich dort Urlaub gemacht und geangelt.

Der Himmel war wolkenlos, und das Licht der Spätnachmittagssonne fiel über das ruhige Wasser des Meeres. Es wehte ein sanfter Wind. Ich ließ, wie Margaret Vasington uns anleitete, meine Wurzeln tief in den Felsen hineinwachsen und schickte sie zur Sonne hinauf. Die Kraft des Gesteins und der Erde pulsierte durch meinen Körper, und die strahlende Energie der Sonne strömte frei durch mich hindurch. So fühlte ich mich bald gestärkt und saß gemütlich auf dem Felsen, roch die Seeluft, spürte die laue Brise und genoß den Blick auf das Panorama, das sich bot: das dunkelblaue Wasser, die kaum bewachsenen Felsen und Inseln auf der anderen Seite des Fjords, der nach Westen hin offen war; die langsam sinkende Sonne, die sich auf den seichten Wellen tausendfach spiegelte.

Als es Zeit war, mein Inneres Kind an diesen Platz einzuladen, landete neben mir eine Seemöwe. Das irritierte mich. Ich hatte mit allem gerechnet, aber nicht mit einer Seemöwe. In der Vorbesprechung hatte Margaret gesagt, daß das Innere Kind in jeder Gestalt kommen könne: als Mensch jeder Altersgruppe, als Tier, als Pflanze, als Gegenstand, sogar als Naturereignis wie Regen, ein Windstoß, ein Blitz, als Wolke, Feuer oder in unsichtbarer Form. Eine Seemöwe paßte für mein Empfinden zu gut hierher, um wirklich mein Inneres Kind zu sein.

»Ich habe mein Inneres Kind gerufen!« sagte ich.

»Und ich bin dein Inneres Kind«, antwortete die Möwe zu meinem Erstaunen. Ja, sie sprach wirklich zu mir. Dabei bewegte sie aber nicht etwa ihren Schnabel, und ich hörte auch keine Stimme. Aber es erklangen diese Worte *in* mir. In ihrem

Blick, in der Weise, wie sie mich ansah, erkannte ich, daß sie wirklich mit mir sprach.

Ich begrüßte sie und fragte sie, ob ich irgend etwas für sie tun könne. Sie verneinte und fragte, ob *sie* etwas für *mich* tun könne. Da es meine erste Begegnung mit meinem Inneren Kind war und da ich damals noch fast keinen Kontakt zu mir selbst hatte, fiel mir nichts ein, was mir jetzt gutgetan hätte. Wir mußten uns zunächst einmal kennenlernen.

Also fragte ich die Möwe, ob sie mir vielleicht etwas zu sagen habe. Das hatte sie nicht. Aber sie wollte mir etwas zeigen. Dazu mußte ich mit ihr eins werden, und ohne weitere Worte flog ich nun als Möwe über den weiten Fjord. Ich ließ mich vom Wind tragen und segelte über weite Strecken dahin. Ich beschrieb große Kreise. Es ging nach Belieben hinauf und hinunter, im Sturzflug dicht an den Felsen entlang und dann so haarscharf über das Wasser, daß ich deutlich dessen Kühle spüren konnte. Und wieder hinauf im roten Licht der Abendsonne. Es war wundervoll.

Nach einiger Zeit fragte ich mein Inneres Kind, ob es mir noch etwas anderes zeigen wolle, denn ich hatte das Gefühl, daß das Eigentliche erst noch kommen müsse.

Mittlerweile verstand ich die Antworten besser, und ich brauchte sie nicht mehr in meinem Kopf in Worte zu transformieren. Unsere Gespräche liefen nun auf einer abstrakten gedanklichen Ebene ab.

Ich hatte schon die ganze Zeit keinen Einfluß mehr auf die Flugbahn gehabt. Mein Inneres Kind flog, und ich brauchte nur zu erleben und zu genießen.

Schließlich flog ich zu meinem Felsen zurück. Die Sonne stand dicht über dem Horizont.

Jetzt ging es im Tiefflug über das Wasser, und plötzlich war es vorbei mit dem Genießen. Ich spürte, daß da unter mir in

Lachmöwe (Larus ridibundus)

der Tiefe des Wassers etwas *ist.* Etwas Großes, Dunkles. Ich war voller Angst. Voller Panik wollte ich wieder höher fliegen, weg vom Wasser, in dem sich dieses riesengroße, angsterregende, ungewisse Etwas befand. Ich kreiste noch ein paarmal über dem Felsen, bis ich mich beruhigt hatte, dann landete ich. Und schon war ich wieder in meinem Körper, und mein Inneres Kind saß als Seemöwe neben mir und schaute mich an.

Das Gefühl, auf dem Stein zu sitzen, gab mir Halt und Sicherheit. Der Blick hinab auf die ruhige See bereitete mir keine Angst mehr. Nichts deutete in diesem Moment darauf hin, daß sich dort etwas Bedrohliches verbarg. Es war alles wieder friedlich, und Dunkelheit senkte sich herab.

Mir war klar, daß ich einfach nur wissen sollte, daß es hier noch etwas zu durchleben gilt. Aber erst zu einem späteren Zeitpunkt.

Als ich mich umdrehte, war die Möwe verschwunden. Ich suchte den Nachthimmel ab und sah einen hellen Fleck im Dunkel verschwinden.

Hier endet die Beschreibung der ersten Imagination. Es folgt die zweite innere Reise:

Der Platz meiner Wahl war diesmal eine typische, leicht hügelige Dünenlandschaft mit grün-beigefarbenem Gras. Hier und da stand ein dürrer Strauch. Die sandige Landschaft stieg vom Meer aus stetig an.

Ich saß im weichen, warmen Sand und genoß die Nachmittagssonne. Ein sanfter Wind strich über mich hinweg. Am Himmel über mir flogen zahlreiche Möwen. Da dachte ich an mein Inneres Kind und lud es ein, sich zu mir zu gesellen. Und schon landete die stattliche Seemöwe neben mir auf dem Dünenkamm, an dem ich es mir gemütlich gemacht hatte. Auch diesmal wußte die Möwe nicht, was ich für sie tun könnte, und mir erging es ebenso. Aber sie wollte mir etwas Wichtiges zeigen.

Dazu war es notwendig, mich ebenfalls in eine Möwe zu verwandeln. Ich stieg also nicht in sie ein, sondern verwandelte mich in eine Artgenossin.

Mein Inneres Kind flog im Tiefflug spielerisch durch die Dünen, ich folgte ihm in einem Abstand von einigen Metern. Es ging ganz leicht und bereitete mir ungeheuren Spaß. Dabei stellte ich fest, daß ich unsichtbar war.

Plötzlich tauchte vor uns ein Riß in der Landschaft auf, der sich vom Meeresufer aus ins Landesinnere erstreckte. Wir kamen rasch näher, und ich stellte fest, daß es sich um eine breite Schlucht handelte. Mein Inneres Kind ließ sich im Sturzflug hineinfallen. Ich selbst hatte Angst, doch mein Inneres Kind beruhigte mich. Ich solle Vertrauen haben. Es könne mir nichts passieren.

Trotz meiner menschlichen Angst vor diesem Abgrund stürzte ich mich hinterher. Nun, im freien Fall, erkannte ich, daß weit unter mir ein Fluß dem Meer entgegenströmte. Trotz der atemberaubenden Geschwindigkeit bekam ich deutlich mit, was um mich herum geschah. Ich fiel vorbei an Dutzenden von Seevögelkolonien, die in den steilen Felswänden der Schlucht nisteten. Alles war wunderbar zu beobachten.

Jetzt konnte ich ein Rauschen vernehmen, das langsam lauter und lauter wurde, während wir dicht über dem Fluß durch die Schlucht flogen. Bald erkannte ich weit vor uns den Wasserfall, der dieses laute Geräusch erzeugte. Von dort aus stürzte der Fluß in sein endgültiges Bett.

Mein Inneres Kind flog direkt auf die Mitte des Wasserfalls zu. Ohne zu wissen, warum, war mir klar, daß dahinter eine Höhle verborgen sein mußte. Wir durchschnitten die herabfallenden Wassermassen, ohne auf Widerstand zu stoßen.

Die Höhle hatte einen felsigen, begehbaren Boden in Form einer Mondsichel. Es lagen dort einige Äste verstreut. Mein Inneres Kind hatte sich auf einem großen runden Stein in der Mitte der Höhle niedergelassen, und es wies mich an, die Holzstücke auf einem Haufen zusammenzutragen. Das tat ich, und wie durch ein Wunder entstand ein wärmendes Lagerfeuer. Ich schichtete weiter Holz auf, und das Feuer loderte immer höher und höher. Mich verwunderte nicht nur, daß es sich so spontan und ohne mein Zutun entzündet hatte, sondern auch, daß es keinerlei Geräusche machte: kein Prasseln, kein Zischen, es war lautlos. Mit dem Landen in der Höhle hatte ich meinen menschlichen Körper wieder angenommen. Mein Inneres Kind forderte mich nun auf, ich solle in das Feuer hineintreten. Sofort folgte ich dieser Aufforderung, mit etwas Angst zwar, aber mittlerweile auch mit dem Wissen, daß mir wohl dabei nichts geschehen könne. So stand ich nun mitten im Feuer, und die Flammen loderten an mir empor. Sie loderten durch mich hindurch. Das tat jedoch nicht weh. Statt dessen fühlte ich mich innerlich durchwärmt und von sanftem Licht erfüllt. Und noch mehr, ich erfuhr eine innere Reinigung, fühlte mich leicht und frei. Dann durfte ich das Feuer wieder verlassen. Auf meine Frage, was gerade mit mir geschehen sei, gab mir mein Inneres Kind keine Antwort. Es schaute nur unverwandt in den hinteren Bereich der Höhle. Ich folgte seinem Blick und bemerkte einen noch tiefer in die Erde führenden dunklen Höhleneingang. Den zu erforschen – danach war mir allerdings nicht zumute. Mein Inneres Kind sagte, es werde die Zeit kommen, daß ich hierher zurückkehren und diese zweite Höhle betreten würde.

So machte ich mich zur Rückkehr bereit. Ich verwandelte mich wieder in eine unsichtbare Möwe. Gemeinsam flogen mein Inneres Kind und ich durch den Wasserfall hinaus, und wir folgten dem Fluß in Richtung Meer. Genau an der richtigen Stelle, dessen war ich mir gewiß, jagten wir im Steilflug nach oben. Wie Pfeile schossen wir aus der Schlucht hinaus und flogen in weitem Bogen über die Dünen zu dem Ort, an dem ich zuvor gemütlich gelegen hatte.

Hier nahm ich wieder meine menschliche Form an und verabschiedete mich von der Möwe, meinem Inneren Kind.

Sie flog davon und gesellte sich zu ihren Artgenossen, die kreischend am Himmel ihren Spielen nachgingen.

Gorilla (Gorilla gina)

Hier endet die zweite Imagination. Es folgt die Beschreibung der dritten Reise:

Der Platz, den ich mir diesmal aussuchte, lag inmitten eines Laubwaldes. Es war kein exotischer Wald, sondern einer, wie wir ihn hier in Europa vorfinden.

Rings um mich zwitscherten Vögel. Durch das grüne Laubdach bekam das herabfallende Sonnenlicht eine sanfte Tönung.

Ich saß mit dem Rücken an einen Baum gelehnt und lud mein Inneres Kind ein, sich zu mir zu gesellen. Mittlerweile hatte ich mich so an meine Möwe gewöhnt, daß es mir gar nicht merkwürdig vorkam, sie in einem Wald anzutreffen. Wie aus dem Nichts heraus landete sie auf meinem linken Knie.

Auf meine Frage, ob ich etwas für sie tun könne, sagte sie, sie habe kalte Füße, die solle ich ihr bitte wärmen. Ich legte also meine Hände um ihre breiten Paddelfüße und wärmte sie, so gut ich konnte. Ihre Füße waren wirklich eiskalt. Daran änderte sich auch nichts, als ich sie hielt und wärmte. Sie blieben eiskalt.

Irgendwann sagte mein Inneres Kind, nun sei es gut. Ich würde noch genügend Zeit haben, mich um seine Füße zu kümmern.

Es bedankte sich und gab die Frage zurück, ob es etwas für *mich* tun könne.

Ich fragte es, ob es mir vielleicht wieder etwas zu zeigen habe.

In diesem Moment raschelte es im Gebüsch. Zweige und Äste bogen sich zur Seite, und ein Gorilla trat auf mich zu. Es war ein großes, junges Gorillamännchen, sehr kräftig, und schaute mich stumm an. Auf meine Frage, wer es sei, erhielt ich keine Antwort. Auch der Gorilla schien gekommen zu sein, um mir etwas zu zeigen. So folgte ich ihm ein Stück durch den Wald, bis wir an ein tiefes Loch kamen. Es hatte etwa den Durchmesser von einem Meter. Den Boden konnte ich nicht sehen.

Plötzlich packte mich der Gorilla, hob mich über die Öffnung und ließ los. Ich stürzte in die Dunkelheit. Trotz dieser Dunkelheit konnte ich aber alles um mich herum sehen. Ich landete nach einigen Metern, ohne mich verletzt zu haben. Ich befand mich in einem schwarzgrauen Felsschacht, von dem aus Gänge in den Fels hineinführten. Ich fürchtete mich und begann, nach oben zu klettern. Von dort schaute der Gorilla hinab.

Als ich endlich nach vielen Mühen oben angekommen war und mich aus dem Loch stemmte, packte mich das Tier und warf mich wieder hinunter. Ich konnte dagegen überhaupt nichts tun.

Ich rief nach oben, was das solle, erhielt jedoch keine Antwort. Auch mein zweiter Versuch, mich aus dem Loch zu befreien, scheiterte, weil mich der kräftige Kerl wieder hinunterwarf.

Er schlug mir nun vor, einen der unterirdischen Gänge zu erkunden. Das tat ich. Was dort geschah, weiß ich nicht mehr genau. Irgendwann blieb ich bei einer Szene hängen, die sich in einem edlen Restaurant abspielte, in dem ich mit meiner Seemöwe und dem Gorilla an einem Tisch saß. Beide hatten eine Serviette umgebunden. Auf ihrem Teller lag etwas, wovon sie sich auch in ihrem realen Umfeld in der Natur ernähren würden. Die Möwe stand vor ihrem Teller auf dem Tisch.

Es gab keinen Kellner und keine weiteren Gäste. Es war absolut still, und ich hatte den Eindruck, draußen sei es Nacht.

Da wurde ich mir dessen bewußt, daß die beiden mich anstarrten, und es wurde auch sofort klar, warum. Auf meinem Teller lag nämlich ein Steak, also ein Stück von einem getöteten Tier.

(Das Thema Fleischverzehr sollte mich im Anschluß an diese Reise noch lange Zeit beschäftigen, sowohl während verschiedener Imaginationen als auch in meinem realen Leben.)

Nach der Restaurantszene begannen die Bilder wieder, an mir vorbeizusausen. Schließlich fand ich mich in dem Loch. Noch einmal stieg ich die Felswand hinauf, und diesmal ließ mich der Gorilla hinaus. Ich spürte, daß mein Wille stark war. Ich hatte ihm jetzt etwas entgegenzusetzen. Und ich erkannte auch, daß ich in meinem Alltagsleben nur dann etwas erreichen kann, wenn ich es wirklich will und wenn ich wirklich dahinterstehe.

Der Gorilla führte mich zurück zum Ausgangsort der Reise, wo mein Inneres Kind, meine Seemöwe, auf uns wartete. Bald darauf verabschiedete ich mich von ihnen.

Soviel zu seiner dritten und letzten hier beschriebenen Imaginationsreise. Es folgt ein kleiner Kommentar, den Udo Frank selbst nach einigen Monaten dazu verfaßte:

Wenn man auf einer solchen Reise ist, weiß man bestimmte Dinge und Sachverhalte einfach, sobald sie auftauchen. Man muß nicht erst darüber aufgeklärt werden. Deshalb laufen die inneren Prozesse fortschreitend mehr und mehr ohne Worte ab. Die Dialoge mit den Wesen, die einem begegnen, ereignen sich in Bruchteilen von Sekunden. Erkenntnisse kommen oft schon in dem Moment, in dem man eine Frage stellt.

Für mich war sehr wichtig, während des Wochenendseminars von Margaret Vasington immer wieder darin bestärkt zu werden, daß ich dem Prozeß trauen kann und daß meine inneren Bilder zuverlässig sind. Sonst hätte ich sie wahrscheinlich schnell als Hirngespinste abgetan.

Mir war von Anfang an klar, daß die Bilder, die auftauchten, aus mir bislang unbekannten Bereichen meiner Seele kamen. Was ich erlebte, war ein Teil von mir, und es besaß Tiefe. Aber erst am Tag meiner Heimreise, am Bahnhof, wurde mir richtig bewußt, wie stark mich das Erlebte beeindruckt hatte.

Vier Wochen nach dem Seminar unternahm ich meine erste Imaginationsreise auf eigene Faust.

Leider habe ich in meinem »normalen« Leben dazu nur selten Zeit. Aber immerhin schaffe ich es heute, mehrmals täglich innezuhalten und mich selbst zu spüren. Das ist schon viel mehr, als ich jemals vorher für mein inneres Wohlbefinden getan habe.

ÜBUNG: Treffen mit dem Inneren Kind

Ihr Inneres Kind kann sich Ihnen, wann immer Sie Kontakt mit ihm aufnehmen, in ganz unterschiedlicher Weise zeigen, genau wie Udo Frank das in seinem ersten Reisebericht ausgeführt hat. Bei ihm kam es als Seemöwe, und auch bei Ihnen kann es in Gestalt eines Krafttieres auftauchen. Häufig jedoch erscheint es als das Kind, das Sie einmal waren. Sollten Sie beim ersten Mal, wenn Sie diese Reise unternehmen, Schwierigkeiten haben, Bilder oder andere Eindrücke zu erhalten, dann stellen Sie sich bewußt einen Platz vor, den Sie aus Ihrer Kindheit kennen. Und stellen Sie sich ein Foto von sich selbst als Kind vor. Über diese Brücke gelingt es Ihrem Unterbewußtsein leichter, sich einzuklinken.

Der Trick mit dem Foto eignet sich beispielsweise auch, wenn Sie mit einem Tier Kontakt aufnehmen wollen, das Ihnen einmal viel bedeutet hat und das verstorben ist. Suchen Sie ein Foto von diesem Tier, und schauen Sie es sich lange an. Wenn Sie dann Ihre Imaginationsreise antreten, nutzen Sie die Vorstellung von dem Foto als Tor.

Auch andere Bilder können gute Einstiegsmöglichkeiten bieten, zum Beispiel die Stiche aus *Brehms Tierleben* in diesem Buch.

Hier nun die Anleitung zu der Imaginationsreise, die Sie wie immer an einem Platz unternehmen sollten, an dem Sie nicht gestört werden:

Versetzen Sie sich in Ihrer Vorstellung an einen Ort, an dem Sie sich sicher fühlen und entspannen können, möglichst in freier Natur. Stellen Sie sich vor, aus Ihnen wüchsen Wurzeln tief in die Erde hinein und Ihnen fließe so Kraft aus dem Herzen des Planeten zu. Machen Sie sich bewußt, daß die Erde Ihre Mutter und Ihr Zuhause ist.

Nun lassen Sie Ihre Wurzeln in den Himmel aufsteigen, bis hinauf zur Sonne. Von hier stammt die väterliche, befruchtende Energie. Lassen Sie sich auch davon durchströmen und stärken, solange Sie wollen. Genießen Sie, daß Himmel und Erde in Ihnen zusammengekommen sind und in jedem Moment Ihres Lebens neu zusammenkommen.

Diesen ersten Teil der Imagination können Sie auch ohne die folgenden Anweisungen verwenden. Er stellt eine wunderbare kurze Meditation dar.

Machen Sie sich noch einmal den Platz bewußt, an dem Sie sich momentan in der Welt Ihrer Imagination befinden. Und rufen Sie Ihr Inneres Kind. Akzeptieren Sie, in welcher Gestalt und in welchem Alter auch immer es sich Ihnen zeigen möchte.

Begrüßen Sie das Kind. Fragen Sie es, ob es ihm gutgeht, ob es sich dabei wohl fühlt, sich jetzt hier mit Ihnen zu treffen. Und fragen Sie es, ob Sie ihm einen Gefallen tun können. Schenken Sie allem, was Sie sehen, hören, spüren oder auf andere Weise bemerken, höchste Aufmerksamkeit. Diese Situation ist die gleiche, wie wenn Sie ganz real einem kleinen Kind zum ersten Mal begegnen. Es muß zunächst einmal Vertrauen entwickeln, und es möchte gehört und ernst genommen werden.

Möglicherweise wünscht sich Ihr Inneres Kind etwas Ähnliches wie Udos Möwe: daß Sie ihm in der Welt der Imagination die Füße wärmen, es in den Arm nehmen, es streicheln.

Fragen Sie nun Ihr Inneres Kind, ob es etwas für *Sie* tun möchte. Ob es Ihnen etwas sagen oder zeigen will. Vielleicht ist es notwendig, daß Sie in dieser Situation mit ihm verschmelzen, um sich ganz und gar in das Kind hineinzuversetzen. Sollte Ihnen das Shapeshifting gar nicht gelingen, lassen Sie sich von Ihrem Kind an die Hand nehmen, oder gehen Sie auf andere Weise auf Tuchfühlung.

Stellen Sie sicher, daß Ihr Kind in seinem Vertrauen Ihnen gegenüber bestätigt wird.

Häufig sind Begegnungen mit dem Inneren Kind sehr gefühlsbetont. Lassen Sie Ihren Tränen oder auch Ihrem Lachen freien Lauf. Wenn Sie möchten, können Sie eine Puppe, ein Kuscheltier oder ein kleines Kissen in den Arm nehmen, das Ihr Inneres Kind symbolisiert.

Wenn Sie das Gefühl haben, die Reise neigt sich ihrem Ende zu, verabschieden Sie sich von Ihrem Inneren Kind, und versprechen Sie ihm, es wieder aufzusuchen. Halten Sie dieses Versprechen. Gehen Sie an den Ort in Ihren inneren Welten zurück, an dem Ihre Reise begonnen hat. Und begeben Sie sich dann von dort aus wieder ins Hier und Jetzt. Nehmen Sie sich Zeit dafür, wieder ganz in der Realität zu landen.

Schreiben Sie anschließend wieder detailgenau auf, was Sie während Ihrer Expedition erfahren haben.

Kaplöwe (Felis leo capensis)

10. KAPITEL

Wenn Kinder ins innere Tierreich reisen

Der kleine Junge, nennen wir ihn Johannes, ist ein zartes Kerlchen. Er landete vor sieben Jahren als Frühgeburt auf diesem Planeten. Noch immer hat er wohl das Gefühl, mit viel zu dünner Haut in ein viel zu grobes Leben hineingeworfen worden zu sein. Zu früh geborene Menschen empfinden das häufig in dieser Weise.

Letztes Jahr wurde Johannes vom Schuleintritt zurückgestellt. Diesen Sommer aber war er dran, und genauso erlebte er das: Oft fand man ihn in Tränen aufgelöst. Den Anforderungen, welche die Schule auf den verschiedensten Ebenen an ihn stellte, konnte er kaum gerecht werden. Nicht etwa deswegen, weil er weniger begabt wäre als seine Klassenkameraden, sondern einfach wegen seiner Übersensibilität.

Die Lehrerin Angelika F. sprach Johannes' Schwierigkeiten an, nachdem sie gespürt hatte, wie sich die Erstkläßler um ihren Kameraden sorgten. Sie fanden, daß Johannes »etwas Starkes« braucht. Geführt durch die Lehrerin, kamen sie auf die Idee, daß ein inneres Helfertier ihm sein Leben erleichtern könne.

Angelika F. kennt sich mit dieser Arbeit aus. So setzte sie sich eines Mittags nach dem Unterricht mit dem kleinen Jungen in einen Raum, in dem sie mit Sicherheit nicht gestört werden würden. Sie sagte ihm, daß sie jetzt gemeinsam eine innere Reise unternehmen könnten, und fragte ihn, ob er Lust habe mitzukommen. Ja, das hatte Johannes.

So schlossen sie die Augen, und die Lehrerin schilderte, wie sie beide in ihrer Vorstellung gemeinsam die Treppe hinunter auf den Parkplatz gingen, in ihr Auto stiegen und losfuhren. Über die Landstraßen, über eine Autobahn. Und wie sie schließlich vor einem großen Zoo hielten, einem ganz besonderen Zoo, in dem nämlich je eine Familie von allen Tieren der Welt lebte. Sie beschrieb genau das große Tor, wie sie beide hindurchgingen und wie das Tor von der Innenseite des Tiergartens aussah.

Sie fragte Johannes, ob er alles, was sie schilderte, in seiner inneren Welt nachvollziehen könne. Ja, das konnte er.

Hand in Hand, so erzählte die Lehrerin, spazierten sie über das Gelände, und sie sahen überall Tiere in umzäunten Bereichen oder in Käfigen. Dann kamen sie zu einem großen Käfig, in dem Johannes möglicherweise sein Helfertier finden würde. Zunächst war da keins zu entdecken. Aber dann erkannte er im hinteren Teil des Käfigs einen Affen.

Im einfühlsamen Zwiegespräch erfuhr Angelika F., daß der Affe dem Kind gut gefiel, daß es sich an seinem Aussehen und seiner Gelenkigkeit erfreute und daß es mit der Idee einverstanden war: Dies ist mein Helfertier. (Mit Absicht verwendete sie nicht den Begriff »Krafttier«, weil sie den Eindruck hatte, daß ein Siebenjähriger damit entweder noch nicht viel anfangen kann oder daß er meint, es ginge darum, ein Tier zu suchen und zu finden, das körperlich besonders kräftig ist.)

Nun sagte die Lehrerin, daß der Affe ganz nah am Gitter stand und Johannes etwas ins Ohr flüsterte. Was? »Daß ich jetzt nicht mehr soviel zu trinken brauche.« Diesen merkwürdigen Satz ließ sie so stehen. Sie erklärte Johannes, daß er künftig jederzeit in seiner Vorstellung den Affen aus dem Käfig herausholen könne, daß er an ihn denken könne, um seinen Rat oder seine Unterstützung zu bekommen. Vielleicht werde er auch von dem Affen träumen. Jetzt aber möge er sich von ihm verabschieden und ihm danken, daß er sich gezeigt hat.

Dann beschrieb sie genau den Weg zurück, den sie gekommen waren: zu Fuß zum Zoo-Eingang, durch das Tor, Blick zurück zum Tor, mit dem Auto wieder zur Schule, zu Fuß die Treppen hinauf und in den Raum, in dem sie auf ihren Stühlen saßen. Nun mit geöffneten Augen und im Alltagsbewußtsein gelandet, fragte sie den kleinen Schüler, wie ihm ihre gemeinsame Reise gefallen habe. Und daß ja der Satz des Affen, er brauche jetzt nicht mehr soviel zu trinken, ein bißchen rätselhaft gewesen sei.

Dazu meinte Johannes, ihm habe die Reise sehr gefallen. Und er habe auch gut verstanden, was der Affe gemeint habe. Nämlich daß er jetzt nicht mehr soviel zu *weinen* brauche.

(Als Erwachsener muß man da erst einmal um die Ecke denken. Das Innere Kind wird aber diese Logik ganz leicht mitvollziehen können.)

Zu Hause malte Johannes ein Bild von seinem Affen. Das klebte er auf das Tischchen, an dem er im Klassenraum seinen Platz hat. So kann er sich jetzt immer an die Gegenwart seines Helfertiers erinnern. Und tatsächlich muß er viel weniger weinen. Schlagartig hat sich seine Schrift verbessert, sie ist nicht mehr so zittrig wie zuvor. Er verhält sich deutlich lockerer und entspannter. Und die ganze Klasse freut sich, daß es ihrem Kameraden bessergeht. Verständlicherweise wollen jetzt alle anderen Schüler auch ihre Helfertiere kennenlernen …

Ein Jahr zuvor hatte Angelika F. eine andere Klasse, in der es einen ähnlichen Fall gab: ein Mädchen, das sehr schüchtern war. So schüchtern, daß es nur mit Flüsterstimme sprach. Das Kind litt sehr darunter, daß es sich nicht angemessen ausdrücken konnte. Es kam selbst zur Lehrerin mit der Frage, ob sie nicht etwas für sie tun könne.

Mit ihr machte Angelika F. ebenfalls die beschriebene Reise. Diesmal kam ein Papagei. Beide wußten sofort, daß er das Sprechen unterstützen wollte.

Auch das Mädchen malte ein wunderschönes Bild von ihrem bunten gefiederten Freund, das sie auf ihr Tischchen kleben durfte. Ihre Fähigkeit, lauter und deutlicher zu sprechen, entwickelte sich in bemerkenswerter Weise.

Angelika F. hatte einige Zeit zuvor eine Ausbildung bei einem Schamanismuslehrer gemacht. In diesem Zusammenhang erfuhr sie, wie man selbst möglichst sicher »reist« und wie man als »Reiseleiter« andere bei ihren inneren Expeditionen so unterstützt, daß sie sich gut zurechtfinden. Und sie hat vor allem in der Zeit *zwischen* den Seminaren erlebt, wie heilsam und wachstumsfördernd bewußte Kontakte zur Traumzeit und Traumwelt sein können. So war sie auf die Idee gekommen, den beiden Schülern auf die beschriebene Weise zu helfen.

Eine Klasse voller Helfertiere

Angelika F. wußte, daß ich an diesem Buchmanuskript schrieb und dafür eine Lehrerin suchte, die in irgendeiner Weise Krafttiere in ihren Unterricht integriert. Sie hatte die wunderbaren Erfahrungen mit Johannes und dem »Papageienmädchen« gemacht. Und da waren die Klassenkameraden von Johannes, die gern ihre eigenen Krafttiere kennenlernen wollten. So faßte sie die Gelegenheit beim Schopf.

Als erstes sprach sie mit ihrem Schulleiter. Obwohl sie ihr Vorhaben außerhalb der Schule plante, wollte sie sein Einverständnis. Dann schrieb sie an die Eltern. Auch ihnen erklärte sie, was sie vorhatte: Sie wolle am Buß- und Bettag – einem schulfreien Tag, der aber für die katholische Bevölkerung in Bayern keine Bedeutung als kirchlicher Feiertag hat – die Klasse in das Haus einer Freundin einladen, vormittags die eine Hälfte der Klasse, also etwa zehn Kinder, nachmittags die andere. Die Schüler würden dort eine »Traumreise« unternehmen, bei der sie ein Inneres Tier treffen sollten. Anschließend würden sie das Tier malen.

Sie habe die Jungen und Mädchen gefragt, und offenbar folgten sie dieser Einladung gern. Es sei aber alles freiwillig, und wenn die Eltern an dem Tag mit ihren Kindern etwas anderes vorhätten, so wäre das völlig in Ordnung. Es handele sich um eine ganz und gar außerschulische Unternehmung.

Dann bat sie noch, die Eltern möchten ihre schriftliche Einverständniserklärung geben und, falls sie ihre Kinder schickten, das Hinbringen und Abholen organisieren. Der Ort des geplanten Geschehens war einige Kilometer von der Schule entfernt. Außerdem möchten sie ihnen Pausenbrot, Malstifte und Hausschuhe mitgeben.

Von den 21 Erstkläßlern erhielten 17 die Erlaubnis. Eine Mutter schrieb sogar, wie sehr sie sich über diese Initiative freue.

So erschienen also am Morgen des Buß- und Bettages zehn Sechs- bis Siebenjährige am verabredeten Treffpunkt. Mit einer Mischung aus Schüchternheit, Aufgeregtsein, Neugier und Aufgeschlossenheit für alle Wunder dieser Welt erkundeten sie mit Zustimmung der Gastgeberin das lichtdurchflutete Haus.

Dann standen wir im Kreis und sangen ein Lied. Angelika F. stellte ihre Freundin und mich vor. Für eine rituelle Reinigung ließen wir alle imaginiertes Wasser in unsere geöffneten Hände laufen. Damit »reinigten« wir unsere Sinnesorgane und den ganzen Körper.

Schließlich nahmen wir auf den vorbereiteten Sitzkissen Platz, die im Kreis auf dem Boden lagen, schlossen die Augen und folgten Angelikas Reisebeschreibung. Johannes war übrigens dabei. Durch sein zartes Aussehen war er mir aufgefallen. Ich hatte mir schon gedacht, daß er derjenige sei, von dem die Lehrerin mir berichtet hatte. Sonst aber fiel er durch gar nichts auf. Offenbar fühlte er sich im Kreis seiner Kameraden wohl, und offenbar hatte er Spaß an diesem aus dem Rahmen fallenden Tag.

Die Lehrerin beschrieb die Reise genauso, wie sie sie für ihn beschrieben hatte. Und genauso, wie sie es bei ihm getan hatte, fragte sie immer wieder nach, ob alle Kinder folgen konnten. Wenn eins sagte: »Da bin ich noch nicht« oder »Das kann ich nicht sehen«, dann malte sie die Szene nochmals aus, mit ein paar zusätzlichen Details, und dann hatte sie die Gruppe wieder beisammen.

Es war eine Atmosphäre ähnlich wie bei einem ganz realen Schulausflug, bei dem innerhalb der Rasselbande mal einer vorprescht, mal einer zurückbleibt, und die Lehrerin behält sie alle im Auge.

Ein bißchen schwierig wurde es nur an einer Stelle: am Eingang des Zoos. Hier fragte Angelika besonders gründlich nach: Kann jeder erkennen, wie das Tor aussieht? Ist nun jeder durch das Tor hindurchgegangen? Und hat sich jeder umgeschaut, um zu sehen, wie es von der Innenseite aussieht?

Es gab eine Menge Verneinungen: nein, noch nicht durchgegangen oder durchgegangen und dann wieder zurückgegangen, nein, nicht geschaut, wie das Tor von innen aussieht... Bei einigen Kindern hörte es sich an wie eine Nekkerei, als wollten sie aus Spaß die ganze Truppe aufhalten. Dennoch ging die »Expeditionsleiterin« auf alles und auf alle ein.

»Mein Löwe hat mich abgeschleckt«

Ein großer Baum mitten im imaginierten Tiergarten wurde als Treffpunkt ausgemacht. Von hier aus sollte jeder seinen eigenen Weg gehen und sich nach seinem ganz persönlichen Helfertier umsehen. Wenn Angelika ein akustisches Zeichen gäbe, würde man sich an diese Stelle zurückbegeben und von hier aus gemeinsam als Gruppe zurücklaufen.

Folgendermaßen sollte man sich seinem Helfertier nähern:

es freundlich begrüßen und sagen, wer man ist,

es nach seinem Namen fragen, sich diesen Namen gut merken, ihn später aber nicht weitersagen, sondern ihn als Geheimnis für sich behalten,

es eventuell um einen Rat bitten,

es fragen, ob es vielleicht ein Lied oder einen Tanz singen oder zeigen möchte,

es fragen, ob es eine Aufgabe an einen stellt,

sich von ihm verabschieden und ihm versprechen, daß man es wieder besuchen wird.

Bei Kindern gehen Reisen dieser Art sehr schnell. Sie stehen der Welt der Träume ganz nah. Und ihre Aufmerksamkeitsspanne ist begrenzt.

Angelika F. gab also nach nur wenigen Minuten das verabredete Signal. Dann beschrieb sie den in der Vorstellung zu vollziehenden Weg zurück durch das Gelände, durch das Tor, ins Auto, über die Straßen zu dem Haus, in dem wir uns befanden und auf den Kissen saßen.

Wir reckten und streckten uns, dann malten die Kinder ihr Tier auf ein kleinformatiges Stück Papier – kleinformatig, damit es auf ihrem Tischchen in der Schule Platz haben würde.

Zum Abschluß des Vormittags wurde eine Runde gemacht, in der jedes Kind in wenigen Sätzen erzählte, welches Helfertier ihm begegnet war und wobei es ihm helfen wolle. Wer Lust hatte, durfte zu einer schönen Musik »sein Tier tanzen« und auf diese Weise die Erfahrung körperlich erleben und verankern.

Johannes hatte diesmal ein Pferd getroffen. Ein anderer Junge war einem Löwen begegnet. »Er hat gesagt: ›Ich bin dein Helfertier.‹ Und dann hat er mich abgeschleckt.«

Ein Mädchen traf gleich drei Tiere. Einen Hasen, »der ist mir im Tierpark nachgelaufen«. Einen Pinguin, »der ist zu mir gekommen. Er hat gesagt, er lebt in einer Eiswelt.« Und ein Pferd. Es war deutlich, daß die drei Tiere für drei unterschiedliche Bereiche im Leben des Mädchens stehen. Angelika F. sagte ihr, daß sie beide darüber in den kommenden Tagen einmal sprechen würden.

Es gab noch einen weiteren Hasen als Helfertier. »Er hat mir gesagt, daß er immer bei mir bleibt.« Eine Katze. »Die hat gesagt, sie hilft mir in der Schule.« Hunde und Vögel tauchten auf und erstaunlich viele Pferde. »Ich fühle mich gut, wenn mich mein Tier begleitet«, sagte ein Kind. Mehrere äußerten, daß sie von ihren Tieren in der Schule oder bei den Hausaufgaben Unterstützung bekommen würden – oder auch wenn sie krank sind oder Schmerzen haben.

Ein kleiner Junge sprach von seinem »Pferdl«, das ihm hilft, »wenn der Papa mich schimpft«. Dieser Kleine rührte besonders an mein Herz, warum auch immer. Vielleicht, weil er so niedlich war. Vielleicht, weil es mir leid tat, daß sein Vater offenbar immer wieder mit ihm in den Clinch ging. Möglicherweise aber auch, weil in dem Ausdruck »Pferdl« soviel Zärtlichkeit lag. (Ich sprach darüber hinterher mit Angelika F., und sie konnte einige Tage später in einem vorsichtigen Gespräch mit der Mutter des Jungen klären, was es mit dem schimpfenden Papa auf sich hatte; daß es sich hier keinesfalls um eine Familientragödie handelte, sondern um ein empfindliches Reagieren des Jungen auf die etwas schroffe Art des Vaters.)

Die Lehrerin mit den Traumhänden

Nachmittags kamen sieben Mädchen – die knappe zweite Hälfte der Klasse. Genau wie ihre Kameraden schauten sie sich mit glänzenden Augen in dem Haus von Angelikas Freundin um.

Für die Imagination gab die Lehrerin diesmal nicht den Tiergarten vor, sondern sie fragte die Mädchen, wo sie ihre Helfertiere treffen wollten. In einem Zauberwald, in einem Feenwald, in einer »ganz anderen Welt«, in einem Wunderwald – so lauteten die Vorschläge. Eine weitere Anregung war ein »Gruselwald«. Angelika wollte wissen, warum es denn ausgerechnet ein Gruselwald sein solle. »Weil ich es schön finde, wenn es mich graust.« Die Kleine war aber sofort davon zu überzeugen, daß nicht alle Kinder es lieben, wenn's spukt, und daß sich bei einer gemeinsamen Reise möglichst jeder Teilnehmer wohl fühlen solle. So einigten wir uns auf den Wunderwald.

Wieder erfuhr der Durchgang am Tor große Aufmerksamkeit. Diesmal handelte es sich um ein Tor in einem Zaun, der den Wunderwald von seiner Umgebung abgrenzte. Die Lehrerin erzählte, daß ihr »Traumhände« wachsen. Damit hatte jede der sieben Schülerinnen eine Hand, die sie durch das Tor geleitete. Sie schalteten sich aktiv in die Beschreibungen ein und gestalteten die Imaginationsreise mit: Sie imitierten das Zwitschern der Vögel, sie sagten, daß sie die innere Landschaft in bunten Farben wahrnähmen …

Angelika F. sorgte dafür, daß sich die Expedition am gleichen roten Faden orientierte wie die vom Vormittag. Diesmal wurde ein Felsen als Treffpunkt ausgemacht, und der Rückweg vollzog sich genauso wie der Weg in den Wunderwald hinein.

Am Morgen waren Pferde die beliebtesten Helfertiere gewesen. Nun hatten es den Kindern besonders die Vögel angetan. Deren Hilfsangebote ähnelten denen, die ihre Kameraden genannt hatten: Beistand im Zusammenhang mit Streit, Krankheit, Schwierigkeiten in der Schule.

Genau wie ich war Angelika F.s Freundin beeindruckt davon, welch schnellen, leichten und gleichzeitig tiefen Zugang diese Kinder zur Welt der Helfertiere haben – und wie sie ganz selbstverständlich akzeptieren, vielleicht sogar *wissen*, daß auf der Ebene ihrer Träume ein Tier ihr bester Freund ist. Und welche Freude ihnen der Kontakt macht. Wir waren beide regelrecht entzückt von dem, was wir an diesemTag miterleben durften. Wir waren uns darüber einig: Wir wären glücklich gewesen, wenn uns jemand mit dieser Möglichkeit vertraut gemacht hätte, als wir selbst kleine Mädchen waren. Und wir sind *heute* glücklich, als erwachsene Frauen unseren Inneren Kindern und allen anderen Seelenanteilen den Kontakt mit den Helfertieren gönnen zu dürfen.

Auch Angelika F. war mit dem Ergebnis ihrer Arbeit hoch zufrieden. Sie sagte, sie habe bei diesem ersten Einsatz der

1 2

1) Ringeltaube (Columba palumbus), 2) Hohltaube (Columba oenas)

Arbeit in einer relativ großen Kindergruppe viel gelernt. Sie werde daran in ihrem Unterricht anknüpfen, allerdings plane sie nichts Festes. Es müsse sich ergeben. Ihr nächster praktischer Schritt werde sein, am folgenden Tag in der Schule die Gemälde der Kinder in Folie einzuschweißen und sie auf die Tischchen zu kleben. Damit würden sie dann an jedem Schultag an ihre Begegnung mit den persönlichen Helfertieren erinnert. Sie fühlt sich nicht als ausschließliche Vermittlerin von Fertigkeiten. Sondern sie möchte tun, wozu heute bei dem hohen Termin- und Leistungsdruck in der Schule nur wenig Zeit bleibt: Sie möchte zusätzlich zu allem anderen die psychische Entwicklung der Kinder fördern. Offenbar weiß die Mehrzahl der Eltern dieses Bemühen zu schätzen und unterstützt es. Hätten sie sonst ihre Erlaubnis zu der aus dem Rahmen fallenden Buß-und-Bettags-Beschäftigung gegeben?

Und dabei hatte die Lehrerin in ihrem Brief noch um etwas anderes gebeten als nur um die Erlaubnis: Sie hatte auch den Wunsch geäußert, daß die Väter und Mütter die Privatsphäre ihrer Kinder respektieren und daß sie sie nicht ausfragen. Wenn ihre Sprößlinge über das Erlebnis des Tages und über ihr Helfertier berichten wollten – wunderbar. Wenn sie es aber für sich behalten wollten, dann möge bitte kein Druck auf sie ausgeübt werden.

Empfehlungen für die Arbeit mit Kindern

Dies ist denn auch Angelika F.s dringendste Empfehlung an Lehrer, Eltern, Gruppenleiter, die Kinder und Jugendliche mit ihren Helfertieren oder Krafttieren bekannt machen möchten: Begegnen Sie den Kindern mit Respekt. Seien Sie offen für alles, was sie Ihnen freiwillig erzählen wollen. (Und interpretieren Sie nicht, während erzählt wird. Wenn es Verständnisschwierigkeiten von seiten des Kindes gibt, finden Sie später im einfühlsamen Zwiegespräch heraus, was die fraglichen Details bedeuten könnten.)

Wenn ein Kind aber sein Erleben für sich behalten möchte, so lassen Sie es in Ruhe. Und betonen Sie schon vor Beginn der Reise, daß der Name des Krafttiers geheim bleiben soll.

Daß er ein schönes Geheimnis ist, welches Kind und Tier miteinander verbindet.

Rücksichtnahme ist natürlich auch angesagt, wenn ein Kind von Imaginationsreisen dieser Art überhaupt nichts wissen will. Zwingen Sie es zu nichts.

Im übrigen war während des beschriebenen Tages die ganze Zeit über klar: Wenn einem der kleinen Schüler an irgendeiner Stelle irgend etwas zuviel wird, darf er aussteigen; und zwar ohne daß er mit Fragen bedrängt oder reglementiert wird. Ein Mädchen machte für eine kurze Phase von dieser Möglichkeit Gebrauch, sie klinkte sich dann aber wieder ein. Niemand hatte damit ein Problem.

Ein weiterer wichtiger Punkt ist für Angelika F. die Bezeichnung dieser Arbeit. Unter »Imagination« können sich Kinder nichts vorstellen. Der häufig verwendete Begriff »Phantasiereise« könnte so mißverstanden werden, daß die Aufgabe lautet: Phantasiert euch einfach irgendwas zusammen. »Traumreise« hingegen paßt ausgezeichnet. In diesem Wort ist enthalten, daß es um innere Reisen geht und man Reisen dieser Art schon aus seinen Träumen kennt.

Sandra Ingerman, Psychologin und Schamanismus-Lehrerin, Spezialistin für »Seelenrückholung«, habe ich bereits erwähnt. In einem persönlichen Gespräch mit mir äußert sie, sie begrüße es, wenn Eltern und Lehrer Kindern die Idee von den Helfertieren nahebringen und sie ermuntern, in brenzligen Situationen an diese Freunde zu denken. Sie empfehle aber, mit Kindern »Traumreisen« der beschriebenen Art nicht zu häufig zu unternehmen. Denn die vorrangige Aufgabe von Erziehern sei, Heranwachsende mit der materiellen Realität und der Lebensbewältigung vertraut zu machen.

In »kleinen Dosen« angeboten sei dieser freundschaftliche Kontakt aber eine hervorragende Sache.

ÜBUNGSSCHEMA:
Traumreisen zu Helfertieren

Auf den folgenden Seiten finden Sie die wichtigsten Anhaltspunkte zur Vorbereitung und Durchführung von »Traumreisen« zu Helfertieren, die Sie selbst kreieren und unternehmen wollen. Wenn Sie sich an dieses Gerüst halten, haben Sie Vorkehrungen getroffen, daß alles möglichst sicher abläuft. Eine hundertprozentige Sicherheit kann es aber nicht geben. Wie Sie aus den Beispielen in den vorherigen Kapiteln gesehen haben, besteht immer die Möglichkeit, daß in den inneren Welten Dinge ablaufen, die unvorhergesehen sind, die vielleicht angst machen.

Daher ist auch zu empfehlen, daß Sie erst selbst einen gewissen Erfahrungsschatz sammeln, bevor Sie andere Menschen zu Reisen dieser Art anleiten.

Damit sich der Text flüssig liest, wurde er so formuliert, als wollten Sie eine Gruppe begleiten, und zwar eine Gruppe Erwachsener. Falls Sie allein reisen bzw. einen Erwachsenen, ein Kind oder eine Gruppe von Kindern begleiten möchten, formulieren Sie den Text in Gedanken einfach entsprechend um.

Bereiten Sie als erstes die Umgebung vor. Sorgen Sie für ausreichend bequeme Sitz- oder Liegemöglichkeiten und möglicherweise für Augenbinden oder Tücher zum Zudecken der Augen. In einem verdunkelten Raum oder mit verdeckten Augen reist es sich besonders für Ungeübte leichter, als wenn es hell ist.

Denken Sie an Zellstofftücher. Es kann sein, daß Tränen fließen werden.

Es sollte in diesem Raum warm sein. Für den Fall, daß später jemand friert, halten Sie Decken und warme Socken bereit. Schalten Sie Störfaktoren wie Telefon aus.

Wenn Sie es für nötig halten, reinigen Sie das Zimmer energetisch, indem Sie Räucherwerk verbrennen. Halten Sie dabei Türen und Fenster geöffnet. Oder reinigen Sie es durch eine vorbereitende Meditation, bei der Sie beispielsweise Licht aus dem Universum durch den Raum hindurch in die Tiefen der Erde hineinschicken. Dieses Licht kann durch die Erde hindurch ins Universum zurückfließen und sich in der Unendlichkeit wieder mit der Quelle des Lichts verbinden.

Um nach der Krafttierreise das Erlebte in Erinnerung zu behalten und in gewisser Weise zu materialisieren, sollte es aufgeschrieben, gemalt, getanzt, in Musik umgesetzt werden. Legen Sie schon jetzt Schreibzeug, Malzeug, Musikkassetten, Musikinstrumente und so weiter zurecht, damit alles griffbereit ist.

Machen Sie dann sich selbst und eventuelle Teilnehmer bereit. Tragen Sie bequeme, lockere Kleidung. Sorgen Sie dafür, daß Hunger und Durst gestillt sind. Allerdings sollte der Magen nicht mit einer zu reichhaltigen Mahlzeit belastet sein.

Gehen Sie zur Toilette.

Wenn Sie in einer Gruppe sind, machen Sie nun eine Runde, in der jeder seinen Namen sagt, eventuell auch sein Anliegen. Niemand sollte sich allerdings unter Druck gesetzt fühlen, etwas zu sagen, was er lieber für sich behalten möchte.

Lassen Sie alle Teilnehmer sich rituell reinigen, indem sie sich beispielsweise unter eine imaginäre Dusche stellen.

Klären Sie innerhalb der Gruppe bzw. für sich selbst, wohin Sie reisen möchten – zum Beispiel wie die Schüler im vorigen Kapitel in den großen Zoo, in einen Wunderwald, zu einer Arche Noah, in einen Raum, in dem Sie Ihrem Inneren Kind begegnen können, oder ähnliches.

Machen Sie deutlich, daß es möglich ist, auszusteigen. Wenn es jemandem zuviel wird, soll er den Weg, den er während seiner Imagination gegangen ist, genau wieder zurückgehen und in der Realität landen. Er soll möglichst bei der Gruppe bleiben und warten, bis alle ihre Reise beendet haben.

Gehen Sie als Reiseleiter mit hinein in die Imagination. Dann wird es Ihnen auch nicht schwerfallen, die inneren Landschaften und die inneren Gegebenheiten zu schildern. Konzentrieren Sie sich aber nicht auf eine eigene Begegnung mit einem Krafttier, sondern stellen Sie jetzt Ihren Schützling oder Ihre Schützlinge in den Mittelpunkt. Sie selbst sollten dafür offen und darauf vorbereitet sein, während Sie die Reise leiten, Fragen zu beantworten und Hilfestellung zu geben. Entspannung lautet der erste Schritt für die Reise. Wenn Sie möchten, können Sie eine passende Musik oder eine Kassette mit Trommelrhythmen spielen. Sie können auch selbst trommeln, rasseln und dergleichen. Dadurch wird der Eintritt in einen entspannten veränderten Bewußtseinszustand erleichtert. Es geht aber auch ohne diese akustischen Hilfsmittel. Die Konzentration auf den Atem oder darauf, daß Sie die einzelnen Gliedmaßen nacheinander anspannen und dann entspannen, kann dabei unterstützen.

Beschreiben Sie nun, wie Sie sich in den inneren Welten dem eigentlichen Ziel Ihrer Reise nähern. Das kann sich so gestalten wie im vorigen Kapitel, als die Lehrerin die Autofahrt zum Zoo beschrieb. Es kann aber auch so aussehen wie in den Übungen der Kapitel davor, wo einfach gesagt wurde: Gehen Sie in eine innere Landschaft, die Ihnen entspricht (die Ihnen gefällt bzw. die Ihnen vertraut ist).

Der wesentliche Punkt ist dann, die Schnittstelle zum eigentlichen Ziel der inneren Expedition zu finden und bewußt zu durchschreiten. Bei der Zoo-Imagination war diese Schnittstelle der Eingang zum Tiergarten. Beim Wunderwald gab es ein Tor im Zaun. In anderen Übungsvorschlägen ist es ein Loch in einem Baum, ein Loch in der Erde, eine spiegelnde Wasserfläche und ähnliches. Es kann auch eine Quelle sein, in die man eintaucht, um in die Anderswelt zu gelangen. Es kann, wie bei Alice im Wunderland, ein Spiegel sein.

Egal, wie der Durchgang im Einzelfall aussieht: Es ist von wesentlicher Bedeutung, ihn als Durchgang zu erkennen, ihn bewußt zu durchschreiten *und* sich noch einmal umzuschauen. Manchmal sieht eine Pforte dieser Art von der hinteren Seite ganz anders aus als von der vorderen. Um später den Rückweg in Sicherheit antreten zu können, muß man wissen, wie sie von der »drübenschen« Seite ausschaut.

Wenn es sich um eine Tür handelt, beschreiben Sie, wie sie geöffnet wird, wie man hindurchgeht und sie wieder hinter sich schließt.

Fragen Sie während der gesamten Reise immer wieder nach, ob alle Teilnehmer folgen können. Falls jemand sich äußert, daß er nicht mithalten kann, wiederholen Sie die Beschreibung oder warten Sie, bis er den Anschluß gefunden hat.

Betonen Sie, daß jeder sich den Rückweg gut merken soll.

Sagen Sie dann, nun sei der Moment gekommen, an dem man sich mit seinem Krafttier oder seinen Krafttieren trifft, bespricht und an dem eventuell ein Shapeshifting stattfindet. Erinnern Sie daran, daß hier wie bei jeder Begegnung im normalen Leben die Regeln der Höflichkeit eingehalten werden. Man solle also sein Krafttier begrüßen, sich selbst vorstellen und fragen, ob das Tier etwas von einem möchte. Man solle es um seinen Rat bitten, vielleicht auch fragen, ob es ein Lied oder einen Tanz für einen hat, ob man mit ihm verschmelzen oder wenigstens auf ihm reiten darf. Und man solle nicht drängen, falls die Erlaubnis nicht erteilt wird.

Geben Sie nun die notwendige Zeit, damit jeder ausgiebigen Kontakt mit seinem Inneren Tier haben kann. Fangen Sie erst wieder zu sprechen an, wenn Sie glauben, daß es genug ist. Fragen Sie, ob jemand noch länger braucht, und geben Sie eventuell noch einige Minuten zu.

Bitten Sie dann, jeder möge sich von seinem Helfertier verabschieden und ihm sagen, daß er mit ihm verbunden bleibt.

Beschreiben Sie den Weg zurück. Beachten Sie auch jetzt, während der Rückreise, die Bedeutung des Durchgangs.

Beenden Sie die Imagination damit, daß Sie deutlich machen: Nun ist man wieder hier in der materiellen Wirklichkeit, in diesem Zimmer, auf diesem Kissen, in diesem Körper gelandet. Lassen Sie jeden den Boden unter den Füßen spüren, lassen Sie jeden sich recken und strecken.

Lassen Sie die Reise schriftlich, als Gemälde, als Tanz oder Musikstück dokumentieren. Machen Sie erst danach eine Abschlußrunde, bei der jeder berichtet, was er möchte. Weisen Sie darauf hin, daß alles, was innerhalb der Gruppe besprochen wurde, auch in der Gruppe bleibt. Wenn Sie nur eine einzige Person begleiten, versichern Sie sie Ihrer Diskretion.

Seien Sie auch vorsichtig mit dem, was Sie über Ihre eigenen Erfahrungen außerhalb der Gruppe weitererzählen. Es kann sehr hilfreich und fruchtbar sein, mit einem Therapeuten, einem spirituellen Lehrer oder einem zuverlässigen, vertrauten Freund über die eigenen Erlebnisse in den inneren Welten zu sprechen. Aber weil sie so intim sind und häufig sehr sensible Bereiche in der eigenen Persönlichkeit berühren, öffnen Sie sich nur da, wo Sie sich wirklich sicher fühlen.

Wenn Sie mit Kindern arbeiten, erklären Sie ihnen diese Dinge ihrem Alter entsprechend.

Soweit also der Rahmen. Sie werden ihn mit der Zeit verinnerlichen, und Sie werden sich innerhalb dieses Rahmens völlig frei bewegen lernen.

Seeadler (Haliaëtus)

VON ADLER BIS ZIEGE

Ein kleines Lexikon der Krafttiere

Vorbemerkung

Jedes, wirklich jedes Tier, auch das kleinste und unscheinbarste, kann für Sie zum Krafttier werden, zum geistigen Helfertier, zum »Boten der Göttin«. Egal, ob es sich um einen Kolibri oder einen Käfer handelt oder um eins der Tiere, die einem sofort einfallen, wenn man »Krafttier« hört oder liest – einen Löwen, einen Bären, eine Eule –, sie alle können für Sie eine wichtige Bedeutung haben und eine inhaltsschwere Botschaft übermitteln.

Für das Erkennen von Bedeutung und Botschaft gibt es verschiedene Möglichkeiten oder Vorgehensweisen:

Sie wissen sie schon instinktiv während der Reise.

Sie schauen sich während Ihrer Reise das Krafttier genau an. Sie beobachten, was es tut, wie es sich verhält, Sie merken sich, was Ihnen ganz besonders auffällt. Sie nehmen mit ihm Kontakt auf und fragen es, was Sie wissen möchten; telepathisch oder auch indem Sie innerhalb Ihrer Imagination tatsächlich sprechen und das Tier wirklich antworten hören. Meist findet aber der Kontakt auf der telepathischen Ebene statt.

Sie erhalten die Erlaubnis zu einem Ritt auf dem Tier oder zu einem

Shapeshifting (siehe 7. Kapitel), und Sie erfahren in diesem Zusammenhang, was es für Sie bedeutet und was es Ihnen mitteilen möchte.

Sie erleben all dies und vielleicht noch viel mehr, und Sie können sich, während Sie sich in Ihren inneren Welten befinden, noch keinen Reim darauf machen. Nach der Reise zeichnen Sie alles so detailgenau wie möglich auf. In der Folgezeit kommen Ihnen dazu Ideen, die Sie weiterbringen – entweder spontan oder durch Nachsinnen und Meditieren.

Anhand Ihrer Aufzeichnungen forschen Sie im Anschluß an die Reise nach traditionellen Bedeutungen.

Für die letztgenannte Vorgehensweise schlagen Sie zum Beispiel im nun folgenden lexikalischen Teil dieses Buches nach. Oder Sie schauen in Bildbände und Lexika, in denen es um Märchen geht, um Mythologie, Archäologie oder Anthropologie ... Auch durch Informationen aus zoologischen Werken können Sie sich inspirieren lassen.

Bitte beachten Sie immer, daß die Botschaft eines Krafttiers auch die »umgekehrte« sein kann. Wenn Ihnen beispielsweise ein Eichhörnchen als Helfertier erscheint, kann das heißen, daß Sie sammeln und Vorräte anlegen sollten. Es kann aber auch bedeuten, daß Sie sich lieber um etwas anderes kümmern sollten, als die ganze Zeit auf Vorratshaltung und Vorsorge konzentriert zu sein. Das Helfertier verweist auf ein *Thema*. In welcher Weise es genau in Ihrem Leben aktuell ist und wie Sie seinen Hinweis umsetzen, das liegt an Ihnen.

Eine Recherche, Interpretation und dann ein praktisches Umsetzen dieser Art ist ein kreativer Akt. Es vermag sehr viel Anregung und Freude zu bringen.

Im übrigen kann das, was Sie für sich persönlich als Nachrichten Ihrer Krafttiere herausfinden, durchaus von dem abweichen, was die Tiere traditionell symbolisieren – und was Sie auf den folgenden Seiten finden.

Alle für dieses »Kleine Lexikon der Krafttiere« verwendeten Quellen sind im Literaturverzeichnis angegeben. Besonders wertvolle Informationen wurden den Nachschlagewerken von Barbara Walker und dem bisher nur in englischer Sprache vorliegenden Buch *Dictionary of Symbols* von Jack Tresidder entnommen (siehe Literaturverzeichnis). Hinweisen möchte ich auch auf die schönen Karten und die Begleitbücher von Philip und Stephanie Carr-Gomm zum *Keltischen Tierorakel* und von Jamie Sams zu den indianischen *Karten der Kraft*. Sie machen besonders Kindern und Jugendlichen Freude.

Im folgenden sind nicht nur Tiere erwähnt, die in Europa und Amerika vorkommen, sondern auch solche von allen anderen Erdteilen. Denn erfahrungsgemäß zeigen sich bei Imaginationsreisen animalische Helfer aus aller Welt, egal, wie sehr sich der Betreffende der keltischen oder indianischen oder einer sonstigen Tradition verbunden fühlt.

Um die Sache aber überschaubar zu halten, wurde auf speziell »östliche« Sichtweisen weitgehend verzichtet. Zum Beispiel blieb die reichhaltige hinduistische Götterwelt mit ihren Tieren praktisch völlig außen vor. Die Erwähnung mythologischer Tiere hält sich in Grenzen.

Nun noch einige generelle Tips für den Fall, daß Sie Ihre Krafttier-Begegnungen selbständig und von der Symbolebene her deuten möchten. Da ist es zunächst wichtig, in welchen der Elemente das jeweilige Helfertier lebt oder sich aufhält. In einigen indianischen Stämmen galten Wassertiere als Heiler, Lufttiere hatten mit Führungsqualitäten zu tun, und Erdtiere boten Schutz. Das vierte Element, Feuer, spielt in diesem Zusammenhang keine Rolle, weil kein Tier im Feuer lebt und überlebt. Daß Feuersalamander das können, ist ein Mythos. In den westlichen Disziplinen der Astrologie und des Tarot hat Wasser mit Gefühl und Emotion zu tun. (Eine Emo-

Bezoarziege (Capra aegagrus)

tion ist der *Ausdruck* eines Gefühls.) Luft steht hier für den Geist und den Intellekt. Erde ist das Sinnbild für Materie und Form.

Bei einer individuellen Deutung kann auch folgendes eine Rolle spielen: daß Ihnen während einer Reise zwei Tiere begegnen – ein Paar oder Geschwisterpaar oder Freundespaar der gleichen Art oder auch zwei verschiedene Tiere. Beobachten Sie, ob sie sich gut verstehen. Wenn sie das tun, so deutet es auf Kooperation, Harmonie, Ausgewogenheit der Polaritäten, Liebe und so weiter hin. Liegen sie miteinander im Konflikt und verstehen sie sich *nicht*, so bedeutet es Unausgewogenheit, widerstreitende Energien, Unausgewogenheit der Polaritäten und dergleichen.

Vielleicht hat bei einem Ihrer Krafttiere eine Zeugung stattgefunden, es ist trächtig, bekommt Junge oder legt Eier. Das heißt, es entsteht etwas Neues, und dieses Neue – im Fall der Eier – muß sich erst noch entwickeln und »ausgebrütet« werden. Die Anzahl der Jungen oder der Eier kann wichtig sein. Schlagen Sie in einem Symbollexikon nach, was die jeweiligen Zahlen bedeuten.

Es geschieht auch, daß sich in der Traumrealität Tiere miteinander verbinden, die das in der Natur nicht können. So werden möglicherweise etwa Tigerlöwenbabys geboren. Forschen Sie in einem solchen Fall nach, was der Vater (zum Beispiel der Löwe) und die Mutter (die Tigerin) bedeuten. Meditieren Sie darüber, oder überlegen Sie, wieso sich diese beiden Energien bei Ihnen miteinander vermischt haben.

In der Imagination tauchen zuweilen Tiere, die in der materiellen Realität lediglich Naturfarben wie Gelb, Braun, Grau, Schwarz tragen, in allen möglichen Regenbogenfarben auf, oder sie erscheinen wie aus farbigem Licht gemacht. Schauen Sie gegebenenfalls in einem Buch über Farbtherapie die Bedeutung der jeweiligen Farben nach.

Wenn Sie die Nachricht eines »Boten der Göttin« partout nicht entschlüsseln können: »Reisen« Sie ein zweites oder ein drittes Mal. Vertrauen Sie darauf, daß er sich über kurz oder lang schon verständlich machen wird, wenn die Nachricht wirklich wichtig für Sie ist.

Adler/Phoenix

Bedeutung und Botschaft: Der Adler ist der König der Lüfte. Er gilt auch als Sonnenvogel. Kein anderer Vogel ist fähig, so hoch zu fliegen und daher einen so weiten Überblick zu gewinnen. Andererseits schafft er es aber, auch noch aus den höchsten Höhen kleine Details auf der Erde wahrzunehmen.

Wenn Ihnen der Adler als Krafttier erscheint, so kann er Sie genau dabei unterstützen: auf die »Ebene drüber« zu gelangen, ohne Kleinigkeiten aus dem Auge zu verlieren. Sich aus dem Alltäglichen und Aktuellen herauszunehmen, sich einen Überblick zu verschaffen, das übergeordnete Ziel zu erkennen und dann mit einer klaren Vorstellung weiterzumachen. Inspiration, Mut und Selbstvertrauen gehören ebenfalls zu den Geschenken dieses starken Krafttieres. Weil er der Sonne so nah kommt, kann er auch deren »Medizin« übermitteln: Wärme, Licht, Vitalität, kreative Energie und so fort.

Traditionelle Weisheit: In Feuer- oder Sonnenkulturen galt der Adler als Träger des königlichen Geistes, der die Seele des Königs nach der Zeit seiner irdischen Inkarnation zum Himmel zurückbringt. Im Altertum war er das Krafttier des Prometheus, der das himmlische Feuer stahl und den Menschen brachte. So wurde und wird der Adler oft mit dem Feuervogel oder dem Phoenix gleichgesetzt, welcher aus reinigenden Flammen wiederaufersteht. Die Flammen verbrennen alle Sünden; dann wird er aus der Asche wiedergeboren.

Bei den alten Griechen war der Adler das Sinnbild des Zeus, bei den Römern das des Jupiter. Alle römischen Legionen hatten Adler als Heeresstandarten. Die Deutschen Kaiser des Heiligen Römischen Reiches übernahmen dann die Adler der Cäsaren als Wappen-Symbole.

Bei den Indianern steht der weiße Adler (»White Eagle«) für einen hohen spirituellen Lehrer. Adlerfedern waren und sind bei ihnen die heiligsten Werkzeuge zum Reinigen und Heilen. Räucherungen mit Kräutern werden mit Adlerfedern verwedelt, Schamanen nutzen sie zur Reinigung der Aura von Kranken.

Die Könige von Irland und Schottland schmückten sich mit den Federn eines Adlers, und die schottischen Clanoberhäupter trugen drei Adlerfedern an ihren Mützen. Sie bedeuteten drei Sonnenstrahlen.

Im Christentum ist der Adler das Attribut von Elias (der Name hat mit Helios, dem Sonnengott, zu tun). Und er ist das Kennzeichen des Evangelisten Johannes.

Affe

Bedeutung und Botschaft: Lassen Sie sich nicht davon irritieren, daß der Affe in unserer westlichen Gesellschaft kein sehr positives Image hat. In anderen Kulturen ist das völlig anders.

Affen stehen uns genetisch, von ihrem Aussehen und Verhalten her, sehr nahe. Deswegen werden sie häufig als Karikatur des Menschen angesehen. Dabei kann das Umgekehrte mindestens genausogut zutreffen: daß wir Zweibeiner uns innerhalb unserer Zivilisation in absurder Weise von der Natürlichkeit entfernt haben, die zu unserem Menschsein eigentlich dazugehört. Wer den ganzen Tag in Beton und Neonlicht mit Informationen auf dem Bildschirm kommuniziert, kann sich ganz bestimmt nicht naturgemäß entfalten.

Grünaffe (Cercopithecus sabaeus)

Wenn Ihnen der Affe als Krafttier begegnet, so weist er darauf hin, daß wir Menschen soziale Wesen sind. Er zeigt, daß wir uns gegenseitig brauchen: Die Gemeinschaft tut uns gut, über Hautkontakt wird Trost, Heilung und Liebe vermittelt, und es besteht überhaupt kein Grund dafür, sich für das Verlangen nach Streicheleinheiten zu schämen.

Ein erwachsener männlicher oder weiblicher Affe kann mit dem (archetypischen) Vater oder der (archetypischen) Mutter zu tun haben. Gerade in dieser Rolle wird er Sie lehren können, sich mit tief verwurzelten Vorurteilen auseinanderzusetzen und sich von ihnen zu befreien.

Traditionelle Weisheit: Während man in der christlichen Tradition dem Affen nicht über den Weg traut und ihm alle möglichen Untugenden andichtet, stand er im alten Ägypten für Weisheit. In Indien symbolisiert er Mut, Kraft und Selbstaufopferung. Der hinduistische Affengott Hanuman ist ein Krieger, Heiler und Fruchtbarkeitsgott. In Japan bedeuten die berühmten drei Affen, die sich Augen, Ohren und Mund zuhalten, die Weisheit der Diskretion.

Ameise

Bedeutung und Botschaft: Die Ameise als personifiziertes Prinzip »Gemeinsam sind wir stark« weist, wenn sie als Krafttier auftaucht, auf Kooperation, gegenseitige Unterstützung und Sicheinfügen hin. Ihre Botschaft kann sein, daß im Moment das Wohl einer größeren Gruppe oder das Wohl der Allgemeinheit wichtiger ist als das, was einem als Individuum am Herzen liegt.

Die Ameise lehrt Geduld, Fleiß und Disziplin. Sie ist eine

großartige Architektin, was auch im übertragenen Sinne verstanden werden kann: Es geht um etwas, aus welchem Lebensbereich auch immer, das gut geplant und nach und nach zuverlässig aufeinander aufbauend realisiert werden muß. Die Ameise kann Beharrlichkeit bringen und den Willen, sich mit viel Energie und Gemeinschaftssinn für ein Ziel einzusetzen. Im übrigen versteht sie sich auch sehr gut auf die Verteidigung individueller und kollektiver Rechte.

Traditionelle Weisheit: Die Bibel stellt den Fleiß der Ameise als Tugend heraus. In Mali galten Ameisen als Organisatoren, als die Urheber der Fertigkeiten, zu bauen und zu weben. Im Zusammenhang mit Sympathiemagie konnten ihre Nester Fruchtbarkeit bringen. In Marokko gab man Kranken, die an großer Lethargie litten, Ameisen zu essen, um ihren Stoffwechsel anzuregen.

Der römische Feldherr Plinius schrieb in seiner Naturgeschichte, wenn man die Lasten, die sie tragen, mit ihrer Körpergröße vergleichen wolle, müsse man wohl zugeben, daß kein anderes Geschöpf stärker sei als sie. Der französische Fabeldichter Jean de La Fontaine erzählt von einer Taube, die eine schon fast ertrunkene Ameise mit Hilfe eines Grashalms rettete. Das Insekt erwies dann seine Dankbarkeit, indem es einen Jäger, der die Taube schießen wollte, in die Ferse stach. Der mußte sich kurzfristig auf den Schmerz von diesem Stich konzentrieren und konnte nicht abdrücken. Die Ameise wird manchmal als Glücksbringer oder als Schatztier gesehen.

Hirschziegenantilope (Antilope cervicapra)

Antilope

Bedeutung und Botschaft: Die Antilope ist eine wahre Überlebenskünstlerin. Sie übt ihre Kunst mit Eleganz aus. Wenn sie als Krafttier auftaucht, geht es bei Ihnen möglicherweise genau darum: daß es notwendig ist, mit erhobenem Haupt und ohne zu jammern eine schwierige oder gar gefährliche Situation zu meistern.

Die Antilope verfügt über größte sensitive Fähigkeiten. Sie kann Gefahr wittern und sich angemessen verhalten. Entweder macht sie sich blitzschnell aus dem Staub, oder sie paßt sich an … Sie überlebt in schwierigsten Umgebungen, in allen Arten von Umfeldern.

Sie kann Ihnen Wachheit, Grazie, Schnelligkeit, Entschlossenheit und Mut zum Handeln vermitteln, und sie kann Ihnen zeigen, wie Sie trotz aller momentanen Probleme nicht den Anschluß an das übergeordnete große Ganze verlieren.

Traditionelle Weisheit: Bei den Indianern gab es viele Antilopen-Clans. Die Kraft dieser Tiere wurde von den Schamanen verehrt und umworben. Bei Eingeborenenvölkern in Südafrika verkörperte die Antilope den höchsten Schöpfer. In Mali sah man sie als dasjenige Tier an, durch welches die Menschen zum Ackerbau inspiriert wurden.

Bär

Bedeutung und Botschaft: Der Bär war der König der Vierbeiner unseres Kulturraumes, er war der Stärkste der Starken. Wenn er Ihnen auf einer Reise als »Bote der Göttin« begegnet, sind seine Nachrichten an Sie möglicherweise ganz besonders wichtig und ganz besonders individuell.

Zum einen ist der Bär ein kraftvoller Heiler. Er kann Heilkräuter erkennen und nutzen. So bezieht sich seine Botschaft an Sie möglicherweise auf Ihren Gesundheitszustand und Energiehaushalt. Als Winterschläfer könnte er Ihnen sagen: Mach mal Pause. Ruh dich aus und verdaue, was du in dich aufgenommen hast.

Zum anderen kann ein erwachsener männlicher Bär mit dem männlichen Prinzip zu tun haben, ein erwachsener weiblicher Bär mit dem weiblichen Prinzip. Wenn es darum geht, ein guter Vater oder eine gute Mutter zu werden oder zu sein – das heißt, wenn Sie ein Kind erwarten oder sich als Vater oder Mutter Ihren Kindern gegenüber unangemessen verhalten haben –, kann der Bär oder die Bärin Ihnen wesentliche Impulse vermitteln.

Weitere Lektionen, welche dieses Krafttier zu erteilen vermag, heißen Mut, Macht und Unverwundbarkeit.

Traditionelle Weisheit: Der Bär war und ist ein heiliges Tier. Schon die Neandertaler verehrten ihn als den Meister der Tiere. Eine Inkarnation des germanischen Gottes Wodan war der Bär. Seine Krieger, die Berserker, trugen Bärenfelle und »shapeshifteten« während des Kampfes in diese mächtigen Tiere. Bei den Kelten gab es den Bärengott Artaois, der mit dem Polarstern des Großen Bären zu tun hatte. »Art« heißt Bär, Artus oder Arthur ist der »Bärenmann«. So verbindet das Bild des Bären den Urschamanismus mit dem Druidentum der Mysterien des Königs Artus. Die Göttin Diana/Artemis verkörperte sich in vielen Tieren, vor allen Dingen aber in einer Bärin.

Im Christentum ist der Bär das Attribut des heiligen Gallus sowie der Heiligen Columba und Columban, die beide im keltischen Christentum eine wichtige Rolle spielten, die fast zur gleichen Zeit lebten und häufig miteinander verwechselt werden. Krafttiere dieser beiden Heiligen waren also Bär und Taube.

Biene

Bedeutung und Botschaft: Die Biene ist in ganz besonderem Maße ein Tier der Göttin. Als Krafttier kann sie bei der Entwicklung von weiblichen Qualitäten wie Gemeinschaftssinn,

Sorge um das Wohl anderer und das Gemeinwohl, Fleiß, Unermüdlichkeit und Enthaltsamkeit (auch von Süchten) helfen.

Wer für sich selbst und für andere Menschen sorgt und sich in einer Gemeinschaft, wie auch immer sie aussehen mag, aufgehoben und mit anderen verbunden fühlt, ist für Gefühle innerer Leere wenig anfällig. So braucht er weder dichtzumachen noch sich in Phantasien oder intellektuelle Denkgebäude zu flüchten, noch sich mit dubiosen Substanzen vollzuballern oder zwanghafte Verhaltensweisen zu entwickeln. Die Biene kann Ihnen zeigen, wo und wie Sie den Honig und die Süße des Lebens auf gesunde Weise finden.

Traditionelle Weisheit: Schon im Altertum galt die Biene als heiliges Tier. Ihr Produkt, der Honig, war nicht nur eine beliebte Speise, sondern auch eins der wenigen verfügbaren wirkungsvollen Konservierungsmittel.

Die Priesterinnen der Göttin in Griechenland, Anatolien und in anderen Ländern wurden mit »Biene«, »reine Mutter Biene« und ähnlichen Namen angesprochen. Der Mithraskult verehrte die Mondgöttin als Schöpferin des Honigs, der bei rituellen Reinigungen verwendet wurde. In der lateinischen und deutschen Dichtung des Mittelalters war die Biene ein Symbol der Parthenogenese, also der sogenannten Jungfernzeugung (Entwicklung von Pflanzen, Tieren und Menschen aus unbefruchteten Eizellen). So war sie auch ein Tier der Maria. In der Tradition der Druiden kommen die Bienen aus der paradiesischen Welt der Sonne und des Geistes. Aus der Perspektive der Druiden tanzen die Bienen einen heiligen Tanz zur Huldigung der Sonne. Der Stich einer Biene kann auch als Symbol für »Amors Pfeil« gedeutet werden.

Kafferbüffel (Bos caffer)

Büffel/Bison

Bedeutung und Botschaft: Mit dem Büffel oder dem Bison waren die Indianer durch Jagd und Kultur so sehr verbunden wie wohl mit keinem anderen wildlebenden Tier. (Sie haben es nie domestiziert.) In vielen Indianerstämmen waren weiße

Büffel die heiligsten Tiere. Bei den Lakota (Sioux) heißt es, die Weiße Büffelfrau habe die Menschen beten gelehrt und ihnen die Pfeifen-Zeremonie beigebracht.

Wenn Sie einen Büffel als geistiges Helfertier treffen, so kann er Ihnen zeigen, wie Sie einen Zugang zur Heiligkeit der Erde und der Natur gewinnen können. Er wird Ihnen Impulse vermitteln, wie Sie Ihre ganz individuelle Art zu beten herausfinden. Mit seiner Hilfe können Sie Vertrauen gewinnen oder zurückgewinnen, daß das Leben auf Überfluß hin orientiert ist. Denn ein wichtiges Thema des Büffels oder Bisons heißt Reichtum. Reichtum aber nicht nur auf der materiellen Ebene, sondern beispielsweise auch Reichtum an Kontakten, Freunden, an Liebe, an Ideen, Plänen und Projekten, an Humor, Witz und dergleichen mehr.

Traditionelle Weisheit: Den Prärie-Indianern gaben die Büffel Fleisch zum Essen, Fell für Decken und Kleider. Auch Knochen und Hufe wurden verwendet. Die Weißen schlachteten die Bisonherden in planmäßigen Massakern ab und entzogen den Indianern ihre Lebensgrundlage.

In Indien und Asien ist der Bison ein Symbol für starke, aber dennoch friedvolle Kraft. Hier wird er häufig zum Opfertier. Die alten Chinesen setzten die ruhige Kraft des Büffels mit einem Leben in Kontemplation gleich: Der Legende zufolge ritt der Weise Laotse auf einem Wasserbüffel.

Chamäleon

Bedeutung und Botschaft: Was das Chamäleon als Helfertier bedeutet, liegt so sehr auf der Hand, daß es kaum einer Erklärung bedarf: Es ist der Shapeshifter par excellence (siehe 7. Kapitel). Es paßt sich wie kein anderes Tier an seine Umgebung an und macht sich unsichtbar, und so lautet denn auch seine Botschaft: Paß dich an, halt still, fall nicht auf, schütz dich.

Möglicherweise sagt es aber auch genau das Gegenteil: Komm aus deinem Versteck hervor, zeig dich, steh für dich ein. Durch sein Auftauchen weist das Chamäleon auf das Thema Tarnung und Sich-unsichtbar-Machen hin. Wie Sie diese Botschaft umsetzen, liegt an Ihrer persönlichen Situation.

Eine weitere Botschaft dieses Krafttieres kann der Hinweis auf eine Neuorientierung sein.

Traditionelle Weisheit: In Afrika wurde das Chamäleon als heilig angesehen. Es hatte mit Donner, Blitz, Regen und auch mit der Sonne zu tun und wurde in vielen Stämmen als Vermittler zwischen den himmlischen Göttern und den Menschen angesehen.

Auf dem europäischen Kontinent findet sich das Chamäleon nur in Südspanien, daher war es bei uns lange Zeit nicht bekannt. Weil es Insekten fängt, wurde es in Spanien manchmal als Haustier gehalten.

Gern werden Schmeichler, Lügner und Konformisten als »Chamäleon« bezeichnet. Dabei ist das Tier selbst geduldig, ruhig, schnell, umsichtig und standfest. Es gehört zu den Echsen. Sein Name bedeutet »Erdlöwe«.

Dachs

Bedeutung und Botschaft: Der Dachs ist ein Einzelgänger, der sich mit allem bestens auskennt, was sich unter der Erde befindet, unter anderem mit Wurzeln, Steinen und Pflanzen.

Wenn er sich als Helfertier zeigt, will er möglicherweise darauf hinweisen, daß man sich selbst helfen soll. Und dieses »Hilf dir selbst« ist dann im Hinblick auf den eigenen Gesundheitszustand und Kräftehaushalt gemeint. Seine Botschaft kann auch lauten, daß man etwas »ausgraben« soll, was sich auf die unterschiedlichsten Themen beziehen kann, zum Beispiel auf vergessenes Wissen, auf der Strecke gebliebene Erinnerungen und Gefühle, auf wichtige, aber nur mit Mühe zu erlangende Informationen und so weiter.

Weitere Nachrichten des Dachses können sein: Schau unter die Oberfläche. Oder: Verbinde dich mit der Erde.

Traditionelle Weisheit: Bei den Kelten war der Dachs für seine Hartnäckigkeit und seinen Mut berühmt. Für sie war er das unnachgiebigste aller Tiere. Aus dem Fell am Kopf des Dachses wird der traditionelle Geldbeutel der Bewohner der schottischen Highlands angefertigt. Die Schotten sind ja für ihren Geiz berühmt, dabei waren die Bewohner dieser kargen Gegend einfach nur arm. Deshalb wanderten so viele Schotten und Iren nach Amerika aus, um dort ein neues Leben zu beginnen.

Bei zahlreichen Indianerstämmen hat der Dachs mit Heilen zu tun und mit dem Beschreiten ungewohnter, unorthodoxer Wege (beim Heilen und in anderen Zusammenhängen).

Delphin (Delphinus delphis)

Delphin/Tümmler

Bedeutung und Botschaft: Die quietschvergnügte Lebensfreude, die Delphine ausstrahlen, kann eine »Medizin« sein, die an Kraft schwer zu übertreffen ist. Dabei sind diese schönen, eleganten Meeressäuger zusätzlich hochintelligent, hochsensitiv, neugierig im besten Sinne und voller Altruismus. All dies können sie uns lehren. Wenn Sie einem Delphin als Helfertier begegnen, sagt er Ihnen möglicherweise, daß es in Ihrem Leben an einer dieser Eigenschaften oder sogar an mehreren davon mangelt oder daß Ihnen generell Ihr Optimismus abhanden gekommen ist.

Delphine sind sehr auf Zweisamkeit, Familie und Gemeinschaft hin orientiert, sie haben zum Thema Liebe und Freundschaft viel zu vermitteln.

Es ist sogar möglich, einen Delphin als Krafttier »auszuleihen«. Das heißt, Sie könnten einem kranken, traurigen, unglücklichen Menschen, der sich selbst nicht für den Kontakt mit geistigen Helfertieren öffnen möchte oder kann, Ihren Delphin ans Herz legen. So etwas kann in ganz einfacher Weise geschehen, ohne viel Aufhebens. Sagen Sie einfach, dieser Mensch möchte, um sich zu beruhigen, zu entspannen oder sich ein wenig Freude zu gönnen, an einen oder mehrere Delphine draußen im Meer denken. Er möchte sich in die Freiheit und Freude hineinbegeben, sich die Farben des Wassers und des Himmels vorstellen, das helle Licht der Sonne …

Traditionelle Weisheit: Aus allen Zeiten gibt es Mythen und Märchen, die von Delphinen erzählen, welche Kinder oder Schiffbrüchige vor dem Ertrinken gerettet und an Land getragen haben. In kretischen, griechischen und etruskischen Mythen sind Delphine Reittiere der Götter und Helden.

Apoll soll der Sage nach die Gestalt eines Delphins angenommen haben, um die Bewohner Kretas zum Ort Delphi zu tragen, wo sie seinen Tempel bauten. Ob sich der Name dieser berühmten Orakelstätte davon ableiten läßt, ist allerdings unklar.

Auf Bestattungsurnen stellten Delphine die Seele dar, die in eine andere Welt einging. Und im Christentum ist der Delphin ein Symbol für Christus als Retter.

Drache

Bedeutung und Botschaft: Überall auf der Welt gibt es Vorstellungen von Drachen in größter Mannigfaltigkeit. In den östlichen Traditionen sind diese Fabeltiere positiv besetzt, sie gelten als Bringer von Glück, Reichtum, Inspiration und Schutz. Bei uns lösen sie eher Furcht aus. Wenn auf einer Ihrer Reisen ein Drache Ihren Weg kreuzt, ist es also wichtig, nach seiner Bedeutung und Botschaft für Sie persönlich zu fragen und zu forschen.

In der keltischen Tradition gibt es Drachen, die im Wasser, in der Erde, in der Luft und im Feuer leben. Versuchen Sie herauszufinden, welches das Element Ihres Drachen ist, und forschen Sie im Zusammenhang mit der Bedeutung des Elementes weiter: Wasser steht für Gefühle und ihren Ausdruck sowie für das Unbewußte/Unterbewußte. Erde hat mit Materie und Form zu tun. Erddrachen standen bei den Druiden für Erdenergien, die beim Bau von Gebäuden oder bei der Errichtung von Steinkreisen ausgependelt oder mit anderen Techniken ausfindig gemacht und konstruktiv genutzt wurden. Luft bedeutet Intellekt, und Feuer symbolisiert die Lebensenergie sowie alles, was das Feuer kann: erhitzen, erleuchten, verändern.

Traditionelle Weisheit: Noch bis ins 17. Jahrhundert schrieben europäische Gelehrte so über Drachen, als existierten sie wirklich. Bis heute gibt es »Dracontologen«, Drachen-Wissenschaftler. Tatsächlich leben Tiere, die aussehen, wie man sich diese mythologische Kreatur vorstellt, zum Beispiel Leguane oder bestimmte Schlangen.

In der germanischen Mythologie ging es mit Schlangen und Drachen ziemlich durcheinander; dort heißen Schlangen »Lindwürmer«. Siegfried tötete einen solchen namens Fafnir.

In der Alchemie bedeutet ein roter Lindwurm Basismaterial, das noch nicht veredelt wurde. In einem griechischen Mythos bewachten Drachen die goldenen Äpfel der Hesperiden. Auf Flaggen erschienen Drachen bei den Römern und den Wikingern, und bis heute ist der rote Drache ein nationales Emblem in verschiedenen Gegenden Großbritanniens, das herrschaftliche Macht symbolisiert.

Innerhalb des Christentums ist der Drache das Attribut des heiligen Georg, des heiligen Michael, der heiligen Martha und des heiligen Silvester.

Eichhörnchen

Bedeutung und Botschaft: So klein und possierlich das Eichhörnchen auch aussehen mag, es kann ein kraftvolles Helfertier mit wichtigen Nachrichten sein. Zum einen kann es auf Schnelligkeit hinweisen. Seine deutlichste und augenfälligste Aussage hat jedoch mit dem zu tun, worin es Meister ist: mit Sammeln, Vorratshaltung, Rationieren und Vorsorge. Möglicherweise will es Sie darauf hinweisen, daß es für Sie an der Zeit ist, sich darum zu kümmern. Wobei sich all diese Themen nicht nur auf Materielles, sondern genausogut auf Ideelles beziehen können: auf Informationen, Zeit, Energie und so weiter.

Es besteht im Gegenteil aber auch die Möglichkeit, daß das Eichhörnchen Ihnen sagen möchte: Du kümmerst dich viel zu sehr um das Anhäufen von verschiedensten Sachen. Gib was weg. Mach dich frei. Oder auch: Genieß, was du zusammengetragen hast. Freu dich dran.

Eichhorn (Sciurus vulgaris)

Traditionelle Weisheit: Das Eichhörnchen ist auf allen Kontinenten der Erde zu Hause, nur nicht in Australien. In Japan gilt es als Fruchtbarkeitssymbol. In der germanischen Mythologie nährte es die Feindschaft zwischen dem Adler oben auf der Weltenesche Yggdrasil und der Schlange an den Wurzeln.

Eidechse/Salamander

Bedeutung und Botschaft: In vielen Eingeborenenvölkern sind Eidechsen Schöpfergötter. Vielleicht, weil sie als Kaltblüter gern in der Sonne liegen und den Eindruck machen, als schliefen sie, gelten sie als Bewacher des Traumzustandes.

Die Eidechsen sind aber beim Sonnenbaden hellwach und fangen jedes Insekt, das ihnen zu nahe kommt.

Die Eidechse als Krafttier kann Sie dazu ermahnen, auf Ihre Träume zu achten. Sie ist Ihnen dabei behilflich, das Traumgeschehen zu behalten und zu entschlüsseln. Sie kann Ihnen auch Unterstützung geben, wenn Sie lernen möchten, innerhalb von Träumen aktiv zu werden; beispielsweise in sich wiederholenden Angstträumen die Initiative zu ergreifen und die Umstände aus eigener Kraft so zu verändern, daß Sie keine Angst mehr haben müssen.

Zwei weitere wichtige Eigenschaften der Eidechse sind, daß sie an ihrem gesamten Körper hochsensibel ist und daß sie Gliedmaßen nachwachsen lassen kann. Auch diese Fähigkeiten könnte sie Ihnen als Krafttier zur Verfügung stellen – letztere zumindest im übertragenen Sinne …

Traditionelle Weisheit: In einer katalanischen Schöpfungsgeschichte wird die Eidechse von Gott geformt. Der Teufel formt die Schlange. Seitdem, so heißt es, sei die Eidechse die Feindin der Schlange und beschütze den Menschen vor diesem »Teufelstier«. So gilt die Eidechse dort und auch in anderen Gegenden als Glücksbringer. In der Antike wurde sie häufig mit dem Sonnengott Apollo in Verbindung gebracht.

Einhorn

Bedeutung und Botschaft: Hörner bedeuten Antennen in andere Dimensionen. Das Einhorn trägt an der Stelle sein einzelnes Horn, an der sich das feinenergetische »Dritte Auge« befindet, das mit Intuition, Inspiration und ganzheitlicher Wahrnehmung zu tun hat.

Wenn also dieses zauberhafte Fabeltier als Helfertier Ihren Weg kreuzt, so macht es Sie möglicherweise darauf aufmerksam, daß jetzt ein guter Moment ist, diese Qualitäten zu trainieren und zu entwickeln. Oder daß es dringend notwendig ist, das zu tun. Aber auch das Gegenteil kann gemeint sein: daß Sie Ihre Konzentration auf diese Dinge wieder zurücknehmen sollten.

Zum anderen ist das Einhorn ein starkes christliches Symbol, das – siehe oben – mit der Öffnung für die Intuition im Sinne von spiritueller Durchdringung zu tun hat. Weiterhin steht es im christlichen Zusammenhang für Reinheit, Enthaltsamkeit, Kraft und Tugend. Es soll starke Heilungskräfte besitzen. So kann es Ihnen dabei helfen, »ein anständiger Mensch zu werden«.

Traditionelle Weisheit: Meist wurde und wird das Einhorn als weißes Tier mit einem Pferdekörper, Pferdekopf (manchmal ausgestattet mit einem Ziegenbart) und der Mähne eines Pferdes dargestellt. Seine Hufe sind die einer Antilope, sein Schwanz ist der eines Löwen. Das Horn auf seiner Stirn ist spiralig gedreht.

Der Sage nach kann es nur von einer Jungfrau gefangen werden. So besteht eine Verbindung zwischen ihm und jungfräulichen Mondgöttinnen und Jagdgöttinnen wie Diana / Artemis und zur Jungfrau Maria (wobei Jungfräulichkeit in vielen Kulturen nicht bedeuten mußte, daß eine Frau sexuell enthaltsam lebte, sondern daß sie sich lediglich entschlossen hatte, keinen Ehemann und keine Familie zu haben).

Bei den Rittern des Mittelalters bedeutete das Einhorn die Tugend reiner Liebe und die Kraft einer tugendhaften Frau, das Horn der sexuellen Begierde zu zähmen.

In der Alchemie symbolisiert das Einhorn Mercurius, also

Quecksilber, während der Löwe für Sulphur, Schwefel, steht. Diese beiden Tiere können auch noch andere Dualitäten repräsentieren, etwa Mond (Einhorn) und Sonne (Löwe). Sie tauchen häufig in Wappen auf, zum Beispiel das Einhorn als eines der Embleme für Schottland.

Elefant

Bedeutung und Botschaft: Was ein Elefant auf den ersten Blick ausstrahlt, das ist Größe, Ruhe, geballte Kraft. Seine Gedächtnisleistungen und sein Erinnerungsvermögen sind sprichwörtlich. Er ist ein Symbol für Weisheit und spirituelles Wissen.

Wenn dieses größte Landsäugetier der Erde Ihr Krafttier oder eins Ihrer Krafttiere ist, so weist es Sie auf all dies hin. Zum Beispiel könnte es sagen: Plane, was du vorhast, in Ruhe. Plane groß. Oder: Mach dich nicht klein. Sei dir deiner Größe und Macht bewußt und tritt entsprechend auf.

Der Elefant kann Sie auch darauf aufmerksam machen, daß Sie sich auf Ihren Intellekt verlassen und Ihre intellektuellen Fähigkeiten einsetzen sollen. Oder daß Sie gut daran tun, bei Ihrer Frage den spirituellen Kontext im Auge zu behalten.

Traditionelle Weisheit: Elefanten leben in Indien und Afrika. Die afrikanischen sind größer. Beide Arten können über hundert Jahre alt werden.

Der weiße Elefant gilt als heiliges Tier. Die Mutter des Buddha, Maya, träumte, daß ein kleiner weißer Elefant in ihren Schoß eingetreten war. So erfuhr sie von ihrer Schwangerschaft.

In Rom galt der Elefant als Krafttier des Gottes Merkur, den

Gott des Handels und der Schriftsteller, der selbst ein Götterbote war.

In Indien, China und Afrika steht der Elefant für Kraft, Langlebigkeit, Glück, Reichtum, Stärke, Würde, Intelligenz, Klugheit, Vorsicht, Frieden und Fruchtbarkeit.

Im Christentum symbolisiert er gelegentlich, daß Christus den Tod oder das Böse besiegte.

Esel/Maulesel/Maultier

Bedeutung und Botschaft: Der Esel hat kein sehr positives Image. Dabei ist er ein treuer Freund und Helfer des Menschen, ein Reittier und Lastenträger. In einigen Kulturen symbolisiert er Demut und Geduld.

Wenn ein Esel Ihr Helfertier oder eins Ihrer Helfertiere ist, so kann es sein, daß er Ihnen beim Tragen Ihrer Lasten – im übertragenen Sinne – Unterstützung geben möchte. Sie können mit seiner Hilfe zu mehr Geduld gelangen, und es fällt Ihnen leichter, sich in etwas zu fügen, auf das Sie keinen Einfluß haben.

In einigen astrologischen Schulen wurde der Esel mit dem strengen Lehrer Saturn assoziiert: Er »stellt sicher«, daß wir unsere Lektionen lernen.

Traditionelle Weisheit: Im Märchen kann der Esel zum Goldesel werden. Im Christentum kommt er immer wieder in äußerst positiven Zusammenhängen vor: Mit dem Ochsen bewacht er das neugeborene Jesuskind. Jesus reitet auf einem Esel in die Stadt Jerusalem.

Der heilige Columba liebt kein anderes Tier so sehr wie den alten Esel, der ihm sein ganzes Leben lang gedient hat. Er gilt als besonderes Attribut folgender christlicher Heiliger: Florentinus, Leonhard sowie Antonius von Padua.

Eule/Uhu/Käuzchen

Bedeutung und Botschaft: Die Weisheit der Eule ist sprichwörtlich. Hinzu kommen Aufmerksamkeit, Bewußtheit, Beobachtungsgabe und Objektivität. Die Eule, ein typisches, traditionelles Krafttier, kann, wenn sie Ihnen ihre Hilfe anbietet, auf diese Themen hinweisen.

Vielleicht neigen Sie dazu, die Dinge eher durch Ihre eigene, subjektive Brille zu betrachten? Und es wäre notwendig, daß Sie sich auf die »Ebene drüber« begeben, um einen größeren Zusammenhang zu erkennen und vielleicht auch zu realisieren, daß es gut wäre, die eigenen Interessen zum Wohle der anderen oder der Gemeinschaft hintanzustellen? Weitere Botschaften der Eule könnten lauten: Schau genau hin. Konzentrier dich, sei aufmerksam, sei wachsam.

Die Eule steht symbolisch für das Weibliche, den Mond, die Nacht. Sie ist auf allen Ebenen eine großartige Heilerin, nicht nur auf der körperlichen. Wenn sie sich zeigt, geht es auf jeden Fall um ein ernstes Thema, das nicht auf die leichte Schulter genommen werden sollte.

Traditionelle Weisheit: Die Eule war das Krafttier der griechischen Göttin der Weisheit, Athene, der Schutzpatronin der Stadt Athen. In vielen Kulturen galt sie als Totenvogel und als besonders vertrauenswürdige Begleiterin in die Welten, in die wir nach dem Sterben eingehen. »Tod« muß allerdings nicht körperlichen Tod bedeuten, sondern kann für »Ende und Neuanfang« stehen.

Waldkauz (Syrnium aluco)

In vielen Indianerstämmen wurden Eulenfedern und -bilder zum Schutz und als Fruchtbarkeitssymbol verwendet. Bei den Kelten heißt es, daß der Ruf der Eule die Geburt eines Kindes oder den Tod eines Menschen verkündet. Sie wird mit dem Aspekt der Göttin als weise Alte assoziiert.

Falke/Habicht

Bedeutung und Botschaft: Ähnlich wie der Adler kann der Falke sehr hoch fliegen und damit einen optimalen Überblick bekommen. Auch er gilt als Sonnenvogel. Während aber der Adler extrem scheu ist und seine eigenen Interessen verfolgt, läßt sich der Falke zähmen.

Er steht vor allem für »Ritterlichkeit« und »Adel«. Finden Sie heraus, welcher dieser Bereiche für Sie persönlich besonders akut ist, wenn der Falke als Krafttier in Ihre inneren Welten geflogen ist: der des »Falkenauges«, das den Überblick hat und dem trotzdem nichts entgeht; der des siegreichen, königlichen Sonnenwesens, welches auf Licht, Bewußtheit oder auch auf den spirituellen Aspekt eines bestimmten Themas verweisen möchte; oder ob er Sie darin unterstützen möchte, ritterliches Verhalten an den Tag zu legen.

»Ritterlichkeit« ist, nebenbei bemerkt, eine Eigenschaft, die nicht nur Männern, sondern auch Frauen gut zu Gesicht steht. Sie bedeutet, in einer »edlen«, kultivierten, zurückhaltenden Weise hilfsbereit und unterstützend zu sein.

Traditionelle Weisheit: Die vollkommen ausgebreiteten Flügel eines Falken wurden im alten Ägypten häufig auf Skulpturen, Schmuckstücken und Bildern dargestellt. Sie symbolisierten die aufgehende Sonne. Der ägyptische Sonnengott Amun/Ra/Re wurde häufig mit einem Falkenkopf oder Falkenkörper dargestellt. Horus, der Gott des Himmels und des Tages, war ein spezieller Falkengott.

In der germanischen Tradition hatte der Falke, genau wie der Adler, mit dem Göttervater Wodan zu tun. Doch auch der weibliche Aspekt des Göttlichen, Freya, wurde mit einem (weiblichen) Falken assoziiert.

Bei den Kelten waren Falken die männlichen Sonnenhelden auf der Suche nach dem weiblichen Gral.

Fisch

Bedeutung und Botschaft: Wenn sich Ihnen ein Fisch als Helfertier präsentiert, so schauen Sie genau nach seiner Größe, seinen Farben sowie seinem Verhalten, und versuchen Sie später, in einem zoologischen Werk Näheres über das herauszufinden, was genau diesen Fisch ausmacht.

Generell gilt für Fische natürlich, daß sie im Wasser leben, und dieses Element steht für das Unbewußte, für Gefühle und den Ausdruck von Gefühlen. Möchte Ihnen Ihr Fisch in diesen Bereichen etwas sagen? Vielleicht, daß Sie sich auf die Welt der Träume und des Unbewußten einlassen sollen? Daß Sie sich vom Oberflächlichen weg und mehr auf das zubewegen sollen, was Sie erst einmal ergründen müssen? Daß bei Ihnen ansteht, sich für Ihre Gefühle zu öffnen und sie zum Ausdruck zu bringen?

Traditionelle Weisheit: Fische sind Weiblichkeitssymbole. Alles Leben kommt aus dem Wasser, und im Griechischen waren »Fisch« und »Schoß« quasi Synonyme. Fische und Fischrogen gelten bis heute als Aphrodisiaka. Die Kelten glaubten, das Essen von Fisch könne neues Leben in den Schoß einer Frau pflanzen. Der Fisch als heidnisches Symbol wurde vom Christentum übernommen. Maria setzte man mit der jungfräulichen Aphrodite-Mari oder Marina gleich, die alle Fische des Meeres gebar. In Aphrodites Heiligtum auf Zypern wird Maria noch immer als »Panaghia Aphroditessa« verehrt (Panaghia heißt »universelle Mutter Erde«).

Zur Zeit der Christenverfolgung diente der Fisch als das geheime Erkennungszeichen der Christen. Später war er dann das Attribut folgender Heiliger: Petrus, Antonius von Padua, Berthold, Jonas und Ulrich.

Frosch/Kröte

Bedeutung und Botschaft: Als Tier der Liebesgöttin Venus/Aphrodite hat der Frosch mit allen Stadien und Arten erotisch und sexuell gefärbter Liebe zu tun, auch mit der Frucht im Mutterleib.

Taucht er als Ihr Krafttier oder als eins Ihrer Krafttiere auf, so verweist er möglicherweise auf diesen Bereich, wobei es sich bei dem »Objekt der Begierde« auch um etwas anderes als einen Menschen handeln kann. Zum Beispiel könnte Ihnen der Frosch dabei helfen, einen Herzenswunsch, ein Projekt, das Ihnen sehr am Herzen liegt, zu materialisieren und zu verwirklichen.

Weil der Frosch ebenso auf der Erde wie im Wasser zu Hause ist, dient er als kraftvoller Vermittler zwischen diesen beiden Ebenen: der Gefühle/des Unbewußten und dem Materiellen. So wurde er in vielen Traditionen zum »Wetterfrosch«, der nicht nur das Wetter »vorhersagt«, sondern auch den heißersehnten und dringend benötigten Regen *macht*.

Traditionelle Weisheit: So klein und putzig er ist, sosehr er von manchen Menschen als Schwächling angesehen wird: Der Frosch stellt ein Krafttier par excellence dar. Seine verschiedenen Entwicklungsstadien (Ei, Kaulquappe, erwachsener Frosch), seine lautstarken Konzerte, seine fleißige Tätigkeit als Insektenvertilger, die ihm ein hohes Ansehen als »Reiniger« verschafft hat – all dies fasziniert die Menschen.

Im alten Ägypten war der Frosch das Symboltier der Hekat, der Königin der göttlichen Hebammen. Später wurde er als Symbol der Hekate übernommen, der Königin der Hexen. Zusammen mit den Hexen wurde auch der Frosch verteufelt. Mancherorts gilt er als Glückssymbol, besonders für Reisende.

Fuchs

Bedeutung und Botschaft: Die Eigenschaften des Fuchses sind nicht unbedingt sehr hoch angesehen. Doch wen kümmert's? Die Urteile, die wir Menschen über die Tiere und ihr Verhalten abgeben, sind völlig nebensächlich. Wenn wir die Schläue des Fuchses als Diplomatie interpretieren, seine Gerissenheit als Gewitztheit und sein trickreiches Verhalten als Geschick, sieht die Sache sowieso schon wieder anders aus …

Der Fuchs als Helfertier ist ein bemerkenswerter Lehrer, der Sie zusätzlich zu allem anderen auch noch mit Ihren Vorurteilen konfrontiert. Erwarten Sie von ihm keine Geradlinigkeit, sondern machen Sie sich darauf gefaßt, daß Sie gefordert werden. Sie werden von Meister Reineke eine Menge lernen können, vor allen Dingen, was Tarnung, Verwandlung, Sich-unsichtbar-Machen anbetrifft – und all dies hängt mit Diplomatie, Gewitztheit und Geschick zusammen.

Es liegt an Ihnen, den passenden Kontext für die Anwendung dieser Eigenschaften in Ihrem Leben herauszufinden. Wenn Sie das schaffen, werden Sie sich um einige Dimensionen bereichert fühlen.

Traditionelle Weisheit: Der Fuchs gehört zur Familie der Hunde, besitzt aber auch katzenähnliche Fähigkeiten.

Im alten Ägypten hieß es, ein Fuchsfell bringe die Gunst der Götter. Die Schamanen der Hopi-Indianer trugen Fuchspelze für ihre Heilungsrituale. Bei den Lakota-Sioux war der Fuchs wegen seiner Sanftmut, Beobachtungsgabe, Wachheit und der erwähnten Tricksterfähigkeiten hoch angesehen. In vielen keltischen Stämmen galt er als heilig.

Bei uns taucht er in zahlreichen Märchen auf, sein Name lautet dort Reineke Fuchs. Er leitet sich vom französischen Wort für Fuchs ab: »renard«.

Gans

Bedeutung und Botschaft: In unseren Köpfen haben sich für die Wildgans und die domestizierte Gans zwei unterschiedliche »Images« herausgebildet. Inwiefern das der schnatternden, dummen, überbemutternden Hausgans in all seiner Verächtlichkeit mit der Tatsache zu tun hat, daß wir Gänse mästen und quälen, um sie dann umzubringen und aufzuessen, kann ein geeignetes Thema für eine Imaginationsreise darstellen… Die Wildgans hingegen galt in vielen Kulturen als Sonnenvogel. Aus ihrem Auftauchen und ihrem Flug wurde die Zukunft vorhergesagt. Sie verband den »Großen Geist« und uns Menschen. In ihrer Treue zu einem einzigen Partner und ihrem Familiensinn kann sie gerade im Zusammenhang mit den Themen Partnerschaft, Familie und Freundschaft inspirierende Botschaften übermitteln. Man sagt, die Gans lege das goldene Ei, das die Sonne repräsentiert. Suchen Sie nach dem goldenen Ei, das Ihnen gehört. Es kann für die unterschiedlichsten Dinge – auch immaterielle – stehen.

Traditionelle Weisheit: Im alten Ägypten hatte die Wildgans wegen ihrer Eigenschaft als Zugvogel mit den Jahreszeiten Frühling und Herbst zu tun. Bei ihnen, den Griechen und Römern fungierte sie als Götterbotin. Außerdem stand sie dort für Zielstrebigkeit, Wachsamkeit, Liebe, eheliche Treue und eheliches Glück.

In der keltischen Tradition sind Gans und Schwan von ihrer Symbolik fast austauschbar. Im keltischen Christentum war die Gans die Verkörperung des Heiligen Geistes, so wie normalerweise die Taube.

Im Christentum ist die Gans das Tier folgender Heiliger: Martin, Ludgerus, Birgitta/Brigitta.

Hahn/Huhn

Bedeutung und Botschaft: Der Hahn ist ein Sonnensymbol. Mit seinem Krähen zeigt er an, daß der Tag beginnt. Ihm wird ein großer sexueller Appetit zugesprochen. Und wie die Henne wurde er in vielen Kulturen als Opfertier verwendet und rituell geschlachtet.

Wenn Hahn oder Henne als Ihre Helfertiere auftreten, können sie also Hinweise aus sehr verschiedenen Bereichen und zu sehr unterschiedlichen Themen überbringen. Eine Botschaft könnte beispielsweise lauten, daß es an der Zeit ist, im Hinblick auf eine bestimmte Fragestellung aufzuwachen. Eine andere könnte sich darauf beziehen, daß sich bei Ihnen auf der erotischen Ebene etwas tut. Wieder eine andere Botschaft lautet womöglich, daß es notwendig ist, ein Opfer zu bringen. Finden Sie heraus, in welcher Weise Sie von Ihrem Krafttier lernen können.

Traditionelle Weisheit: Das Wappentier Frankreichs ist ein Hahn, denn das lateinische Wort »gallus« bedeutet sowohl »Hahn« als auch »Gallier«, also Kelte. Bei den Kelten und Germanen galt der Hahn als Führer, der die Seelen der Verstorbenen in die andere Welt begleitete. Und er warnte mit seinem Schrei die Götter vor Gefahr.

Bei den Griechen und Römern des Altertums war er der Begleiter vieler Götter, unter anderem des Gottes der Heilung, Äskulap.

Im Neuen Testament wird erwähnt, daß der Hahn krähte, als Petrus Jesus verleugnete. Seither ist der Hahn das Tier des heiligen Petrus, des Schutzpatrons der Uhrmacher.

Hase

Bedeutung und Botschaft: Seit Urzeiten und in praktisch allen Kulturen ist der Hase ein Symbol für die Göttin, den Mond, für Weiblichkeit, Fruchtbarkeit, Geburt und Wiedergeburt.

Wenn dieser flinke Vierbeiner als Helfertier in Ihre inneren Welten gehoppelt kommt, so möchte er Ihnen wahrscheinlich in einem dieser Bereiche etwas sagen. Geht es darum, Ihre weibliche, intuitive Seite (mehr) zu beachten? (Das gilt für Männer genauso wie für Frauen.) Geht es darum, etwas zu schöpfen, wachsen zu lassen, zur Welt zu bringen oder wieder aufzugreifen? Täuschen Sie sich nicht in der scheinbaren Harmlosigkeit des Hasen. Er ist ein Krafttier, das häufig auftaucht und das über eine starke »Medizin« verfügt.

Traditionelle Weisheit: In vielen Traditionen galt der Hase als heilig. Es war nicht erlaubt, sein Fleisch zu essen. In einem nordamerikanischen Indianerstamm galt er als Sohn des Großen Manitu. Bei den Griechen und Römern gehörte er zu den Liebesgöttern Aphrodite/Venus und Eros/Cupido sowie zum Götterboten Hermes/Merkur.

Die Kelten und Germanen waren von der Fruchtbarkeit des Hasen so beeindruckt, daß sie ihn eng mit einem anderen Fruchtbarkeitssymbol, dem Ei, zusammenbrachten. So kam es zum »eierlegenden« Osterhasen, der zu Ostern, also um die Frühjahrs-Tagundnachtgleiche herum, ein hoffentlich ertragreiches Erntejahr begrüßte.

Bei den Netsilik-Eskimos in Grönland schuf der Hase dem Mythos zufolge den Tag, indem er das Wort »Tag« sprach.

Hirsch/Hindin/Reh/Rentier/Elch

Bedeutung und Botschaft: Das gigantische Geweih des Hirsches stellt symbolisch seine Antennen zur anderen Welt dar. So wurde der Hirsch ebenso wie die Hirschkuh und das Reh schon seit Urzeiten als heiliges Tier verehrt, das besonders leichten Zugang zu anderen Dimensionen hat. Bereits im 7. Kapitel über das Shapeshifting wurde gesagt, daß er ein Tier der Verwandlung ist.

Wenn dieser majestätische Vierbeiner als Helfertier Ihren Weg kreuzt, geht es um ein wichtiges Thema, das wahrscheinlich in irgendeiner Weise mit Veränderung, Verwandlung, Übertritt in andere Bereiche, Betreten von Neuland, auch mit Geburt (einer Idee, eines Planes) zu tun hat. Möglicherweise möchte der Hirsch bei Ihnen eine Rolle übernehmen, die er schon seit Urzeiten bei vielen Völkern erfüllt: Ihnen als Bote der Anderswelt bei den Prüfungen auf Ihrer Helden- oder Heldinnenreise beistehen.

Traditionelle Weisheit: Kaum ein anderes Tier wird durch die Zeiten und Kulturen hindurch so ausschließlich mit positiven Gefühlen betrachtet wie der Hirsch. (Er ist überall auf der Erde vertreten, außer in Australien.) Mit ihm wird nicht nur Spiritualität, Fruchtbarkeit, Kreativität, Geburt und Wiedergeburt assoziiert. Sondern auch Grazie, Sanftmut und Schönheit, gepaart mit großer Stärke. Es werden ihm heilerische Fähigkeiten zugesprochen, denn er kann Heilkräuter erkennen. In künstlerischen Darstellungen ist ein Hirsch, von einem Pfeil durchbohrt, mit Kräutern im Mund ein Symbol für Liebeskrankheit.

Diana/Artemis wird häufig mit Hirsch oder Hindin zusammen gezeigt. Der keltische Herr der Tiere, Cernunnos, trägt ein Hirschgeweih. Im Christentum findet man den Hirsch häufig als Symbol auf Taufbecken. Mit einem Kreuz im Geweih ist er das Symboltier für die Heiligen Hubertus und Eustachius.

Hund

Bedeutung und Botschaft: Wenn Ihnen ein Hund einer ganz speziellen Rasse als Krafttier begegnet, finden Sie in einem zoologischen Lexikon etwas über seine genauen Eigenschaften und Fähigkeiten heraus, und ziehen Sie dann Schlüsse auf seine persönliche Bedeutung und Botschaft für Sie.

Generell sind Hunde treue Freunde des Menschen (siehe hierzu auch die Textprobe aus *Brehms Tierleben* am Ende des Buches, Seite 342 f.). Zum anderen sind sie die traditionellen Begleiter des Helden auf seiner Reise. Und sie dienen als symbolische Wächter zur anderen Welt, als Hüter der Schwelle.

Es ist möglich, daß Ihnen ein Hund in seiner Schwellenhüterfunktion begegnet. Nehmen Sie ihn ernst, und ergründen Sie, was Sie tun oder sagen müssen, damit er Ihnen Zugang gewährt. Manchmal ist es wichtig, das richtige Paßwort oder das treffende Symbol zu kennen. Die Reise, die nach dem 4. Kapitel beschrieben wurde (»Das eigene ›Stammessymbol‹ finden«), kann ein solches Wort oder Sinnbild zum Ergebnis haben.

Wenn der Hund außerhalb seiner Rolle als Wächter zu Ihnen gekommen ist, kann seine Botschaft lauten: Schau mal nach, wie es mit deiner Liebesfähigkeit, deiner Treue und Loyalität aussieht.

Oder er macht Sie darauf aufmerksam, daß Sie einen Freund brauchen. Es ist immer gut, einen realen Menschen oder ein reales Tier als Freund zu haben. Doch gibt es auch Phasen im Leben, in denen ein solcher Freund nicht zugegen sein kann, zum Beispiel wenn jemand krank, alt oder inhaftiert ist. In diesem Fall stellt ein Krafttier, etwa ein Hund in den eigenen inneren Welten, einen wunderbaren Trost dar, ein Geschenk der Göttin.

Traditionelle Weisheit: Der Hund, der gezähmte Wolf, ist das älteste Haustier. Vom Bernhardiner bis zum Dackel – jeder Hund stammt vom Wolf ab. Lesen Sie auch den Abschnitt über den Wolf, wenn Ihnen der Hund als Krafttier begegnet ist.

Hunde können Herden bewachen, jagen, Schlitten- oder Blindenhunde sein, mit ihrer scharfen Nase Kriminalisten unterstützen… Sie wurden für die unterschiedlichsten Aufgaben gezüchtet, immer haben sie dem Menschen in Treue und Loyalität zur Seite gestanden.

Bei den Griechen bewachte Zerberus das Tor zur Unterwelt. Bei den Maya trugen Hunde die Seelen der Verstorbenen über den Fluß des Todes. Bei den Kelten waren Hunde häufig Begleiter von Göttern und Göttinnen der Heilung.

Im Christentum hat der Hund mit dem guten Hirten zu tun. Der Ordensname »Dominikaner« bedeutet »Hunde des Herrn«. Der Hund ist das Attribut folgender christlicher Heiliger: Bernhard von Clairvaux, Wendelin und Dominikus.

Käfer

Bedeutung und Botschaft: Es gibt weltweit rund 350 000 verschiedene Käferarten. Schauen Sie, wenn Sie einen Käfer als Krafttier treffen, genau auf sein Aussehen, seine besonderen Merkmale und die Farben, die er trägt. Forschen Sie dann mit Hilfe eines zoologischen Nachschlagewerkes weiter.

Der Marienkäfer ist bekanntlich ein Glückssymbol, das mit Maria zu tun hat und Orakelfähigkeiten besitzen soll. Der Mistkäfer (Skarabäus) stellt ein Symbol für die Sonne und die Sonnengottheit dar. Es können also auch in einem so kleinen Tier wie dem Käfer wichtige Bedeutungen verborgen sein, er kann wesentliche Botschaften überbringen.

Traditionelle Weisheit: Der Skarabäus ist wie gesagt ein Symbol für Sonne und Männlichkeit, er steht für »Schöpfung, Wiedergeburt und ewige Lebenskraft«. Dazu kam es folgendermaßen: Der Mistkäfer nimmt ein wenig Mist, rollt ihn zu einem Ball und legt seine Eier dort hinein. Nach vier Wochen holt er das Ei heraus, gibt es in Wasser, und der kleine Mistkäfer schlüpft aus. Daher symbolisiert er neues Leben.

Weil er die kleine Mistkugel rollt, wurde er mit der Bewegung der Sonne am Himmel assoziiert. Schutzamulette in Form eines Skarabäus werden bis heute getragen. Egal, was für ein Käfer Ihr Krafttier ist: Mit dem Skarabäus haben Sie den »König der Käfer«, den Prototyp des Käfers. Vielleicht wäre es eine gute Idee, ihn als Amulett zu tragen oder ein Bild von ihm zu malen bzw. zu kaufen.

Känguruh

Bedeutung und Botschaft: Die Zeit der Schwangerschaft, des Stillens und des Sichabnabelns des Jungen ist beim Känguruh äußerst flexibel, sie läßt sich an die verschiedensten Gegebenheiten anpassen. Eine Känguruhmutter mit einem Baby im Beutel bietet uns ein zauberhaftes Bild der Fürsorge, des Schutzes und Vertrauens.

Wenn ein Känguruh sich Ihnen als Krafttier vorstellt, kann es sein, daß es Sie auf all dies aufmerksam machen möchte: Sie sollten ein Projekt, ein Vorhaben, einen Wunsch langsam wachsen lassen, ihm Zeit geben. Sie sollen es hegen und pflegen, schützen und ihm die Möglichkeit geben, sich zu bewähren.

Känguruhs sind aber auch bemerkenswert schnelle Läufer. Sie können das Tempo eines Rennpferdes erreichen. So lautet die Botschaft des Känguruhs womöglich genau das Gegenteil, beispielsweise: Halt dich ran. Beeil dich. Du hast die Fähigkeit, schneller zu sein als die anderen, also nutze sie.

Traditionelle Weisheit: Es gibt über vierzig Arten von Känguruhs, und sie leben alle in Australien. Sie sind auch ein Emblem für diesen Kontinent.

Känguruhs symbolisieren Mütterlichkeit, denn sie sind hingebungsvolle Mütter, die ihre Jungen täglich reinigen, küssen und streicheln, mit ihnen spielen, sie aus dem Beutel raus- und wieder reinlassen...

Weil »down under«, so der wohlmeinende Slangausdruck für »Australien«, den Kontinent »untendrunter«, erst seit relativ kurzer Zeit für uns erreichbar ist, hat dieses Tier meines Wissens noch keinen Einzug in unsere westliche bzw. christliche Symbolik gefunden.

Kamel/Dromedar

Bedeutung und Botschaft: Es gibt wohl kaum ein stärkeres Bild für eine beschwerliche, gefährliche Reise als das der Karawane. Begleiter auf diesem Weg durch die Wüste sind Kamele, und zwar bis heute.

Ignorieren Sie das abwertende Image, das Menschen den starken, treuen Tieren verpaßt haben, und öffnen Sie sich für die kraftvolle »Medizin« dieses Vierbeiners, wenn er sich als Ihr Krafttier zeigt. Denn er ist ausdauernd, hartnäckig, zäh, und er ist ein Meister des Einteilens: seiner körperlichen Kräfte ebenso wie des Wassers, das er zu sich genommen hat. Er übersteht weite Strecken und lange Zeit, ohne trinken zu müssen.

Wenn ein Kamel Ihnen als Krafttier Hilfe anbietet, fragen Sie sich, welches die Durststrecke ist, die Sie überstehen müssen. Welches die Lasten sind, die Sie zu tragen haben.

Traditionelle Weisheit: Das Kamel, das dem Menschen dank seiner Anspruchslosigkeit die asiatischen und afrikanischen Steppen und Wüsten zugänglich machte, hat eine stark gegensätzliche Symbolik.

Wegen seiner Mäßigkeit wurde es unter anderem zum Sinnbild des demütig seine Last tragenden Christen. Da seine Gestalt auf den Menschen hochmütig wirkte, verwandte man

Dromedar (Camelus dromedarius)

es aber auch als Sinnbild für Überheblichkeit. Es stand vielfach stellvertretend für den Erdteil »Asien«, und bei Darstellungen der »drei heiligen Könige aus dem Morgenland« tritt es als Lasttier auf. Weil Kamele nur Lasten annehmen, die sie auch wirklich tragen können, avancierten sie darüber hinaus zum Symbol für die Unterscheidungsfähigkeit.

Katze

Bedeutung und Botschaft: Die Katze ist ein »Freigeist«. Verspielt, geschmeidig und »weiblich«, ist sie das typische Symbol- und Krafttier der weisen Frauen.

Schleicht sich die Katze als Helfertier zu Ihnen, so kann sie Sie auf sehr vielfältige und unterschiedliche Dinge aufmerksam machen. Zum Beispiel darauf, daß Sie sich aus zu vielen oder zu starken Bindungen befreien, weniger arbeiten und mehr »spielen«, sich (wieder) für Ihre weibliche, intuitive, abwartende Seite öffnen sollten: für Sinnlichkeit, Schönheit, Zärtlichkeit, auch für Ihre sensitiven Fähigkeiten.

Eine Eigenschaft, die viele Tiere besitzen, die Katze aber in ganz besonderem Maße, ist die, daß sie sich vollkommen entspannen kann. In dem Moment allerdings, in dem eine Gefahr auftaucht, ist sie hellwach und »voll da«. Möglicherweise möchte Sie die Katze als Ihr Krafttier dabei unterstützen, diese Fähigkeit besser zu entwickeln, die gerade in unserer Zeit und in unserem hektischen Alltag so nützlich sein kann.

Traditionelle Weisheit: In Ägypten waren Katzen heilig. Die katzenköpfige Göttin Bast oder Bastet war eine Mondgöttin, die man mit Schutz und Fruchtbarkeit in Zusammenhang brachte. Auf Gemälden aus dieser Zeit wird die Katze als Verbündete der Sonne dargestellt.

Auch Artemis/Diana und die nordische Göttin Freya wurden häufig mit Katzen zusammen abgebildet. Im alten Rom repräsentierten Katzen Freiheit.

In der druidischen Tradition waren sie ebenfalls der Göttin geweiht. Sie befand sich aus der Sicht der Kelten sehr nah bei der Anderswelt, und sie konnte dort besonders gut wirken. Daher stand sie weisen Frauen, Magiern und Schamanen zur Seite und wurde, genau wie diese Menschen, von der Kirche verteufelt.

Kolibri

Bedeutung und Botschaft: Der Lebenssinn des Kolibris scheint darin zu bestehen, daß er von Blüte zu Blüte fliegt und deren Nektar saugt. Er tut das auf eine in der Vogelwelt einzigartige Weise. Er kann nämlich in alle Richtungen fliegen, sogar rückwärts.

Die Botschaft des Kolibris als Krafttier lautet Freude, Liebe, Schönheit, Fruchtbarkeit, Flexibilität, Beweglichkeit, Glück – und das gilt für alle Ebenen. So winzig klein er ist, er stellt ein geflügeltes Kraftpaket dar, das sich auch bei uns Europäern relativ häufig als geistiges Helfertier zeigt. Vielleicht haben gerade wir in unseren zeitweise sehr dunklen und kalten Gefilden die sonnendurchflutete frohe Botschaft dieses Vögelchens nötig, das übrigens in manchen Traditionen mit dem Regenbogen assoziiert wird.

Traditionelle Weisheit: Bei den Maya galt der Kolibri als ein Tier der nächsten Kulturepoche, der fünften Welt. Für sie war

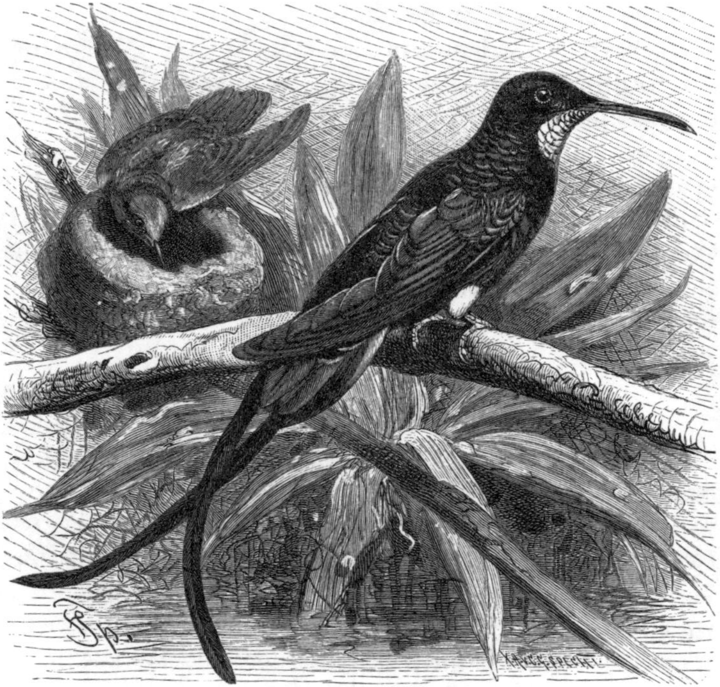

Topaskolibri (Topaza pella)

er also ein Tier der Zukunft. Bei den Pueblo-Indianern hatte er nicht nur mit dem Regenbogen zu tun, sondern er galt auch als Regenmacher. Es gibt etwa 320 Arten von Kolibris. Sie alle sind außerordentlich schnell und mutig. Einige wandern von Alaska bis Zentralamerika! So stellt dieser Vogel einen treuen Gefährten für innere und äußere Reisen dar.

Er soll mit Pflanzengeistern zu tun haben. Und der amerikanische Autor Ted Andrews schreibt in seinem Buch *Animal Speak**, daß er dabei helfen könne, sich mit den Heilkräften von Blüten(essenzen) vertraut zu machen.

Krokodil/Alligator

Bedeutung und Botschaft: Das Krokodil ist gefährlich, schweigsam und kann mit seinen gut geschützten Augen alles sehen. Es lebt zu Lande und zu Wasser. Das Krokodil, dieses für uns fremdartige, drachenähnliche Tier, besitzt eine starke, respekteinflößende Kraft.

Finden Sie heraus, in welchem Bereich Ihres Lebens das Krokodil, das sich Ihnen als Helfertier zeigt, seine kraftvollen Kiefer und seine messerscharfen Zähne ansetzen möchte. Aggression und Zerstörung haben bei uns kein gutes Ansehen. Doch kann es wichtig und lebensrettend sein, sich mit Krokodilkraft für etwas einzusetzen. Ein lebensvernichtendes Geschwür muß herausgeschnitten werden. Gegen eine unerträgliche und bedrohliche Situation, gegen einen destruktiven Menschen muß man sich mit allen Mitteln wehren. Dies kann die Lektion des Krokodils sein, das Ihnen begegnet ist.

Andere Bedeutungen der Botschaft können auf Schweigsamkeit, Umsicht und Beobachtungsvermögen hinweisen.

Traditionelle Weisheit: In Ägypten spielte das Krokodil eine wichtige Rolle. Es galt als Tier, das magische Kräfte im Hinblick auf die Elemente Wasser, Erde und auf die Anderswelt

* Ted Andrews: *Animal Speak,* Llewellin Publications, St. Paul 1995.

hatte. Der Gott Seth nahm die Gestalt eines Krokodils an, um seinen Bruder Osiris zu verschlingen. Bei mehreren Indianerstämmen war das Krokodil oder der Alligator das Wesen, das abends die Sonne verschluckte. Einige zentralamerikanische Mythen beschreiben, wie das Krokodil die Erde gebar oder wie es sie auf seinem Rücken trägt. In Aborigines-Mythen taucht es als Schöpfer auf.

Kuh

Bedeutung und Botschaft: Vergessen Sie das abwertende Bild von der »dummen Kuh«. Es beruht auf einem beschämenden Irrtum. In früheren Zeiten hatte kaum ein Tier soviel mit der Großen Göttin, mit Mütterlichkeit, Weiblichkeit, nährender Energie zu tun wie die Kuh. Sie galt als die Mutter aller Götter. Die Assoziationen, die sie weckte, sind weltweit außerordentlich positiv und vielfältig.

Herzlichen Glückwunsch, wenn sich die Kuh in ihrer Geduld und Sanftheit, in ihrer Großzügigkeit und Fülle als Helfertier gezeigt hat und Ihnen etwas von ihrer Kraft abgeben möchte. Vielleicht fand sie gerade in einem Moment zu Ihnen, in dem Sie das Gefühl hatten, es sei zuwenig für Sie da: zuwenig Geld, Gesundheit, Lebensfreude oder Lebensenergie, Freundschaft, Liebe. Möglicherweise mangelt es Ihnen an Ideen, an Zukunftsperspektiven, an einer sinnvollen Aufgabe. Oder Sie haben den Eindruck, daß Ihre Initiative und Ihr Einsatz nicht genügend geschätzt werden. In all diesen Fällen und noch bei vielen anderen Problemen und Fragestellungen kann die Kuh als Krafttier eine ruhige und trostreiche Freundin sein.

Traditionelle Weisheit: Das »Füllhorn«, aus dem Reichtum ohne Ende fließt, ist ein Kuhhorn. Im alten Ägypten wurde Mutter Hathor als Himmelskuh verehrt, aus deren Euter die Milchstraße entsprang, deren Körper das Firmament bildete und die jeden Tag von neuem die Sonne gebar. Die Sonne war der Gott Horus/Ra/Re, ihr goldenes Kalb.

Europa hat seinen Namen nach der Göttin in Gestalt der weißen Mondkuh, die in der griechischen Mythologie mit der Inkarnation des Zeus als weißem Stier verbunden war. Manchmal trägt sie auf alten Darstellungen denselben mondsichelförmigen Kopfschmuck wie Hathor.

Auch in der germanischen Mythologie existierte die Kuh als Schöpferin. Sie hatte mit Freya zu tun. Bei den Kelten gab es die Kuh als Dreifache Göttin: Sie war als Jungfrau weiß, als Mutter rot und als weise Alte schwarz. Sie galt als eine besondere Botschafterin der Anderswelt und stand mit Natur-, Pflanzengeistern und Feen in Verbindung. Bis heute wird in »keltischen« Gegenden das Vieh für den Weidenauf- und -abtrieb üppig geschmückt – eins der wenigen Überbleibsel der Verehrung. Nur in Indien werden Kühe bis heute als heilige Tiere angesehen.

Innerhalb des Christentums hat die Kuh mit folgenden Heiligen zu tun: Brigid/Brigitta, Gunthildis, Leonhard, Patricius und Wendelin.

Kranich

Bedeutung und Botschaft: Der Kranich ist ein Zugvogel, der die Sonne und die Wärme liebt. In keilförmigen, eindrucksvollen Flugverbänden fliegt er nach Spanien und Afrika, um dort zu überwintern.

Tänze, die Bewegungen von Kranichen imitieren, sind auf der ganzen Welt verbreitet.

Wenn also dieser Vogel als Ihr Krafttier angeflogen kommt, so könnte sich seine Botschaft auf den Beginn oder das Ende der warmen Jahreszeit beziehen – auch im übertragenen Sinne: daß eine Zeit der Helligkeit und Wärme herannaht oder zu Ende geht und daß Sie sich darauf vorbereiten sollen.

Vielleicht schlägt er auch vor, zu überlegen, ob Sie sich für einen gewissen Zeitraum aus der Dunkelheit und Kälte zurückziehen. Dies kann ebenfalls konkret gemeint sein und sich auf einen Winterurlaub beziehen, oder es handelt sich um etwas Abstraktes. Wenn Sie sich zum Beispiel beruflich gerade mit einem langwierigen und schwierigen Problem beschäftigen, könnte der Kranich Ihnen sagen: Unterbrich mal und kümmere dich um etwas, das dir Freude bringt. Freude und Tanz hängen ja eng miteinander zusammen. Offenbar hat der Kranich die Menschen immer und überall zum Tanzen inspiriert. Öffnen Sie sich dafür; damit können Sie auf keinen Fall etwas falsch machen. Egal, ob Sie allein, mit einem Partner, in einer Gruppe, einer Diskothek, einem Ballsaal tanzen – es macht Spaß, tut gut und bringt Energie.

Traditionelle Weisheit: Sogar bestimmte Schreittänze, die im europäischen Mittelalter populär waren, sollen auf Kraniche zurückgehen, ebenso wie das Kinderspiel »Himmel und Hölle«. Im Altertum wurde der Kranich zur Symbolfigur für menschliche Tugenden wie kluges Handeln, Wachsamkeit und Pflichterfüllung.

In Japan gibt es ein Buch mit dem Titel *Wie man tausend Kraniche faltet.* Darin wird gezeigt, wie man Papier in einen Kranichschwarm von 97 Tieren »verwandeln« kann. Noch heute werden in Japan bei Hochzeiten, Geburtstagen oder bei Krankheit gefaltete Papierkraniche überreicht. In Hiroshima findet man sie, dort gelten sie als Friedenssymbole.

In Deutschland wurde der Kranich das Wappentier vieler Familien, zum Beispiel solcher mit Namen wie »Krahns« oder »Krohns« (auch mit C geschrieben). Er ist das Symbol der Deutschen Lufthansa, in seiner stilisierten Form 1918 von dem Grafiker und Architekten Otto Firle entworfen. Bei der Lufthansa steht der Kranich für langes Leben und für Glück. Er ist ein Sendbote des Himmels.

Lachs

Bedeutung und Botschaft: Der Lachs ist als Meister des Orientierungssinns und Reisender über beeindruckende Distanzen der König der Fische. Bei den Indianern genau wie bei den Kelten galt und gilt er als heilig und besonders weise.

Mit dem Lachs, der in die Gewässer Ihrer inneren Welten geschwommen ist, erhalten Sie Zugang zu einer uralten, traditionellen Tierkraft. Mit seiner großen Weisheit kann er Ihnen bei der Lösung von schwierigen Rätseln und der Klärung fundamentaler Fragen helfen. Wenn es zum Beispiel darum geht, eine neue Orientierung zu finden, wenn Sie sich über Ihr Lebensziel nicht (mehr) im klaren sind, wenn Sie sich auf der Suche nach Ihren wahren Wurzeln befinden – dann ist der Lachs der beste Verbündete.

Falls er Sie mit seinem Auftauchen überrascht und Sie eigentlich im Moment gar nicht viel mit der Klärung grundsätzlicher Fragen am Hut haben, kann der Lachs Ihnen mitteilen, daß genau solche Fragen anstehen, obwohl es oberflächlich betrachtet gar nicht danach aussieht.

1) Lachs (Salmo salar), 2) Lachsforelle (Salmo trutta)

Traditionelle Weisheit: Einige nordwestamerikanische Indianerstämme waren der Ansicht, daß sie nur dem Lachs, der sich ihnen als Nahrung bot, ihr Leben verdankten. Für sie, genau wie für die Kelten, symbolisierte er den Überfluß und die Weisheit der Natur, Männlichkeit, Fruchtbarkeit, Mut und Voraussicht. Bei den Kelten war Bradan, der Lachs, das älteste Tier, das im Brunnen der Weisheit schwamm.

In ihrem Buch *Das keltische Tierorakel** führen Philip und Stephanie Carr-Gomm in dem Kapitel über den Lachs aus, daß in keltischen Mythen immer wieder folgendes zur Sprache kommt: Um Weisheit zu erlangen, sollte man nicht direkt nach ihr streben. Sie kommt unerwartet zum Unschuldigen, Bescheidenen, zum jungen Menschen. Dabei ist aber mit »jung« nicht körperliche Jugend gemeint, sondern die Jugend des Geistes, ein Charakteristikum des wahren Weisen.

Libelle

Bedeutung und Botschaft: Die Libelle stammt entwicklungsgeschichtlich noch aus der Zeit der Dinosaurier. Auf englisch heißt sie »dragon-fly«, »Drachenfliege«. Ob bei dieser Namensgebung die Dinos als »Drachen« herhalten mußten? Die Libelle, das kleine Zauberwesen, das in allen Farben schimmert und eine wahre Flugkünstlerin ist, »regiert« als die Königin der Insektenwelt. In manchen indianischen Traditionen gelten Libellen als die Seelen Verstorbener, in anderen Überlieferungen sind sie Elfen.

Daran ist abzulesen, welch starker Bezug zur Anderswelt besteht, wenn das Insekt als Krafttier zu Ihnen geflogen kommt. Die Botschaften, die es übermittelt, sind vielfältig. Sie können mit den Themen Licht und Farbe zu tun haben, mit alten Zeiten, altem Wissen, alter Weisheit in Verbindung stehen, auch mit der Erinnerung an geliebte Verstorbene oder an Vorfahren, die man nie kennengelernt hat. Vielleicht sollen Sie sich aber auch für die Energien von Pflanzen öffnen. Oder

* Philip und Stephanie Carr-Gomm: *Das keltische Tierorakel,* Aurum, Braunschweig 1998.

1 2 3 4 5

1) Larvenhülse einer Schmaljungfer, 2) Larve einer solchen mit vorgestreckter Maske, 3) Gemeiner Blattbauch (Libellula depressa), 4) Lebende Larve einer Libellula mit vorgestreckter Maske, 5) Dieselbe als zurückgelassene Haut nach dem Ausschlüpfen

es geht um das Thema Veränderung und Metamorphose: Die Larven der Libelle brauchen je nach Art neun bis fünfzehn Häutungen und drei bis fünf Jahre Entwicklungszeit.

Traditionelle Weisheit: Die Symbolik von Libelle und Schmetterling (siehe den entsprechenden Abschnitt) wird häufig gleichgesetzt. In manchen indianischen Gesellschaften gelten Libellen als »Adler unter den Insekten«. Sie besitzen, wie oben schon angedeutet wurde, eine starke spirituelle Kraft.

Nebenbei bemerkt ist ihr Liebesspiel, nach menschlichen Begriffen, leidenschaftlich und wild, und ihr Flug kann die beeindruckende Geschwindigkeit von 50 Stundenkilometern erreichen. Bei den Riesenlibellen handelt es sich darüber hinaus um die größten bekannten Insekten: Mit einer Körperlänge von bis zu 30 Zentimetern haben sie eine Flügelspannweite von etwa 70 Zentimetern.

Löwe

Bedeutung und Botschaft: Der Löwe gilt weithin als der König der Vierbeiner und stellt das Krafttier ebenso wie das Wappentier par excellence dar. Will Ihnen ein Löwe als Helfertier seine Kraft zur Verfügung stellen, so befinden Sie sich also in bester Gesellschaft.

Als Sonnensymbol verfügt er über das Licht, die Wärme, Hitze und »Power« unseres größten Himmelskörpers. Er steht für Stärke, Macht, Führungsqualitäten, Autorität und Mut. Er ist ein fürsorglicher Vater, die Löwin erfüllt ihre Mutterpflichten mit Hingabe, und das Löwenrudel hält zusammen. Gleich, in welchem Bereich Ihnen etwas von diesen Qualitäten fehlt – im Zusammenhang mit anderen Menschen, im beruflichen, gesundheitlichen, intellektuellen, spirituellen Leben –, der Löwe kann Ihnen davon im Überfluß geben.

Übrigens verschlafen Löwen den Großteil ihres Lebens. Sie gönnen sich viel Ruhe, aber wenn Aktivität angesagt ist, dann gehen sie aufs Ganze. Auch hiermit könnte die Botschaft Ihres Löwen an Sie zu tun haben.

Traditionelle Weisheit: In Ägypten wurde die Göttin Sekhmet in Gestalt einer Löwin als Führerin in die Unterwelt verehrt, durch welche die Sonne nach der mythologischen Vorstellung jede Nacht ihren Weg machte. In Judäa war der Löwe das Emblem der Stärke. Das mittelalterliche Königreich Britannien wurde nach der Löwin »Lyonesse« genannt. Der britische Löwe, der noch heute auf vielen Wappen zu finden ist, war eigentlich ein »importiertes« Krafttier, genau wie der bayerische, der venezianische und andere Löwen (siehe hierzu auch das 4. Kapitel über Wappen).

Der Löwe ist das Attribut folgender Heiliger: Adrian, Daniel, Hieronymus, Januarius, Markus, Martina, Simson, Thekla und Vitus.

Otter

Bedeutung und Botschaft: Der Otter ist vom Aussterben bedroht. So wurde er zum »Tier des Jahres 1999« gekürt. Hoffentlich nützt es was! Der Otter war sowohl bei den Indianern als auch bei den Kelten ein traditionelles Krafttier, das für seinen Familiensinn, seine Verspieltheit und Lebensfreude verehrt wurde. Er ist im Wasser und auf der Erde zu Hause und kann daher zwischen diesen beiden Elementen vermitteln. (Wasser steht für das Unbewußte, für Gefühle und den Ausdruck von Gefühlen. Erde steht für Materie.)

Wenn Sie dem freundlichen Otter in Ihren inneren Welten als Krafttier begegnet sind, macht er Sie möglicherweise auf den Spaß im Leben aufmerksam. Haben Sie genügend Freude, oder besteht Ihr Dasein im Moment nur aus Pflichterfüllung? Nehmen Sie sich genügend Zeit für Familie und Freunde, für Kinder und Tiere? Wie wäre es, mal wieder zu feiern oder sich spontan einen Tag freizunehmen? Könnten Sie eine Dosis Fröhlichkeit und Lachen gebrauchen? All dies hat im Leben des Otters mit Wasser zu tun, und vielleicht wäre das auch für Sie eine gute Idee: schwimmen zu gehen, an einem Ufer oder Strand zu spielen, zusammen mit Ihrem/Ihrer Liebsten in die Badewanne zu steigen… Tun Sie sich etwas Gutes, und seien Sie Mensch!

Traditionelle Weisheit: In der schottischen Mythologie gab es Otterkönige, die braun waren und von sieben schwarzen Ottern als Diener begleitet wurden. Häufig wird der Otter in keltischen Mythen als Freund des Menschen dargestellt, ähnlich wie der Hund. So gibt es viele aus dem Keltischen stammende Namen, die das Wort »Hund« beinhalten: Wasserhund, Braunhund und Seehund.

Der Otter soll ein geheimes Machtobjekt mit sich tragen: eine Perle oder ein Juwel in seinem Kopf. Einem Otterfell wurden magische Qualitäten zugesprochen, die sich vor allem auf das Heilen bezogen. Es sollte unter anderem bei der Geburt eines Kindes unterstützend wirken.

Papagei/Kakadu

Bedeutung und Botschaft: Der Papagei/Kakadu ist ein weiteres Beispiel für ein Tier, das dem Menschen als treuer Freund zur Seite steht und leider dafür nicht besonders verehrt wird, sondern ein zweifelhaftes, nicht sehr positives Image »verpaßt« bekam. Der Papagei ist ein hochintelligenter Vogel. Er kann so alt werden wie ein Mensch und ihn daher im Optimalfall ein ganzes Leben lang begleiten. Seine Fähigkeit zu sprechen scheint ihn zu einem »Dolmetscher« zwischen der Welt und der Verständnisebene der Menschen und derjenigen der Tiere zu machen. Seine hohe Sensibilität und Sensitivität ließen ihn besonders mit Seefahrern und Piraten Freundschaft schließen, denen er das Wetter vorhersagte. So wurden Papageien auch als »Regenmacher« und Wahrsager angesehen.

Wenn Sie in Ihren inneren Welten einen Papagei als Ihr Krafttier treffen, so kann er Ihnen in all diesen Bereichen helfen: in Ihrer Fähigkeit zu sprechen – egal, ob es um Lautstärke, Formulierungsfähigkeit, Sicherheit bei öffentlichem Sprechen oder um Fremdsprachen geht.

Auch im Hinblick auf Ihre intellektuellen Fähigkeiten oder Ihre Sensitivität kann er Ihnen Unterstützung geben. Er ist etwas ganz Besonderes, nicht zuletzt wegen seiner Schönheit und der Vielfalt seiner Farben.

Traditionelle Weisheit: Der Gott der Liebe bei den Hindus, Kama, wird von einem Papagei begleitet. Bei den Pueblo-Indianern war er ein Sonnensymbol.

Einige südamerikanische Indianerstämme hielten und halten Papageien als Haustiere, weil sie wachsam sind wie ein Hund und durch ihr lautstarkes Alarmgeben mögliche Diebe und Einbrecher in die Flucht schlagen können. In der Antike war der Papagei ein Luxusvogel.

Pfau

Bedeutung und Botschaft: Üppige, prunkvolle Schönheit – daran denkt man sofort beim Pfau. Weitere mit ihm verbundene Assoziationen sind majestätisches, selbstbewußtes Auftreten, die Pracht der Sonne und Unsterblichkeit. In einigen Traditionen wird er wie der Vogel Phoenix angesehen, der sich selbst aus dem Feuer neu erschafft.

Wenn sich der Pfau in Ihren inneren Welten als Ihr Krafttier oder als eins Ihrer Krafttiere zu erkennen gegeben hat, möchte er Sie möglicherweise auf diese Themen aufmerksam machen. Vielleicht geht es darum, daß Sie sich in irgendeiner Weise neu erschaffen sollen? Kommen möglicherweise in Ihrem Leben Ästhetik und Pracht zu kurz, und eigentlich bräuchte Ihre Seele davon mehr? Sollten Sie sich um ein höheres Selbstwertgefühl und ein sicheres Auftreten bemühen? Bei alldem können Sie sich von Ihrem Pfau inspirieren lassen. Und er kann Ihnen auch dabei helfen, all diese Qualitäten in Ihrem Leben mehr zum Tragen kommen zu lassen und sich von konventionellen Vorstellungen zu befreien wie der, daß Sie zu alt, nicht gutaussehend genug, finanziell nicht gut genug ausgestattet seien und so weiter.

Traditionelle Weisheit: Hera, die Frau des Göttervaters Zeus, plazierte die Augen des Argus auf den Federn des Pfaus. Im alten Ägypten waren die farbigen, metallisch glänzenden Muster auf den Pfauenfedern die Augen des Horus, die alles sahen. Daher hat der Pfau traditionell mit Beobachtungsgabe und Weisheit zu tun.

Seine Federn werden seit eh und je zum Schmuck und für rituelle Zwecke verwendet. Im Mittelmeerraum stand der Pfau für kosmische Einheit. Im Christentum hat er mit dem Tod und der Auferstehung Christi zu tun. Pfauenfedern sind Attribute der beiden Heiligen Barbara und Dorothea.

Pferd/Pegasus

Bedeutung und Botschaft: Bis vor gar nicht allzu langer Zeit war das Pferd für den Menschen ähnlich wichtig wie für uns heute ein Auto. Mit seiner Hilfe konnte man weite Distanzen zurücklegen. So hat sich im kollektiven Unbewußten die Assoziation von Pferd und Reise festgesetzt. Weitere Assoziationen lauten: Freiheit, Vitalität, Schönheit, Sexualität.

Wenn Ihnen ein Pferd als Krafttier begegnet, befinden Sie sich in guter Gesellschaft. Viele Menschen haben zu ihm als

Helfertier einen Bezug. Es geschieht auch relativ häufig, daß dem Pferd in den inneren Welten Flügel wachsen und daß es so zum Pegasus wird, zum Fortbewegungsmittel der Dichter, das mit göttlicher Inspiration, Tod und Auferstehung in Verbindung steht (vor allem im übertragenen Sinne).

Das Pferd als geistiges Helfertier verbindet Sie mit einer uralten, starken Kraft: Seit Urzeiten ist es ein heiliges Tier. Möglicherweise geht es im Zusammenhang mit ihm um fundamentale Fragen, vielleicht um Ihren Lebensweg, um Ihre Helden- oder Heldinnenreise. Vielleicht sollen Sie die Themen, die man mit ihm verbindet, ganz grundsätzlich anschauen, von einer philosophischen Warte aus. Bitten Sie Ihr Helfertier Pferd darum, daß es Ihnen auf einem gemeinsamen Ausritt in den inneren Landschaften zeigt, worum es ihm geht.

Traditionelle Weisheit: Kaum ein anderes Tier trägt eine solche Fülle von Symbolen wie das Pferd. Es steht für Wind, Sturm, Feuer, Wellen, fließendes Wasser. Es symbolisiert alles mögliche zwischen den Polen von Licht und Dunkelheit, Himmel und Erde, Leben und Tod.

Pferde wurden als besonders machtvolle Boten der Anderswelt angesehen. Die keltischen Göttinnen Rhiannon und Epona ritten auf weißen Stuten zwischen den Welten hin und her. Epona war die einzige keltische Gottheit, die man in Rom verehrte. Das Wort »Pony« erinnert an ihren Namen. Hengist und Horsa waren nordeuropäische Zwillings-Pferdegottheiten. Der germanische Göttervater Wodan ritt auf einem achtbeinigen Pferd namens Sleipnir.

Das Pferd ist das Symboltier folgender Heiliger: Georg, Leonhard, Martin, Wendelin und Hippolytus.

Bedeutung und Botschaft: Raben sind hochintelligente, kommunikationsbegabte Vögel, die sogar sprechen lernen können. Daher werden sie, genau wie Papageien, traditionell in ihrer Krafttierrolle als hervorragende »Dolmetscher« zwischen den Ebenen der Menschen und der Tiere angesehen. In dieser Funktion können sie auch ausgezeichnete Kuriere sein, sie vermögen telepathische Botschaften aller Art weiterzuleiten. Raben sind großartige Heiler, und sie können bei der Erfüllung von Wünschen helfen.

Finden Sie heraus, für welches Thema Ihnen dieser machtvolle Vogel seine Unterstützung anbietet. Vielleicht tut er das ja gar nicht für Sie selbst. Sondern er fordert Sie auf, einem anderen Menschen oder einem Tier, das Ihnen nahesteht, mit seiner Hilfe die Hand zu reichen. Aber seien Sie wachsam: In all seiner Genialität nimmt er auch gern die Rolle des listenreichen Tricksters ein…

Traditionelle Weisheit: Der germanische Göttervater Wodan hatte zwei Raben als Boten.

Sie hießen »Hugin« (Denken) und »Munin« (Erinnerung). Sie halfen ihm unter anderem in seiner Tätigkeit als (Tier-)-Arzt. Wodan konnte sich selbst in einen Raben verwandeln. So hatte der Rabe in unserer Tradition die Rolle eines göttlichen Vogels, der, weil er Aasfresser ist, auch mit dem Tod und dann mit Wiedergeburt assoziiert wurde.

In vielen Traditionen des Nordens, zum Beispiel in Sibirien, bei den Eskimos und bei nordamerikanischen Indianern, war er ein Schöpfergott. Die frühen irischen Druiden interpretierten den Flug und die Schreie der Raben. Er gilt als ein typisches Orakeltier.

Im Christentum ist der Rabe das Attribut folgender Heiliger: Benedikt, Elias, Erasmus, Noah und Vitus.

Robbe/Seehund/Seelöwe

Bedeutung und Botschaft: Robben sind zu Lande und zu Wasser daheim. Daher vermitteln sie zwischen den beiden Elementen und können beispielsweise in ihrer Rolle als Krafttier dabei helfen, Gefühle (Wasser) auszudrücken und zu materialisieren (Erde). In der druidischen Tradition wird es so gesehen, daß sie mit ihrem klagenden Rufen auf das Unbewußte aufmerksam machen – und daß sich sowohl Menschen ganz leicht in Robben verwandeln können als auch umgekehrt Robben in Menschen. Im antiken Griechenland hatten sie ebenfalls mit dem Thema Verwandlung zu tun.

Wenn Sie also eine Robbe als Ihr Krafttier getroffen haben, so möchte sie Sie wahrscheinlich auf diese Themen verweisen und Ihnen im Bereich Shapeshifting (siehe 7. Kapitel) behilflich sein, besonders im Zusammenhang mit Gefühlen, also damit, daß Sie lernen, sich in die Gefühlslage anderer, auch von Tieren, zu versetzen und echtes Mitgefühl zu entwickeln.

Traditionelle Weisheit: Neben den Seekühen oder Sirenen und den Walen, zu denen auch die Delphine gehören, bilden die Robben oder Flossenfüßer eine dritte große Gruppe von Meeressäugetieren. Wegen ihres weichen und dichten Fells ist die Robbe zum Opfer von großenteils skrupellosen Robbenfängern geworden. Erst nachhaltige Proteste konnten diese Schlächtereien einschränken.

Das Auftauchen von Robben, besonders bei schwachem

Licht, nährte die Vorstellung von geheimnisvollen Meerjungfrauen und Meermännern. Es gibt Legenden von Liebesbeziehungen zwischen Menschen und Robben.

Mehrere schottische Clans sehen Robben als ihre Ahnen an. Im Norden von Schottland hielt man Robben für gefallene Engel oder für die Kinder verzauberter Könige.

Schildkröte

Bedeutung und Botschaft: Wenn dieses erstaunliche Tier als Ihr Krafttier auftaucht (als Wasserschildkröte kann es das aus über 1200 Metern Tiefe tun...), so geht es bei Ihnen wahrscheinlich um Themen wie Stabilität, langen Atem, Langlebigkeit oder Alter – Riesenschildkröten können hundert Jahre alt werden. Oder Sie sollen lernen, sich besser zu schützen, in welchen Bereichen auch immer.

Eine weitere Botschaft der Schildkröte kann sein, daß Sie auf dem Boden der Tatsachen bleiben und »geerdet« sein sollen. Denn in manchen Traditionen ist sie die Verkörperung von Mutter Erde, oder sie trägt die Erde auf ihrem Rücken bzw. verbindet Himmel und Erde. Sie lebt auch als Landschildkröte nahe am Wasser und bringt die Elemente Erde und Wasser zusammen, und sie wird als Türhüterin zur Welt der Naturgeister angesehen.

Finden Sie heraus, in welchem dieser vielfältigen Bereiche Sie die Unterstützung dieses gepanzerten Kraftpaketes besonders gebrauchen können.

Traditionelle Weisheit: Dieses Reptil steht in vielen Überlieferungen für die kosmische Ordnung. Und es wird als Symbol für den Himmel (gewölbter oberer Panzer), die Erde (der Panzer, der den Bauch schützt) und die untere Welt (Beine/Füße bzw. das Wasser, in dem oder in dessen Nähe sie lebt) gesehen; genau wie der universelle Lebensbaum, der seine Krone in den Himmel ausbreitet, dessen Stamm für die Erde und ihre Bewohner steht und der mit seinen Wurzeln tief in die untere Welt hineingeht, wie auch die Krone hoch in die obere Welt ragt. So wird in Indien der Weltenbaum als auf einer Schildkröte wachsend dargestellt.

In indianischen Mythen holt die Schildkröte den Planeten Erde aus der Tiefe – wie eine Perlentaucherin.

Die Familie Medici hat ein Emblem, auf dem eine Schildkröte mit einem Segel auf dem Rücken dargestellt ist: Sie reist langsam, aber mit großer Bestimmtheit und in Sicherheit. In der Alchemie symbolisiert dieses Tier Materie am Beginn des Entwicklungsprozesses.

Schlange

Bedeutung und Botschaft: Wohl kaum ein Tier ist so mißinterpretiert und verteufelt worden wie die Schlange. So lautet möglicherweise ihre erste und wichtigste Botschaft, wenn sie Ihnen als Krafttier erscheint: Schau dir deine vorgefaßten Urteile an. Blick hinter die Maske des Scheins, und spür hin, was für *dich* stimmt.

Als vielleicht komplexestes und ältestes Tiersymbol hat sie mit folgenden Themen zu tun: Lebenskraft (Kundalini-Kraft), Schöpferkraft, Verwandlung, Geburt/Leben/Tod/Wiedergeburt, Heilung, Fruchtbarkeit, Sexualität und Weisheit.

Als doppelte Schlange, die sich um den Stab des Hermes/ Merkur und des Äskulap windet, symbolisiert sie, wie sich Männliches und Weibliches miteinander verbinden und wie diese Verbindung zu Heilung, Frieden, Harmonie und (neuer) Lebensenergie führt.

Ein ganz besonderes Merkmal der Schlange als Krafttier ist, daß sie Gift in etwas Unschädliches oder sogar in etwas Stärkendes umzuwandeln vermag. Das kann sich auf eine Vergiftung im eigenen Körper ebenso beziehen wie auf Menschen oder Situationen, die einem das Leben zur Hölle machen wollen …

Traditionelle Weisheit: Der Uroboros, die Schlange, die sich in den eigenen Schwanz beißt und einen Kreis formt, symbolisiert Ewigkeit und göttliche Selbstgenügsamkeit. Bei den australischen Ureinwohnern ist die Regenbogenschlange der Schöpfergott.

Die feministische Archäologin Marija Gimbutas hat sich in ihren Forschungen intensiv mit der Schlangengöttin beschäftigt, welche die Erde als ihr Element in- und auswendig kannte. Den Gegenpol zu ihr stellte die Vogelgöttin dar, die für das Element Luft und die »höheren Regionen« zuständig war. Die Hoch-Zeit der Schlangenverehrung war in »Alt-Europa« laut Marija Gimbutas um 5000 vor Christus. Überreste davon bestehen aber bis heute. So bedeutet zum Beispiel in Litauen, Malta, Griechenland und in einigen Alpenregionen eine Schlange, die unter einem Wohnhaus lebt, Glück und Wohlstand. Sie ist die Bewacherin des Hauses.

Obwohl das Christentum die Schlange zum Symbol des Bösen gemacht hat, ist sie doch das Attribut mehrerer Heiliger: Eine eiserne Schlange ist das Tier des Moses, eine geflügelte Schlange dasjenige des Silvester, und eine Schlange als Stab oder eine, die sich um einen Stab windet, ist das Symbol für Aaron, Ludwig, Bertram und auch für Moses.

Seidenspinner: 1) Maulbeerspinner (Bombyx mori) nebst Raupe und Gespinsten, 2) Südamerikanischer Seidenspinner (Saturnia Cecropia), 3) Chinesischer Seidenspinner (Saturnia Pernyi), 4) Nilanthusspinner (Saturnia Cynthia)

Bedeutung und Botschaft: Der Schmetterling trägt die Kraft der Transformation in sich. Er verwandelt sich vom Ei in die Raupe, dann in die Puppe und schließlich zum farbenprächtigen Boten der Freude. Als uraltes Symbol für Unsterblichkeit steht er auch für die menschliche Seele.

Wenn er als geistiges Helfertier in die Welt Ihrer Imagination geflogen kommt, will er Ihnen möglicherweise mitteilen, daß in Ihrem Leben Veränderungen angesagt sind. Und zwar Veränderungen, die sich nicht mehr rückgängig machen lassen – kein Schmetterling wird sich wieder in eine Raupe zurückverwandeln …

Falls Sie sich vielleicht gerade so fühlen, als steckten Sie in einer Verpuppung: Vertrauen Sie darauf, daß diese Zeit vorübergehen wird. Sie werden Ihre Flügel ausbreiten und die Welt mit neuen Augen sehen.

Traditionelle Weisheit: Es gibt mehr als 150 000 verschiedene Arten von Schmetterlingen. Bei vielen Indianerstämmen waren sie ein Symbol für Veränderung, Freude und Farbe. Die Azteken sahen sie als Seelen von getöteten Kriegern. Sie waren verschiedenen mexikanischen Gottheiten heilig.

In der keltischen Tradition sah man in den flatternden Flügeln das Feuer der Sonne. Blumenelfen werden häufig mit Schmetterlingsflügeln dargestellt.

Schmetterlinge als Sinnbild der Seele findet man überall auf der Welt, zum Beispiel in Zaire, Zentralasien, Mexiko und Neuseeland. Mit dieser Bedeutung sind sie auf christlichen Grabsteinen abgebildet.

Singschwan (Cygnus musicus)

Schwan

Bedeutung und Botschaft: Wenn sich Ihnen der Schwan als Helfertier gezeigt hat, so will er möglicherweise seine Kraft als Shapeshifter (siehe 7. Kapitel) zur Verfügung stellen. Überall auf der Welt taucht in Märchen und Mythen das Motiv auf, daß Frauen sich in Schwäne verwandeln oder umgekehrt Schwäne zu Frauen werden. Die germanischen Walküren konnten zum Beispiel solche Shapeshiftings vornehmen.

Der Schwan ist ein starkes Symbol für die Anderswelt und ihre Bewohner, besonders für die Feen und Elfen. Die rituelle Bekleidung von Schamanen wird häufig mit Schwanenfedern geschmückt, um den Flug in die Anderswelt besonders leicht und erfolgreich werden zu lassen.

Weiterhin hat der Schwan mit der Sonne, dem Licht*, mit Schönheit, Liebe, Musik und Dichtung zu tun. Möglicherweise möchte er Ihre Aufmerksamkeit auf diese Themen lenken und Sie fragen, ob Sie in Ihrem Leben genügend Platz dafür geschaffen haben.

Traditionelle Weisheit: Bei den nordamerikanischen Indianern bedeuteten Schwäne die Hingabe an den Willen des Großen Geistes. Die Griechen der Antike verehrten den Schwan gleichermaßen als Attribut von Aphrodite und Apollo, den Gott der Poesie, Musik und Prophetie.

Auch in der keltischen Tradition wurde der Schwan mit Gesang und Dichtung in Zusammenhang gebracht. Man stellte ihn häufig mit einer Harfe dar; er war das Krafttier der Barden, also der Dichter und Sänger, und der Göttin Brigid. Brigid war die Dreifache Göttin der Kelten (junges Mädchen, Mutter, weise Alte), und sie fungierte als Schutzpatronin für drei ganz spezielle Bereiche: die Schmiedekunst, die Heilkunst und die Kunst der Dichtung und Musik.

* Das gilt für unsere weißen Schwäne. Schwarze Schwäne, die ursprünglich nur in Australien lebten, repräsentieren die Nacht. Bei den Kelten hatten Schwan und Gans ähnliche Bedeutung. Lesen Sie also bitte auch den Abschnitt über die Gans.

Schwein/Eber

Bedeutung und Botschaft: Das Schwein ist alles andere als »dumm«: Es verfügt über ein hohes Maß an Intelligenz, Kontaktfähigkeit und Sensibilität. Außerdem stellt es bis heute ein kraftvolles Glückssymbol dar. Erinnern Sie sich bewußt an diese Tatsachen, wenn das Schwein als Helfertier Ihren Weg gekreuzt hat.

Weitere Themen, auf die es Sie aufmerksam machen möchte, könnten sein: Fruchtbarkeit, Mutterschaft und Reichtum – jeweils im konkreten wie im übertragenen Sinne. Der Eber als Krafttier kann Ihnen hingegen Kampfesgeist und Wildheit vermitteln, die, in einem angemessenen Kontext verwendet, wertvolle Werkzeuge darstellen.

Traditionelle Weisheit: Das Schwein hatte in vielen Traditionen mit der Göttin zu tun, zum Beispiel in Ägypten mit Isis, in Griechenland mit Gaia und Demeter und bei den Kelten mit Ceridwen. Der Eber besaß besonders bei den Kelten eine wichtige Bedeutung als Krafttier. Hier war er das typische Symbol der Krieger. Bei den Germanen stand er mit Wodan, Freyr und Freya in Verbindung. In ihrem Buch zum *Keltischen Tierorakel** schreiben Philip und Stephanie Carr-Gomm, es gebe in Wales, Cornwall, Irland und Schottland rituelle Eberpfade, die auch in der inneren Welt existieren: »Wenn du ihnen folgst, wirst du von Angesicht zu Angesicht einem Tier gegenüberstehen, das die wilde und ungezähmte Kraft verkörpert, die in jedem von uns lebt. Sieh es dir genau an, und du wirst entdecken, daß es ein Abgesandter der Göttin ist.«

* Philip und Stephanie Carr-Gomm: *Das keltische Tierorakel*, Aurum, Braunschweig 1998.

Das Schwein ist das Attribut der Heiligen Hugo von Lincoln und Ludgerus.

Spinne

Bedeutung und Botschaft: Sie spinnt und webt und schneidet den Faden ab. So ist die Spinne das Symbol der Nornen und Moiren, der Schicksalsgöttinnen. Sie verbindet die Vergangenheit mit der Zukunft. Die Muster, die ihr Netz bildet, werden als die ersten Buchstaben angesehen.

Dies sind nur einige der mit der Spinne verbundenen Assoziationen. Wenn sie Ihnen als Helfertier begegnet, kann sie Ihnen Nachrichten zu einer Fülle von Themen übermitteln. Vielleicht geht es um grundsätzliche Dinge im Zusammenhang mit Ihrem Schicksal, Ihrer Lebensaufgabe, mit Vergangenheit, Gegenwart und Zukunft. Möglicherweise hat es etwas mit Kreativität zu tun, mit Schreiben oder Sprechen, mit künstlerischem Schaffen. Es kann auch sein, daß es um Ihre Weiblichkeit oder Ihre weibliche Seite geht, denn die Spinne ist ein typisches Symbol dafür, sogar ganz konkret für das weibliche Genital.

Lassen Sie sich nicht dadurch irritieren, daß sie kein sonderlich positives Image besitzt, jedenfalls nicht bei uns. In der Realität zeichnet sie sich durch Nützlichkeit und Harmlosigkeit aus. Als Helfertier besitzt sie eine starke und vielfältige Kraft.

Traditionelle Weisheit: Bei den Hopi-Indianern und bei anderen Indianerstämmen war die Spinne eine Schöpfergöttin. Sie wurde »Großmutter Spinne« genannt und besaß Tricksterqualitäten. In anderen Stämmen sah man sie als Schutzsymbol vor Stürmen. Man betrachtete sie auch als »Bringerin« von Regen, von Reichtum oder Glück; vielleicht, weil sie sich von ihrem Faden herunterläßt und so an »Geschenke des Himmels« denken läßt. In vielen Kulturen waren Spinnen Attribute von Mondgöttinnen.

Ein Kelch mit einer Spinne ist das Zeichen des heiligen Norbert und des heiligen Konrad.

Storch

Bedeutung und Botschaft: Welches neue Leben möchte der Storch Ihnen bringen, wenn er als Krafttier zu Ihnen geflogen kommt? In unserer Kultur sagt man, er bringe die Babys; er ist ein Fruchtbarkeits- und Geburtssymbol, aber auch ein Frühlingsbote. So könnte seine Nachricht lauten, daß jetzt nach einer Zeit der Dunkelheit und Kälte ein »neuer Frühling« beginnt.

Bedenken Sie, daß man nicht nur Kinder entstehen, wachsen lassen und zur Welt bringen kann, sondern auch Gefühle, Ideen, Kunstwerke und so weiter. Vielleicht möchte Ihnen der Storch in diesen Bereichen zur Seite stehen.

Traditionelle Weisheit: Ein Storch kann sehr alt werden: bis zu siebzig Jahre. So symbolisiert er in östlichen Traditionen Langlebigkeit, sogar Unsterblichkeit. Bei den Griechen und Römern war er das Tier der Hera/Juno, der Göttin der Familien. Er ist ein Schutzsymbol für stillende Frauen. Der Wagen von Hermes/Merkur, dem Gott des Handels und der Kommunikation, des großen Götterboten, wurde von Störchen gezogen. »Meister Adebar« ist ein Glücksbringer.

Im Christentum wird er mit Reinheit, Frömmigkeit und Erlösung in Zusammenhang gebracht.

Felsentaube (Columbia livia)

Taube

Bedeutung und Botschaft: Ihr phänomenales Orientierungsvermögen und ihre große körperliche Leistungsfähigkeit machten sie in früheren Zeiten als Brieftaube zu einer wichtigen Helferin des Menschen. Wir können uns heute kaum noch vorstellen, was es unseren Vorfahren bedeutete, wenn sie sehnlichst eine Nachricht erwarteten und dann endlich der kleine geflügelte Bote eintraf.

In ihrer Eigenschaft als Krafttier kann die Taube heute für Sie eine Brieftaube der Göttin sein, und Sie können vielleicht in Ihren inneren Welten die Erfahrungen unserer Ahnen nacherleben. Die Taube kann Ihnen mit ihrer Orientierungsfähigkeit helfen, eine Richtung zu finden oder »nach Hause zurückzukommen«, was auch immer das für Sie bedeuten mag.

Weitere wichtige Assoziationen, die mit der Taube in Verbindung stehen, sind Liebe und Friede. Der Heilige Geist personifiziert sich in Gestalt einer Taube, doch war es ursprünglich Sophia, die die göttliche Weisheit verkörperte und in einer Taube inkarnierte. Vielleicht möchte Ihnen die Taube als Ihr Krafttier in diesen Bereichen zu mehr Klarheit verhelfen.

Traditionelle Weisheit: Die Taube war ein Attribut der phönizischen Liebesgöttin Astarte, der griechischen Liebesgöttin Aphrodite und der Götter Adonis, Eros und Dionysos. So stand sie für Liebe, Erotik und Sexualität. Bis heute gilt ein schnäbelndes Taubenpaar als Symbol für Liebe, und in manchen Gegenden läßt man bei Hochzeiten Tauben aufsteigen.

Die biblische und christliche Symbolik hat aber in unserem Kulturkreis mindestens die gleiche Wichtigkeit: Noah ließ die Taube aus der Arche fliegen, und sie kam mit dem Olivenzweig im Schnabel wieder zurück. Dies wird auch als Zeichen des Friedens interpretiert, den Gott mit den Menschen gemacht hatte. Johannes der Täufer sah »den Geist (Gottes) in Gestalt einer Taube vom Himmel herabkommen«, nachdem Jesus getauft worden war – und so weiter.

Die Taube ist außerdem das Attribut folgender Heiliger: Kunibert, Regina, Remigius, Gregor dem Großen und Thomas von Aquin.

Tiger

Bedeutung und Botschaft: Panthera tigris – so heißt die heute leider vom Aussterben bedrohte asiatische Großkatze mit ihrem lateinischen Namen. Sie ist die größte Raubkatze und, anders als andere Vertreter dieser Tierfamilie, eine hervorragende Schwimmerin. In der chinesischen Tradition symbolisiert sie den weiblichen Pol, während der Drache den männlichen repräsentiert. In Korea gilt der Tiger als König der Tiere, so wie andernorts der Löwe.

Als Krafttier kann er ebenso für königliches, majestätisches Auftreten stehen wie auch für wildes, animalisches Gebaren. Er hat sowohl mit Schutz als auch mit Aggression zu tun. Weitere Assoziationen, die er weckt, sind Impulsivität, Schnelligkeit, Geschmeidigkeit, Schönheit und Alleinsein im Sinne von »All-eins-Sein«, denn der Tiger ist ein Einzelgänger. Lassen Sie sich von ihm zeigen, welches dieser Themen für Sie akut ist und inwiefern er Ihnen seine Kraft zur Verfügung stellen kann und will.

Traditionelle Weisheit: Die Macht einiger Götter wird in Darstellungen dadurch demonstriert, daß sie auf einem Tiger reiten, zum Beispiel der indische Gott Durga. Der Tiger ist das Tier von Kali, der indischen Göttin von Schöpfung und Zerstörung, Sexualität und Tod. In China werden Tore und Gräber durch steinerne Tiger geschützt.

In der westlichen Kunst sind Tiger als Zugtiere des Wagens von Dionysos/Bacchus dargstellt. Ebenso besteht ein Bezug zum Gott des Windes, Zephyros, und zur kleinasiatischen Muttergöttin Kybele.

Bedeutung und Botschaft: In diesem »Kleinen Lexikon der Krafttiere« finden Sie mehrere Vögel in ihrer Rolle als geistige Helfertiere beschrieben. Wenn Ihnen in Ihren inneren Welten ein Vogel als Krafttier begegnet und Sie nicht wissen, zu welcher Art er gehört, können Sie bei einem hier aufgeführten Vogel nachschlagen, der dem Ihrigen ähnelt. Oder Sie können in einem zoologischen Lexikon recherchieren, was Sie wissen wollen.

Generell läßt sich zu Vögeln folgendes sagen. Sie stellen zwar, wie alle geistigen Helfertiere, Boten der Göttin dar. Sie haben aber auch mit der »oberen Welt« und mit der himmlischen, männlichen, göttlichen Energie zu tun. Ihr Zuhause ist die Luft, die den Intellekt symbolisiert, und sie können helfen, einen Überblick zu bekommen.

Wasservögel verbinden Luft (Intellekt) mit Wasser (Gefühlen, dem Unbewußten). Nach den Forschungen der Archäologin Marija Gimbutas wurde in »Alt-Europa« neben der Schlangengöttin die Vogelgöttin verehrt. Sie war die Schöpferin und Erhalterin des Lebens und symbolisierte Erholung und Regeneration.

Traditionelle Weisheit: Die keltische Göttin Rhiannon ritt nicht nur auf einer weißen Stute zwischen den Welten hin und her, sondern sie wurde auch von Vögeln begleitet, die so schön sangen, daß die Menschen ihre Alltagssorgen vergaßen, wenn sie sie hörten.

In vielen Schöpfungsmythen spielen Vögel eine Rolle, oder sie repräsentieren Elementarkräfte wie der Donnervogel bei den Indianern oder der südafrikanische Blitzvogel. Der mittelamerikanische Schlangenvogel Quetzalcoatl vereinigte auf sich die Kräfte von Himmel und Erde. Traditionell symbolisierten Vögel Intelligenz und Weisheit. Schamanen trugen Vogelmasken und Federschmuck, um in höhere Ebenen (des Wissens und der Weisheit) zu fliegen. Im Christentum ist eine Schar von Vögeln das Attribut des heiligen Franz von Assisi.

Wal

Bedeutung und Botschaft: Der Wal ist das größte Säugetier der Erde, ein Warmblüter, der im Meer lebt. Sein Hörvermögen ist phänomenal, seine Art, unter Wasser Laute auszusenden und aufzunehmen, übersteigt, was wir Menschen zu begreifen vermögen. Die Inuit-Indianer sagten, der Wal sei das großartigste aller Geschöpfe. In ihrem Begleitbuch zu den *Karten der Kraft** schreibt die Irokesin Jamie Sams, der Wal sei eine schwimmende Bibliothek. Er trage die gesamte Geschichte von Mutter Erde in sich. Nach einer Stammeslegende habe sich der Wal, der zuvor auf dem Land lebte, ins Wasser begeben, als die Erde sich verschob und das Mutterland Lemuria im Meer verschwand.

Danach kann der Wal, wenn er als Ihr Krafttier auftaucht, Wissen aus alter Zeit an Sie weitervermitteln. Delphine gehören ebenfalls zu den Walen. Lesen Sie auch den Abschnitt über Delphine, wenn Sie dem Wal als Helfertier begegnet sind.

Traditionelle Weisheit: In Afrika und Polynesien stehen Wale in einem Zusammenhang mit spiritueller Einweihung. In

* Jamie Sams und David Carson: *Karten der Kraft*, Windpferd, Aitrang 1989.

diese Richtung geht auch die biblische Geschichte von Jonas, der von einem Wal verschluckt und nach drei Tagen »wiedergeboren« wurde. Der finnische Held Ilmarinen wurde in ähnlicher Weise von einem Riesenfisch verschlungen. In einer anderen Version war es der Schoß einer Riesin.

Das *Time-Magazine* vom 27. Juli 1998 berichtet, daß Wale durch Töne, die von U-Booten ausgesendet werden, in ihrem Orientierungsvermögen so irritiert werden können, daß es sie ihr Leben kostet. Und daß die NATO die Bewohner des Meeres in Zukunft davor schützen will, »daß das Meer mit Tönen bombardiert wird«.

Wolf

Bedeutung und Botschaft: Über den Wolf, den Urvater aller Hunde, vom Bernhardiner bis zum Dackel, sind die haarsträubendsten unwahren Gerüchte im Umlauf. Machen Sie sich von allem frei, was Sie in dieser Richtung über ihn erfahren haben. Er verfügt in natura genau wie als geistiges Helfertier über eine starke Kraft und kann Ihnen besonders bei folgenden Themen ein Lehrer sein: Loyalität, Beständigkeit, Mut, Familien- und Gemeinschaftssinn, Intelligenz, Schärfe der Sinne, auch des sechsten und siebten Sinnes.

Wie der Hund kann er ein »Hüter der Schwelle« zu anderen Welten sein. Es heißt, daß Wölfe ihre Mahlzeiten mit Raben teilen und daß daher Raben und Wölfe – beides Tiere des germanischen Göttervaters Wodan – häufig zusammen angetroffen werden. Vielleicht lesen Sie also auch die Abschnitte über den Hund und den Raben und kommen der Botschaft Ihres Wolfes auf diese Art näher.

Traditionelle Weisheit: Wölfe sind treue Tiere, die sich häufig einen Gefährten für ihr ganzes Leben suchen. Und sie sind gute Eltern. Romulus und Remus, die legendären Begründer der Stadt Rom, wurden von einer Wölfin gesäugt.

Barbara Walker schreibt in ihrem Buch *Die geheimen Symbole der Frauen**, die Große Göttin sei im sabinischen Matriarchat manchmal als »Mutter der Wölfe« angerufen worden. Und: »Die häufigen Beziehungen zwischen Göttin-Figuren und totemistischen Wölfen können als einer der vielen Hinweise verstanden werden, daß es eher Frauen waren als Männer, die die ersten Beziehungen zu Wölfen aufnahmen und sie dann schließlich domestizierten.«

Bei uns in Deutschland wurde vor etwa 150 Jahren der letzte freilebende Wolf erschossen. Vor kurzem entwickelte ein Naturschutzbund einen »Managementplan«, der in Zusammenarbeit mit den örtlichen Behörden die Rückkehr des Wolfes vor allem im östlichen Deutschland begünstigen soll. Offenbar haben wir es also nicht mehr nötig, diese Tiere zu verteufeln und auszugrenzen.

Der Wolf ist das Attribut des heiligen Antonius und des heiligen Wolfgang.

Ziege/Steinbock

Bedeutung und Botschaft: Kaum jemand weiß, daß die Ziege traditionell ein heiliges Tier ist. Sie lieferte und liefert Milch, Fleisch, Leder und Wolle – die hochwertigste Wolle, Angora und Kaschmir, stammt von Ziegen – und symbolisiert daher Überfluß, Fruchtbarkeit und nährende Fürsorge. Als Krafttier

* Barbara Walker: *Die geheimen Symbole der Frauen,* dtv, München 1995.

Angoraziege (Capra hircus angorensis)

kann sie eine Menge über diese Themen vermitteln. Und darüber, wie es ist, für die eigene Großzügigkeit lächerlich gemacht und verteufelt, zum »Sündenbock« und Opfertier zu werden.

Weitere Bereiche, in denen die Ziege oder der Bock als Helfertier besonders kompetent Unterstützung geben können, sind zum einen die Fähigkeit, zu klettern. Zum anderen: Überlebenskunst, Durchhaltevermögen, Hartnäckigkeit und Sturheit, die in bestimmten Lebenslagen außerordentlich nützlich sein kann.

Traditionelle Weisheit: In ganz Europa wurden in vorchristlicher Zeit Ziegen verehrt – von Skandinavien bis in den Mittelmeerraum. So war die Insel Capri den Ziegen geweiht: »capra« ist das lateinische Wort für »Ziege«. Der Gott Zeus/Jupiter wurde als Baby von einer Ziege mit ihrer Milch genährt. Den Wagen des germanischen Gottes Thor zogen ebenfalls diese Tiere. Der Vegetationsgott Pan zeigt sich in der Gestalt eines Ziegenbocks. Die Ziegenmenschen, die als Pan, Faun oder Satyr in die Mythologie eingingen, waren ursprünglich Menschen, die mit heiligen Ziegen identifiziert wurden. »Tragödie« heißt »Ziegenlied«.

Im Christentum wurden Ziegen im wahrsten Sinne des Wortes dämonisiert, denn nach ihrem »Vorbild« wurden die mittelalterlichen Teufel gestaltet. Wenn Menschen weiterhin ihre Ziegengötter verehrten, wurden sie von Mitgliedern der Kirche der Teufelsverehrung beschuldigt.

Bis heute stellt man in Skandinavien »Jul-Ziegen« aus Stroh her, die bei der Wintersonnenwende als »Opfertier« dienen.

Epilog

Lassen Sie mich zum Abschluß dieses Buches noch ein aktuelles Beispiel dafür bringen, wie wichtig heute die »Traumzeit«, die Welt der Imagination, für viele Menschen ist – und wie bedeutsam innerhalb dieser Welt besonders die Helfertiere sind.

Es handelt sich bei den Menschen, die in dem Beispiel eine Rolle spielen, keineswegs um solche, die sich besonders für spirituelle Dinge, für Schamanismus oder dergleichen interessieren. Sondern es geht um Frauen, deren Gemeinsamkeit eine andere ist: Sie alle sind Künstlerinnen, und sie alle hatten Brustkrebs. Und sie betonen, wie sehr sie sich im Zusammenhang mit ihrer schrecklichen Krankheit aus den Ebenen, die sie während der Meditation bzw. Imagination aufsuchten, getragen und gestützt fühlten.

Hier die Details: Im Frühsommer 1998 war in den Bibliotheken der Bucht von San Francisco eine Ausstellung zu sehen, die den Titel »Art.Rage.Us.« trug (»Kunst.Wut.Wir.«). Gezeigt wurden Gemälde und Zeichnungen, Collagen und Skulpturen von hervorragenden Künstlerinnen, die an Brustkrebs erkankt waren. Die Ausstellung fand in den Medien und bei der Öffentlichkeit große Beachtung.

Oberflächlich betrachtet hatte sie, wie gesagt, nichts mit Spiritualität, Schamanismus, nicht einmal mit alternativen Heilweisen zu tun. Wer jedoch genau hinsah und die Texte las, die jede Künstlerin ihrem Werk zur Erklärung beigefügt hatte, konnte feststellen, daß viele der Frauen mit Hilfe von Traumbeobachtung und -interpretation, von Meditation, Imagination und Visualisation den Schock von Diagnose und Operation sowie den Verlust eines Körperteils überwunden hatten. Und daß sie sogar auf diese Weise ihren Lebenswillen, ihre Lebenskraft und Gesundheit wiederherstellen konnten.

Sie hatten also nicht nur ihre kreativen Talente verwendet, um sich mit ihrem grausamen und lebensbedrohlichen Leiden auseinanderzusetzen, sondern sich auch Unterstützung aus der eigenen Seele und deren Verbindung zum großen Ganzen geholt, um ihr Schicksal zu verarbeiten.

So schreibt zum Beispiel Rosalie Ann Cassell zu einer Tuschemalerei, die sie selbst zeigt, wie sie vorsichtig eine ihrer Brüste hält:

> »Als die Resultate einer Routineuntersuchung ein verdächtiges Areal deutlich machten, sagte man mir, daß eine Gewebeentnahme gemacht werden müsse. Panik! Ich habe immer meine Brüste geliebt, und eine Visualisierung half mir, als ich auf die schreckliche Prozedur wartete.«

Diese Visualisierung stellt sie in ihrer Zeichnung dar.

Marilyn Kaminsky Millers Beitrag ist ein Relief in der Tradition der Totempfähle, hergestellt aus Holz, Kupfer, Ton und Email, etwa so groß wie ein erwachsener Mensch. Ein wunderschönes, beeindruckendes Kunstwerk in gedämpften Farben. Ihr kommentierender Text:

»Nach der Diagnose und zwei Operationen brauchte ich alle Hilfe, die ich bekommen konnte, um die eventuell in meinem Körper verbliebenen Krebszellen zu bekämpfen. Ein Totempfahl erschien mir dafür perfekt. Indianer in Alaska verwendeten Totempfähle, um böse Geister abzuwehren, und das wollte ich auch tun. Der Frosch [ganz oben auf den anderen Tieren] symbolisiert das Glück, von dem ich viel brauchen würde. Der Adler repräsentiert die Stärke, die mich durch die Behandlung begleiten sollte, und der Wolf einen gewitzten Geist, der mir dabei helfen sollte, den Kampf gegen den Krebs zu bestehen. Der Mensch [als unterste Figur] steht für die Unterstützung seitens der Familie und der Freunde. Ich nenne meinen Totempfahl ›Der Wächter‹. Er steht an meiner Haustür, um mich vor Krebs zu bewahren und meine Gefühle großer Angst zu mindern.«

Und hier ist Marcia Smiths Kommentar zu der Pastellzeichnung, die sie selbst zeigt, umhüllt von einem weißen Tuch, eine Brust entblößt, in die ein Wolf beißt:

»Dieses Bild ›Erinnerung an die Operation‹ entstand kurz nach einer geführten Visualisation. Während dieser Visualisation tauchte ganz spontan ein Wolf auf, der begann, an meiner Brust zu reißen. Ich merkte, daß mein Körper sich von der unterbewußten Erinnerung an die Operation befreite. Ich spürte jetzt bewußt das Ziehen und Reißen im Muskelgewebe. Der Schmerz war begleitet von der Erkenntnis, daß die Operation ein tiefer Akt des Mitgefühls war, denn sie half mir, am Leben zu bleiben.«

Die Künstlerin Wende Heath schreibt zu ihrer Skulptur aus Ton und Leder folgenden Kommentar:

Sattelrobbe (Phoca groenlandica)

»Während ich mich von meiner Operation erholte, sah ich einen wunderbaren Film im Kino. Er handelte von einem Seehund, der sich in eine Frau verwandelte. Am ersten Tag, an dem ich mich wohl genug fühlte, um mein Hausboot zu verlassen, ging ich zum Strand. Dort schwamm ein junger Seehund, als hätte er mich erwartet. Er beobachtete mich. Ich hatte nie zuvor einen Seehund in unserem Hafen gesehen… Danach sah ich ihn immer wieder, und wir sprachen über Heilung und Leben und Tod.«

Es gibt Bilder und Kommentare, die von einer Art schamanischer Erfahrung zeugen: zerstückelt zu werden und sich neu zusammenzusetzen. Engel und Göttinnen spielen in mehreren Bildern eine Rolle. Eine Frau stellt sich als Amazone dar.*

Wie gesagt: Der einzige gemeinsame Nenner war, daß diese Frauen alle den Schrecken ihrer Erkrankung an Brustkrebs erlebt hatten. Von spiritueller Orientierung war in der Ausschreibung für diese Veranstaltung keine Rede gewesen. Die Berichte der Frauen, in denen sie von dem Trost erzählen, den sie aus anderen Dimensionen und von geistigen Tieren erhofften oder tatsächlich erfuhren, kamen ganz und gar spontan und ungefragt.

Die Welt der Märchen und Mythen, der Göttinnen und Götter und ihrer Boten, der Engel, Naturgeister und Krafttiere, ist zwar bei vielen in Vergessenheit geraten. Unter der Oberfläche existiert sie aber noch genauso lebendig und kraftvoll wie eh und je. Manchmal stellen wir sozusagen ungewollt im Traum Kontakt dazu her. Offenbar fällt dieser Kontakt besonders leicht, wenn man sich in existentiellen Schwierigkeiten befindet und nicht weiterkommt. Dies zeigen die Beispiele der krebskranken Frauen sehr deutlich.

Eine Krankheit oder eine andere Notlage kann ein Auslöser dafür sein, daß man sich für nichtmaterielle Dimensionen öffnet. Es geht jedoch auch freiwillig und ohne Druck, und es geht auf relativ einfache Art und Weise, wie Sie in diesem Buch erfahren haben.

Ich wünsche Ihnen, liebe Leserinnen und Leser, daß Sie von diesen Möglichkeiten Gebrauch machen und dadurch zu

* Die Amazonen lebten im kleinasiatischen Raum ganz unter sich. Sie luden nur gelegentlich Männer ein, um zu empfangen und Kinder zu bekommen. Sie waren außerordentlich kämpferisch und haben angeblich als erste Pferde gezähmt. So kamen sie den Fußsoldaten gegenüber in eine haushohe Überlegenheit. Die Amazonen sollen sich freiwillig eine Brust entfernt haben, um ungehindert Pfeil und Bogen verwenden zu können.

Heilung und Wachstum gelangen. Mögen Sie durch die Helfertiere Ihre Liebe zur Natur und zu diesem Planeten (wieder)entdecken. Mögen Sie aufs neue erfahren, welch wunderschönes Zuhause wir haben und daß dieses Zuhause mit all seinen Bewohnern es wert ist, respektiert und geschützt zu werden. Was ich Ihnen generell wünsche, läßt sich auch komprimiert in zwei Worten sagen: »Gute Reise!«

Anmerkungen zu den Illustrationen aus *Brehms Tierleben*

Die Tierdarstellungen in diesem Buch sind Stiche, die vor rund hundert Jahren hier bei uns in Deutschland geschaffen wurden; zu einer Zeit, als die Fotografie in ihren Kinderschuhen steckte, wo von scheuen und wilden Tieren noch kaum Fotos existierten.

Sie sind der dreibändigen *Kleinen Ausgabe für Volk und Schule* von *Brehms Tierleben* entnommen, erschienen im Bibliographischen Institut Leipzig und Wien 1902 und abgedruckt heute mit freundlicher Genehmigung des Bibliographischen Instituts, Mannheim.

Alfred Brehm war ein bekannter Tierforscher, der Afrika, Spanien, Skandinavien und Sibirien bereist hatte. Er war 1829 geboren worden und verstarb 1884. Im Jahr 1863 wurde er Direktor des Zoologischen Gartens in Hamburg, später Gründer und Leiter des Berliner Aquariums.

In Band eins dieses Klassikers geht es um Säugetiere, in Band zwei um Vögel und in Band drei um Kriechtiere, Fische, Insekten und niedere Tiere.

Die reichhaltigen Illustrationen zeugen von der hervorragenden Beobachtungsgabe und dem außerordentlichen technischen Können der Künstler. (Es haben mehrere an *Brehms*

Tierleben mitgearbeitet.) Alle Bilder sind es wert, daß man sich mit ihnen beschäftigt. Man kann sie sogar zu Bildmeditationen hernehmen und in sie »einsteigen« – eine weitere Variante des Shapeshifting. Bei Kerzenlicht gelingen solche Bildmeditationen übrigens besonders gut.

Es lohnt sich aber auch, sich mit dem Text des Werkes auseinanderzusetzen, das übrigens in seiner Originalausgabe sechs Bände umfaßt. Alfred Brehm demonstriert auf groteske Weise, wie sehr Tiere bei uns noch vor rund hundert Jahren durch die Brille der Nützlichkeit und Verwertbarkeit für uns Menschen betrachtet wurden. Das zu lesen kann sehr erleuchtend sein. Auch der Rassismus »den ungebildetsten, armseligsten und ungesittetsten Völkern« gegenüber ist bemerkenswert und wohl nur aus der entsprechenden Zeit heraus verständlich. Doch gibt es im Text auch Stellen, die von großer Einfühlsamkeit zeugen und die Informationen enthalten, die wir heute als spirituell bezeichnen würden. Hier eine kleine Kostprobe über Hunde aus dem ersten Band der dreibändigen Ausgabe:

»›Durch den Verstand des Hundes besteht die Welt.‹ So steht es im Vendidad [Gesetzbuch], dem ältesten und echtesten Teile des Zendavesta, eines der ältesten Bücher der Menschheit. Kein einziges Tier der ganzen Erde ist der vollsten und ungeteiltesten Achtung, der Freundschaft und Liebe des Menschen würdiger als der Hund. Er ist ein Teil des Menschen selbst, zu dessen Gedeihen, zu dessen Wohlfahrt unentbehrlich. ›Der Hund‹, sagt Cuvier, ›ist die merkwürdigste, vollendetste und nützlichste Eroberung, welche der Mensch jemals gemacht hat. Die ganze Art ist unser Eigentum geworden; jedes Einzelwesen dieser Art gehört dem Menschen, seinem Herrn, gänzlich an, richtet sich nach seinen Gebräuchen, kennt und verteidigt dessen Eigentum und bleibt ihm ergeben bis zum Tode. Und alles dies entspringt weder aus Not noch aus Furcht, sondern aus reiner Liebe und Anhänglichkeit. Die Schnelligkeit, die Stärke des Geruchs haben für den Menschen aus ihm einen mächtigen Gehilfen gemacht, und vielleicht ist er sogar notwendig zum Bestande der Gesellschaft des Menschenvereins. Der Hund ist das einzige Tier, welches dem Menschen über den ganzen Erdboden gefolgt ist.‹... Die Amerikaner haben Hunde gehabt, ehe durch die Spanier der europäische Hund nach Amerika gebracht wurde. In Mexiko fanden die Spanier stumme [also: nicht bellende] Hunde vor. A. v. Humboldt führt an, daß von den Indianern von Jauja und Huanca, ehe sie der Inca Pachacutec zum Sonnendienst bekehrte, die Hunde göttlich verehrt wurden. Ihre Priester bliesen auf skelettierten Hundeköpfen, und Hundeschädel und Hundemumien fanden sich in den peruanischen Grabmälern der ältesten Zeit.«

So weit ein eher untypisches, weil tendenziell »spirituelles« Zitat aus *Brehms Tierleben.*

Neben Leckerbissen dieser Art oder den davor erwähnten, den damaligen Zeitgeist entlarvenden Textstellen ist dieses Werk eine wahre Fundgrube, was zoologische Informationen betrifft. Es kann – sofern man eine Ausgabe davon noch in einer privaten oder öffentlichen Bibliothek findet – als Nachschlagewerk auch im Zusammenhang mit Krafttieren wärmstens empfohlen werden. Denn aus zoologischen Informationen lassen sich wie gesagt mit etwas Reflexion und Inspiration auch Bedeutungen und Botschaften von Krafttieren herleiten.

Literatur

Aeppli, Ernst: *Der Traum und seine Deutung,* Knaur, München 1998

Andrews, Ted: *Animal Speak,* Llewellin Publications, St. Paul 1995

Anonymus: *Die Großen Arkana des Tarot – Meditationen* (4 Bde.), Herder, Basel 1983, 1989 und 1993

Autorenkollektiv: *Presidio Gateways,* Chronicle Books, San Francisco 1994

Autorinnenkollektiv: *Art.Rage.Us. Art and Writing by Women with Breast Cancer,* Chronicle Books, San Francisco 1998

Budapest, Zsuzsanna: *Das magische Jahr,* Sphinx/Hugendubel, München 1996

Brehms Tierleben (3 Bände), Bibliographisches Institut, Leipzig und Wien 1902

Campbell, Joseph: *Mythen der Welt,* Kösel, München 1993

Carr-Gomm, Philip und Stephanie: *Das keltische Tierorakel,* Aurum, Braunschweig 1998

Chopich, Erica, und Paul, Margaret: *Aussöhnung mit dem Inneren Kind,* Hermann Bauer, Freiburg, 7. Aufl. 1997

Cowan, Tom: *Die Schamanen von Avalon,* Ariston, Kreuzlingen 1998

Craven, Margaret: *Ich hörte die Eule, sie rief meinen Namen*, Rowohlt, Reinbek, 3. Aufl. 1977

Dalichow, Irene: *Sanfte Massagen für Babys, Kinder und Eltern*, Rowohlt, Reinbek, 6. Aufl. 1998

–, *Naturgeister – Mittler zwischen Erde und Mensch*, Knaur, München 1997

Dalichow, Irene, und Booth, Mike: *Aura-Soma – Heilung durch Farbe, Pflanzen- und Edelsteinenergie*, Knaur, München, 12. Aufl. 1999

–, *Das Aura-Soma Praxisbuch*, Goldmann, München, 3. Aufl. 1998

Dawkins, Peter: *Zoënce – Die Wiederentdeckung der Tempelwissenschaft*, Knaur, München 1996

Eliade, Mircea: *Schamanismus und archaische Ekstasetechnik*, Suhrkamp, Frankfurt, 9. Aufl. 1997

Epes Brown, Joseph: *Animals of the Soul*, Element, Massachussetts 1996

Estés, Clarissa Pinkola: *Die Wolfsfrau. Die Kraft der weiblichen Urinstinkte*, Heyne, München, 24. Aufl. 1997

Faber, Stephanie: *Zauberworte*, Heyne, München 1992

Fox, Matthew, und Sheldrake, Rupert: *Engel – Die kosmische Intelligenz*, Kösel, München 1998

Francia, Luisa: *Die Bärin im 11. Haus*, Frauenoffensive, München 1997

Gallegos, Stephen Eligio: *Indianisches Chakra-Heilen*, Erd, München 1996

Gersten, Dennis: *Are You Getting Enlightened or are You Losing Your Mind?*, Three Rivers Press, New York 1997

Gimbutas, Marija: *Die Sprache der Göttin*, Zweitausendeins, Frankfurt 1995

Grof, Stanislav: *Technologies of the Sacred: Ancient, Aboriginal, and Modern*, bisher unveröffentlichtes Manuskript, 1996

–, *Kosmos und Psyche,* Krüger, Frankfurt 1997

Halpin, Marjorie: *Totem Poles,* UBC Press, Vancouver, 5. Aufl. 1997

Harner, Michael: *Der Weg des Schamanen,* Rowohlt, Reinbek 1986

Ingerman, Sandra: *Auf der Suche nach der verlorenen Seele,* Ariston, Kreuzlingen 1998

Jamal, Michèle: *Deerdancer,* Penguin Arkana, New York 1995

Kalweit, Holger: *Die Welt der Schamanen,* Fischer, Frankfurt 1988

Lanting, Frans: *Auge in Auge,* Taschen, Köln 1997

Lasher, Margot: *And the Animals Will Teach You,* Berkeley Books, New York 1996

Leuenberger, Hans-Dieter: *Das ist Esoterik,* Hermann Bauer, Freiburg, 8. Aufl. 1999

–, *Engelmächte,* Hermann Bauer, Freiburg, 3. Aufl. 1993

Margolin, Malcolm: *The Ohlone Way – Indian Life in the San Francisco-Monterey Bay Area,* Heyday Books, Berkeley 1978

Matthews, Caitlin: *Sophia – Göttin der Weisheit,* Walter, Solothurn/Düsseldorf 1993

Matthews, John: *Der Gral,* Aurum, Braunschweig 1992

Matthews, Caitlin und John: *Der westliche Weg,* Rowohl, Reinbek 1999

–, *Lexikon der keltischen Mythologie,* Heyne, München 1994

–, *The Arthurian Tarot,* Thorsons, London und San Francisco 1990

Metzner, Ralph: *Der Brunnen der Erinnerung,* Aurum, Braunschweig 1994

–, *The Unfolding Self,* Origin Press, Novato 1998

Owusu, Heike: *Symbole der Indianer Nordamerikas,* Schirner, Darmstadt, 2. Aufl. 1998 von Ranke-Graves, Robert: *Die weiße Göttin,* Rowohlt, Reinbek 1985

Reclams Lexikon der Heiligen und der biblischen Gestalten, Reclam, Stuttgart, 5. Aufl. 1984

Sams, Jamie, und Carson, David: *Karten der Kraft,* Windpferd, Aitrang 1989

Scheibelreiter, Georg: *Tiernamen und Wappenwesen,* Böhlau, Wien/Köln/Weimar, 2. Aufl. 1992

Schenda, Rudolf: *Who's Who der Tiere,* dtv, München 1998

Seattle: *Wir sind ein Teil der Erde,* Walter, Zürich/Düsseldorf, 28. Aufl. 1998

Simek, Rudolf: *Lexikon der germanischen Mythologie,* Kröner, Stuttgart 1984

Steiger, Brad: *Totems,* Harper, San Francisco 1997

Stewart, R. J.: *Erdkraft,* Heyne, München 1997

Summer Rain, Mary, und Greystone, Alex: *Mary Summer Rain's Guide to Dream Symbols,* Hampton Roads, Charlottesville 1996

Towery, Twyman: *Die Weisheit der Wölfe,* Goldmann, München 1999

Tresidder, Jack: *Dictionary of Symbols,* Chronicle Books, San Francisco 1998

Walker, Barbara: *Das geheime Wissen der Frauen,* dtv, München 1995

–, *Die geheimen Symbole der Frauen,* Sphinx/Hugendubel, München 1997

White Eagle: *Naturgeister und Engel,* Aquamarin, Grafing, 8. Aufl. 1995

–, *Lesebuch,* Knaur, München 1994

Wiesner, Henning, und Mattei, Günter: *Im Garten der Tiere,* Heyne, München 1998

Adressen

Falls Sie Anfragen habe, legen Sie bitte jeweils einen an Sie selbst adressierten und frankierten Briefumschlag bei (bei Adressen im Ausland: internationalen Antwortschein beilegen, an jedem Postschalter erhältlich).

Informationen über den Persönlichen Totempfahl-Prozeß erhalten Sie bei:

Kiki und William Larro
Heideweg 29
D-85598 Baldham

Informationen über die Arbeit von Tom Cowan, Michael Harner, Sandra Ingerman und anderen Vertretern des »Core-Schamanismus« sind unter folgenden Adressen erhältlich:

Für die Schweiz:
Dr. Carlo Zumstein
Kasernenstraße 3
CH-8180 Bühlach

Für Österreich:
Paul Uccusic
Foundation for Shamanic Studies
Neuwaldegger Straße 38/4/6
A-1170 Wien

Informationen über den Persönlichen Totempfahl-Prozeß erhalten Sie bei:

Kiki und William Larro
Heideweg 29
D-85598 Baldham

Die deutsche Kontaktadresse für die Voice-Dialogue-Arbeit lautet:

Voice Dialogue
Fallmerayerstraße 21
D-80796 München

Doro Meincke, die in ihrem Text »Der Wal im Krankenzimmer« die erste Begegnung mit ihrem wichtigsten Krafttier geschildert hat, lebt in Fremont in der Bucht von San Francisco. Sie ist Deutsche, und sie bietet Menschen, die Kalifornien besuchen, geführte Krafttierreisen in Einzelarbeit an. Hier ihre Adresse:

Doro Meincke
395 Shawnee Place
Fremont, Ca. 94539, USA

Die Adresse von Christine Ambros, die nach dem 4. Kapitel ihren Traum von der Bärin schilderte, lautet:

Christine Ambros
Magnolienweg 14
D-88662 Überlingen

Udo Frank, der über seine Begegnungen mit der Seemöwe und dem Gorilla berichtet hat, ist folgendermaßen erreichbar:

Udo Frank
Im Steinacker 23
D-76889 Klingenmünster

Informationen über die Aktivitäten der White Eagle Lodge sind erhältlich bei:

Annemarie Libera
Schraystraße 2
D-82110 Germering
und
Carol Sommer
Schmiedengasse 15
CH-3402 Burgdorf

Die Autorin ist unter folgender Adresse erreichbar:

Irene Dalichow
c/o Goldmann Verlag
Lektorat Arkana
Neumarkter Straße 18
D-81673 München

Dank

Folgenden Personen danke ich in mehr oder weniger direktem Zusammenhang mit diesem Buch:

Christine Ambros, Zsuzsanna Budapest, Brigitta Bürgi, Cathy Coleman, Tom Cowan, Cherie Daley, Fritz Dalichow sen. †, Sarah und Peter Dawkins, Geoffrey Dent, Vivian Edmonston †, Stephanie Faber, Susanne Fischer-Rizzi, Luisa Francia, Udo Frank, Hildegard Fuhrberg, Werner Frohme, Steve Gallegos, Gert Geisler, Veeta Gensberger, Stanislav Grof, Michael Harner, Jason Hunt, Sandra Ingermann, Holger Kalweit, Kiki und William Larro, Ralf Lay, Hans-Dieter Leuenberger, Jean und John Lefevre, Annemarie Libera, Werner Lord, Malcolm Margolin, Almut Martini, Caitlin und John Matthews, Doro Meincke, Ralph Metzner, Ulrich Meyerratken, Juliane Molitor, Anne Niemeyer, Michaela Plötz, Robert Powell, Heather Reid, Marianne Rieke, Gerhard Riemann, Angela Roethe, Nathalie Salem, Georg Scheibelreiter, Rupert Sheldrake, Susanne Stark, Brad Steiger, Richard Stolee, Panayiota Theotoki Atteshli, Paul Uccusic, Margaret Vasington, Carmen Wagner, Artho Wittemann, Carna Zacharias-Miller, Carlo Zumstein und der White Eagle Lodge.